教育部中等职业教育改革创新示范教材
物流服务与管理专业规划教材

仓储作业实务

第2版

主　编　刘　毅
副主编　陈小玲
参　编　钟小芸　廖启鹏
主　审　李晓秋

机 械 工 业 出 版 社

本书是经出版社初评、申报，由教育部专家组评审、教材遴选工作领导小组审定确定的首批“教育部中等职业教育改革创新示范教材”。

本书共分 11 个单元，主要内容包括仓储企业调研、库区规划、制订仓储计划与签订仓储保管合同、物资接收入库作业、物资储存保管作业、物资盘点作业、仓库物资包装作业、仓库设备使用维护技能、仓库安全管理作业、物资出库作业和自动化仓储作业。

本书可作为中等职业学校物流专业教学用书，同时也可供物流企业、生产企业的相关工作人员及管理人员自学、培训之用。

图书在版编目（CIP）数据

仓储作业实务/刘毅主编. —2 版. —北京：机械工业出版社，2017.8（2023.8 重印）
教育部中等职业教育改革创新示范教材　物流服务与管理专业规划教材
ISBN 978-7-111-57360-9

Ⅰ. ①仓…　Ⅱ. ①刘…　Ⅲ. ①仓库管理—中等专业学校—教材　Ⅳ. ①F253

中国版本图书馆 CIP 数据核字（2017）第 162923 号

机械工业出版社（北京市百万庄大街 22 号　邮政编码 100037）
策划编辑：聂志磊　　　　责任编辑：聂志磊　孟晓琳
责任校对：黄兴伟　　　　封面设计：陈　沛
责任印制：郜　敏
北京富资园科技发展有限公司印刷

2023 年 8 月第 2 版第 10 次印刷
184mm×260mm・13 印张・1 插页・309 千字
标准书号：ISBN　978-7-111-57360-9
定价：39.00 元

电话服务
客服电话：010-88361006
　　　　　010-88379833
　　　　　010-68326294
封底无防伪标均为盗版

网络服务
机　工　官　网：www.cmpbook.com
机　工　官　博：weibo.com/cmp1952
金　　书　　网：www.golden-book.com
机工教育服务网：www.cmpedu.com

序

为落实以就业为导向、以服务为宗旨的职业教育办学方针，树立工作过程导向的课程观、行动导向的教学观、多元智能的人才观及多元评价的质量观，实现以服务社会主义现代化建设为宗旨，培养适应经济社会发展需要的，具有良好的职业道德和职业素质，在生产、服务第一线工作的熟练的职业技能和职业能力的技能型人才的培养目标，机械工业出版社联合多所中等职业学校组织修订了这套物流服务与管理专业系列教材。

本套教材力求落实物流专业培养目标与人才规格，提出了“紧紧围绕培养物流管理操作型人才这一核心，以最先进的职教理论和课程理论为指导，占领中等职业教育的制高点，紧贴物流职业领域的实际，使教材的编写经得起时间的考验”的指导思想。

本套教材编写的基本思路是：①打破学科体系，以培养职业能力、提高职业素质为核心，构建以工作过程为导向、理论与实践一体化、专业教学标准与职业资格标准相融合的职业教育课程体系；②专业基础课程以综合课程为主，专业课程（实务）以行动导向课程为主；③综合课程与职业资格取证挂钩；④加强实践、实训课程建设；⑤既能适应学历教育的需要，又能满足职业培训的需要。

本套教材的主要特点为：①以现代职业教育课程理论为指导，体现“以全面素质为基础，以就业为导向，以能力为本位，以学生为主体”的职教课程改革指导思想；②反映物流行业现实的特点和发展的需求，从职业岗位需求出发，以职业能力和技能培养为核心，既反映物流业现实的需要，又具有超前性，体现新知识、新技术、新工艺、新方法的应用；③体现学生自主学习、探究学习、合作学习和教学方法、学习方法的改革；④体现对职业能力评价等评价方式的改革；⑤体现现代职业教育教学手段，编写形式新颖多样、图文并茂、生动活泼、简洁直观，有助于学生理解。

本套教材分为综合型课程教材和行动导向型课程教材。

综合型课程教材的编写力争达到以下要求：①课程目标既要明确知识点，更要突出能力点；②课程内容主要是“是什么”和“怎么样”；③教学方式应采用案例教学、情境教学和实践教学等手段，使学生在学习过程中做到动脑、动口、动手；④在教学方法上，要为探究式学习、合作式学习留出充分的时间；⑤评价方式应多采用开卷考试、口试、实操考核、“课业”考核、阶段考核和过程考核等考核方式。

行动导向型课程教材是本套系列教材的特色，主要体现在：①以运输、仓储、配送、采购、物流营销、物流信息管理等物流结点的主要工作流程为线索；②以上述各个工作流程中的不同操作环节所需要的能力、技能以及相关知识为蓝本；③以能力培养为主线；④以创建行动学习环境，组织学生动手操作、主动探索为教学模式；⑤以培养学生物流业务能力和综合职业素质为目标。

物流专业行动导向型课程由若干项工作任务组成，每一项工作任务都包含了对某一个工作环节操作能力的培养。本套教材为每项工作任务设置了任务描述、任务目标、情景导入、知识储备、教师演示、学生动手、举一反三和学习评价八个栏目，对课程的教学给予了明确的指导。

对于物流专业行动导向型课程的教学，建议采用以下教学模式：

模式一：基础实训模式

（1）教师指导学生明确教学目标和实训要求。

（2）教师指导学生明确实训的任务、方法和步骤。

（3）学生准备相关材料和必备的知识（教师辅导）。

（4）学生按照实训内容进行操作训练（教师辅导）。

（5）学习评价。

模式二：角色实训模式

（1）教师提出问题，并向学生介绍和展示问题情景，指导学生明确教学目标和实训要求。

（2）按某一类型的物流企业组织结构组织学生以小组为单位分别担任不同职务（扮演不同角色），并研究角色的职责和任务。

（3）角色扮演者根据角色扮演设计方案分别进行课堂现场展示，还可进行角色互换。

（4）学习评价。

模式三：项目实训模式

（1）教师布置学习任务，指导学生明确学习目标和实训要求，帮助学生理解任务。

（2）教师提供相关参考资料，各项目小组进行调查研究、查阅资料、获取信息，做必要的知识和技能准备。

（3）各项目小组合作学习，制订工作计划。

（4）根据项目小组制订的计划提出各种方案，经过讨论确立本项目的最佳实施方案。

（5）组织项目实施，教师做示范，学生观看；学生根据计划完成任务，教师观看、指导。

（6）学生在完成项目的过程中自己检查工作过程及结果，出现问题时可随时请教师或同学帮助解决。

（7）学生完成项目后对成果进行展示与自我评价，同时对其他同学项目完成情况提出问题，互相交流。教师对学生在整个学习过程中的表现予以评价，对出现的问题给予纠正。

根据物流企业的现实情况，建议将行动导向型课程的操作训练方式分为两种：①手工操作，如手工填制各种单证；②结合物流信息管理系统上机操作，如在仓储信息管理系统中完成各仓储管理岗位的操作。

行动导向型课程建设需要教学管理的改革与之配套，如在教学安排上，可以在传统的“两学时一个教学单元”和“一学时一个教学单元”的基础上，采用“一天一个教学单元”和“一周一个教学单元”两种形式；又如在学习评价上，应该采用过程评价、能力评价的评价方式，在等级评价上，主要采用优秀、合格和不合格的等级体系。

本套教材中的许多探索还只处于初步阶段，肯定还有许多不完善的地方，敬请同仁们多提宝贵意见。

中等职业教育课程改革规划新教材编审委员会

第2版前言

本书是经出版社初评、申报，由教育部专家组评审、教材遴选工作领导小组审定确定的首批“教育部中等职业教育改革创新示范教材”。

当今时代是一个互联网时代。在互联网的大背景下，物流理念日新月异，物流行业发展速度之快更是令人瞠目结舌。随着物流行业的迅速发展，物流专业的人才培养和教学面临着新的挑战，《仓储作业实务》教材的适时更新也势在必行。本次修订继续本着“实用、够用、直观性和先进性”的原则，在原教材的基础上力争有所创新：

1．教材内容：增加了适应全新时代背景的自动化仓储等教学内容，学习任务设置源自企业实际工作过程，真实性高，符合学生专业需求。

2．教材结构：调整为“布置任务→知识储备→能力培养与训练”，着眼于培养学生的综合职业能力，结构清晰，逻辑性强，更加适应工学结合一体化课程改革及实战型教学需求。

3．教材形式：补充了部分图表，包括工作流程图、工具实物图、工作表单等，重点和难点一目了然，直观性强。同时精心编排了“小知识”“想一想”“议一议”等栏目，有效提高了教学效率。

本书由广州市公用事业技师学院（广州市公用事业高级技工学校）刘毅任主编，具体编写分工如下：第一、六、七、九单元由刘毅编写；第二单元由陈小玲、刘毅编写；第三和第四单元由陈小玲编写；第五、十单元由钟小芸编写；第八单元由廖启鹏编写；第十一单元由廖启鹏、刘毅编写。在此对所有支持和关心本书编写的领导和同仁表示衷心的感谢。

为方便教学，本书配备有助教课件。凡选用本书作为教材的教师均可登录机械工业出版社教育服务网（http://www.cmpedu.com）或加入中职物流教师交流群（QQ群：170211876）免费下载。

受实践经验、理论水平所限，书中难免有疏漏及不足之处，敬请各位读者批评指正。

编　者

第1版前言

本书是经过出版社初评、申报，由教育部专家组评审、教材遴选工作领导小组审定确定的首批“教育部中等职业教育改革创新示范教材”。

本书针对第三方物流，也兼顾到企业物流的需要。为使本书能真正契合中等职业学校物流教育的需求，编者精心总结、综合了多年企业工作经验及物流教学教研经验，在此基础上编写而成。

本书共分 11 个技能训练模块：仓储企业调研、库区规划、仓储计划与签订仓储保管合同、物资接收入库作业、物资储存保管作业、物资盘点作业、仓库物资包装业务、仓库设备使用维护技能、计算机在仓储管理中的应用、仓库安全管理业务和物资出库作业。本书既可作为中等职业学校的教学用书，也可作为企业培训及物流从业人员的自学用书。

本书的主要特点有：①实用原则。每个模块配备相应案例，具体内容则是围绕解决案例提出的工作要求来展示企业实际工作流程和方法；②够用原则。主要体现在本书对理论知识的选择和取舍上较为充分地配合了企业的实际工作过程，对理论的阐述则尽量深入浅出，便于学生理解和掌握；③直观性原则。本书配备了大量的图表，包括流程图、实物图和工作样表，既便于学生对重点一目了然，也便于教师课堂教学所用，既节约了教师大量的课前准备时间，又实现了学生学得快乐的目的；④适当保持先进性原则。本书在编写的过程中既保留了传统物资保管的精髓，又适当吸收了三资企业在仓储管理中的一些方法，并引入了仓储信息化管理的理念，使教学内容紧跟社会经济技术发展的形势。

本书由广州市交通高级技校刘毅任主编，广东经济贸易学校陈小玲任副主编。具体分工如下：陈小玲编写技能训练模块二、三、四、十一，钟小芸编写技能训练模块五、八、十，刘毅编写技能训练模块一、六、七、九，并参与编写技能训练模块二、十的部分内容。本书由刘毅对本书进行审核、修改并统稿，北京商务科技学校李晓秋副校长担任本书主审。在此对所有支持和关心本书编写的领导和同仁表示衷心的感谢。

本书体现了新型学习评价方式，提倡对学生进行职业能力的评价，具体方式主要是采用工作过程的评价、实操考核、口试等多样化的评价方式。每一个技能训练模块后附有技能训练评价评分表，供教师参考选用。

由于实践经验、理论水平及时间因素的制约，本书可能存在不妥甚至错误之处，敬请各位专家、同行批评指正。

编　者

目录

序
第 2 版前言
第 1 版前言
第一单元　仓储企业调研……1
任务　仓储企业调研能力训练……1
第二单元　库区规划……6
任务一　库区分区分类业务能力训练……6
任务二　物资货架货位、货场货位定位能力训练……12
第三单元　制订仓储计划与签订仓储保管合同……20
任务一　制订仓储计划业务能力训练……20
任务二　签订仓储保管合同业务能力训练……25
第四单元　物资接收入库作业……30
任务一　物资入库前准备业务能力训练……30
任务二　物资接运业务能力训练……33
任务三　物资计量业务能力训练……36
任务四　物资验收业务能力训练……41
任务五　办理物资入库手续业务能力训练……50
第五单元　物资储存保管作业……56
任务一　物资堆码技术训练……56
任务二　温湿度管理技术训练……62
任务三　库存物资防锈、除锈处理技术训练……65
任务四　库存物资防霉、除霉处理技术训练……69
任务五　仓库物资检查技能训练……73
任务六　仓库常用表格填写技能训练……75
第六单元　物资盘点作业……79
任务一　盘点实施业务能力训练……79
任务二　盘点后处理业务能力训练……85
第七单元　仓库物资包装作业……88
任务一　物资包装认知能力训练……88
任务二　物资包装标志识别及条码认知能力训练……94
任务三　仓库物资包装作业能力训练……103
第八单元　仓库设备使用维护技能……110
任务一　仓库设备认知调研训练……110
任务二　叉车操作训练……123

第九单元　仓库安全管理作业 128
任务一　仓库消防器材使用业务能力训练 128
任务二　仓库防火检查业务能力训练 134
任务三　仓库防盗能力训练 139
任务四　仓库 7S 管理能力训练 142
第十单元　物资出库作业 148
任务一　物资出库准备业务能力训练 149
任务二　物资出库业务能力训练 153
任务三　物资出库核对业务能力训练 159
第十一单元　自动化仓储作业 165
任务一　自动化仓库认知调研训练 165
任务二　自动化仓储入库作业能力训练 172
任务三　自动化仓储出库作业能力训练 177
附录 A　仓储保管合同 182
附录 B　温湿度对查表 185
附录 C　包装储运图示标志 193
参考文献 195
危险货物包装标志（见书后彩插）

第一单元　仓储企业调研

"仓"即仓库，是用以存放物资的场地和建筑物；"储"即储存，表示收存物资以备使用；"仓储"即是利用仓库存放、保管物资的一种行为，一般可以分为企业自用仓储、第三方物流仓储、国家战略储备仓储等。

企业自用仓储是指为本生产企业在生产过程中使用的原材料、半成品、最终产品提供储存保管，或为本流通企业经营的物资进行储存保管。第三方物流仓储是指独立于生产企业与流通企业之外的仓储经营者，通过与存货方订立合同的方式建立关系，并依据合同约定提供服务和收取费用。国家战略储备仓储是指国家根据国防需要或社会经济稳定的需要，对战略物资实行储备而产生的仓储，由政府控制。

任务

仓储企业调研能力训练

任务情境

某日上午，教师带领学生来到一家知名物流企业，由于事先已联系好，业务部何经理前来接待。何经理首先简单介绍了公司的经营内容，然后对仓储管理工作以及人员安排做了较为详细的介绍，对仓库人员的素质要求进行了描述，最后带大家参观了该企业的中心仓库。中心仓库根据存放物资产品类型的不同而分为不同的仓库区域，如食品仓、日用品仓、服装仓等。最后参观了流通加工工作现场。

离开该企业后，师生一行前往一家中型电子厂。该厂的物资仓库分为3类：原材料仓、半成品仓、成品仓。其原材料仓又分为电子材料仓、五金仓、塑胶仓、包装材料仓、危险用品仓和工具用品仓6类。大家饶有兴致地参观了该厂的各类仓库，体会到与前述物流企业的不同。

任务目标

通过对不同类型仓储企业的调研，使学生对仓储具备感性认识，了解仓储工作任务、仓库工作的一般流程、仓库组织结构、仓库各岗位职责以及不同企业仓储工作的共同特点和差异，并认识到现代企业对仓库工作人员的素质要求，以提高学生学习的内在动力，明确学习方向。

任务准备

（1）全班分为5组，每10人为一组，每组选定一名组长。

（2）每位同学带上笔、笔记本、相机等。

（3）训练时间安排：4学时。

知识储备

一、仓储管理基本任务

1．做好基本业务

负责仓库一切进出仓物资的收、管、发工作，要求做到以下几个方面。

（1）“四一致”，即仓库账、卡、物、金额相一致。

（2）“五清楚”，即清楚物资的数量、质量、型号、规定和手续。

（3）“三不变”，即对物资做好保管、保养，保证物资不变质、不变形、不残损。

（4）“五要防”，即仓库物资要防火、防水、防盗、防锈、防腐。

> **小知识**
>
> 物资特性是指“重与轻”“大与小”“精与粗”“硬与软”“金属与非金属”“易损与不易损”“易燃与防爆”等。

2．坚持仓库仓容管理的基本原则

仓库仓容的管理必须按目录分类、分区、分特性，合理放置物资，以提高工作效率，保证工作效果。

（1）货架的分类、分区要有明显标志。

（2）对进仓物资要先进行分析，归纳分类，再进行分类储存。

（3）物资的放置要按物资特性分别放置，防混合、防碰撞。

3．严守仓库员工工作守则

仓库员工要尽职尽责，爱惜和管理好各种物资，严格执行仓库的各种规章制度。

二、仓库组织结构及各岗位职责

1．仓库组织结构图（见图1-1）

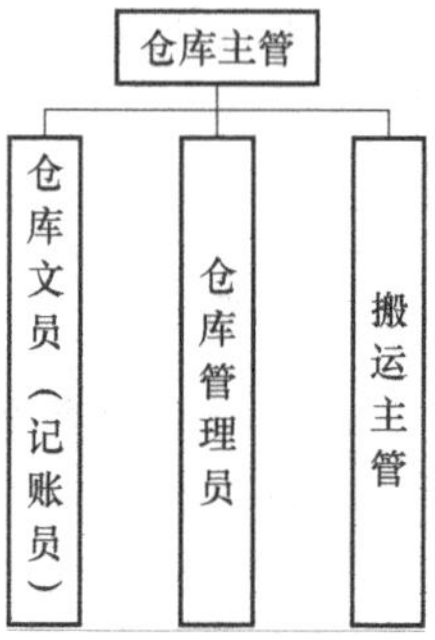

图1-1　仓库组织结构图

2．仓库主管职责

（1）负责仓库整体工作的筹划和控制，与其他部门进行沟通和协调。

（2）经常检查本仓库的“四一致”“五清楚”“三不变”“五要防”是否符合要求，督促和帮助仓库人员工作。

（3）组织仓库人员定期进行实物盘点，切实查明盘盈盘亏原因，如实上报。

（4）核实仓库存量，确保合理库存，保障供应。

（5）审核仓库单据，签发仓库各级文件。
（6）对下属员工进行业务培训和绩效考核。
（7）修改、完善仓库的工作规程和管理制度。
（8）组织员工清洁整理库内外环境卫生。

3. 仓库文员（记账员）职责

（1）根据统一目录，正确编制账卡和进销存卡。
（2）及时、准确地记录好账卡，保证日清日结。
（3）管理好全部账卡、单据、账目，按顺序分类放置，用后按顺序放回。
（4）统计物资进出库状况，打印汇总表、盘点表。
（5）掌握物资到库时间，监督仓库备货和出货情况。
（6）定期或不定期抽查仓库账目和实物，并向主管反映结果。
（7）协助主管查明盘盈盘亏原因，接受财务部门的核算监督。
（8）服从并完成主管临时交办的其他工作。

4. 仓库管理员职责

（1）负责仓库日常管理事务。

（2）按规定手续收发物资。正确核实送货单，验收无误方可签收物资，并开收货单交供应商。核对提货单，准确发出物资品种及数量。

（3）负责安排物资进仓位，严格按物资品名特性分类、分区合理放置，保证货架整齐。

（4）根据收货单、发货单记录好物资管理卡，保证品名、型号、规格对口、准确，保证卡、物、存数一致。

（5）填写仓库有关单据报表。
（6）具体执行盘点工作，并协同有关人员查明盈亏原因，如实上报。
（7）做好物资保养工作。
（8）做好仓库安全工作。

5. 搬运主管职责

（1）及时安排来货进仓，发货出仓。
（2）在托运过程中，区别合格品、待验品、不良品，不能混淆搬运。
（3）对待验物资进行妥善保管，并安排做好标识。
（4）根据物资性质，严格按安全规程进行装卸搬运。
（5）使用、维护、管理搬运工具、搬运机械。
（6）培训搬运人员。

三、现代物流企业对仓库人员岗位的素质要求

1. 仓库主管

（1）有丰富的仓库管理经验和一定的英文水平。
（2）熟练操作计算机，熟悉 ISO 管理体系、文件编写、内审等工作。
（3）有独立的事务处理能力，沟通协调能力强。

2. 仓库文员（记账员）

（1）有一定的仓库管理经验，熟悉统计和记账工作。

（2）熟练操作计算机，能处理简单的英文函件。

（3）对 ISO 管理体系有一定的了解。

3．搬运主管

（1）熟悉仓库作业流程及各类产品标识。

（2）熟悉各类搬运工具、搬运机械的使用、保养与简单维护。

（3）有特殊工种上岗证。

（4）能看懂简单的英文词汇。

四、仓管工作流程图（见图 1-2）

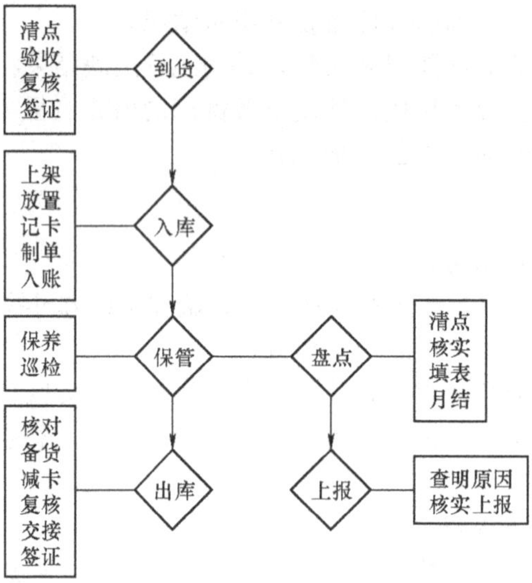

图 1-2　仓管工作流程图

能力培养与训练

1．实训步骤

（1）教师组织学生到一家物流企业调研。

（2）以小组为单位，记录所了解到的该企业在仓储工作任务、仓库工作流程、仓库组织结构、仓库各岗位职责、仓库工作人员的素质要求等方面内容。

（3）教师组织学生到一家生产企业调研。

（4）以小组为单位，记录所了解到的该企业在仓储工作任务、仓库工作流程、仓库组织结构、仓库各岗位职责、仓库工作人员的素质要求等方面内容。

（5）以小组为单位整理调研记录，总结出上述两个企业仓储工作的共性和不同点，并进行书面调查总结。在调查总结中，可适当附加一些单据或图片等能支持总结论点的资料。

2．实训注意事项

学生外出进行企业调研，必须听从指挥，遵守纪律，注意交通安全，并需表现出良好的礼貌礼节，维护学校形象。

3．实训评价

仓储企业调研能力评价评分表见表1-1。

表1-1　仓储企业调研能力评价评分表

学习任务	仓储企业调研能力				
学习地点		日期			
评分标准	具体内容	分值/分	师评	互评	总分
	调研记录内容全面、准确性高	25			
	调查的书面总结及时、认真	25			
	调查报告体现出对两家企业仓储工作共性的认识，且具有合理性	20			
	调查报告体现出对两家企业仓储工作不同点的认识，且具有合理性	20			
	调查过程纪律表现良好，着装、仪态、礼节合乎要求	10			
合计		100			

注：考评满分为100分，60～69分为及格；70～79分为中；80～89分为良好；90分以上为优秀。

4．实训建议

在进行调研准备时，注意选取具有代表性的第三方物流企业和生产制造类企业，以反映不同类型企业仓储工作的特点。出发前，应让学生明确任务，并对前往调研的企业有大致的了解。

第二单元　库区规划

仓库在接收商品入库时，应该先合理规划库区，对库存商品进行分类保管，建立保管秩序并对商品进行定制管理，实现“物得其所，库尽其用”，从而确保商品的质量完好、数量无误，大幅度地提高商品储存和自动化管理的效率。这就需要进行一系列的工作，以确保这项业务的正常展开，为此本单元将对学生进行两项训练任务。

任务一　库区分区分类业务能力训练

任务情境

新亚物流有限公司仓储部每年储存的主要产品有农产品、果蔬、机电产品、金属材料、建筑材料和日用百货等，该企业占地面积 13 万 m^2，拥有 6 万 m^2 的露天货场、2 万 m^2 的简易货棚和 4 万 m^2 的普通库房。2016 年 12 月，新亚物流有限公司与联华大型连锁超市签订了果蔬仓储合同，新亚物流有限公司准备修建一个专用库房用于储存果蔬，目前库房刚刚修建完毕，其建筑面积为 2 000 m^2，库房长 50m、宽 40m、高 8m，地坪承载重量 200kg/m^2。请为新亚物流有限公司策划库区的设计方案。

任务目标

学生能够根据仓库场地条件、仓库业务性质和规模、物资储存要求、技术设备和使用特点等因素，较熟练地对仓库各组成部分，如库房、货场、辅助建筑物、库内道路、附属固定设备等，在规定范围内进行平面的合理安排和布置。

任务准备

（1）学生每 5 人为一组，每组选定一名组长。
（2）带好测量库房的工具，并对学生进行安全守纪教育。
（3）教师带队，现场指导。
（4）训练时间安排：4 学时。

知识储备

一、仓库货区布置的基本思路

（1）根据物品特性分区、分类储存，将特性相近的物品集中存放。

（2）将单位体积大、质量大的物品存放在货架底层，并且靠近出库区和通道。

（3）将周转率高的物品存放在进出库装卸搬运最便捷的位置。

（4）将同一供应商或者同一客户的物品集中存放，以便进行分拣配货作业。当仓库作业过程中出现某种物品物流量大、搬运距离远的情况时，则说明仓库的货位布局不合理。

小知识

仓库货区布局的要求

（1）适应仓储作业过程的要求，有利于仓储业务的顺利进行。以单一的物流流向、最短的搬运距离、最少的装卸环节和最大限度地利用空间为布置目标。

（2）节省投资。充分利用现有的资源和外部协作条件选择配置设施设备，以最大限度地发挥其效能。

（3）保证安全和职工的健康。严格按照建筑设计防火规范的规定建设，并且作业环境的安全卫生标准也要符合国家的有关规定。

二、仓库货区规划应注意的问题

（1）货区要与经营现场靠近，通道顺畅。

（2）每个仓库有相应的进仓门和出仓门，并有明确的标牌。

（3）仓库办公室尽可能设置在货区附近，并有仓名标牌。

（4）按存储容器的规格、楼面载重承受能力和叠放的限制高度将仓区划分为若干仓位，并用油漆或美纹胶在地面标明仓位名、通道和通道走向。

（5）货区内要留有必要的废次品存放区、物料暂存区、待验区、发货区等。

（6）货区设计必须将安全因素考虑在内，须明确规定消防器材所在位置、消防通道和消防门的位置及救生措施等。

（7）每个仓库的进门处须张贴仓库平面图，表明该仓库所在的地理位置、周边环境、货区仓位、仓门、各类通道、门、窗和电梯等。

想一想

仓库总平面布置的程序是什么？

三、仓库货区布置形式

仓库货区的布置既要考虑提高仓库平面和空间利用率，又要考虑提高物品保管质量，方便进出库作业，从而降低物品的仓储处置成本。

议一议

货区包括哪几类？

1. 仓库货区布置

（1）平面布置：平面布置是指对货区内的货垛、通道、垛间（架间）距、收发货区等进行合理的规划，并正确处理它们的相对位置。主要依据库存各类物品在仓库中的作业成本，按成本高低分为 A、B、C 类，A 类物品作业成本大，应占据对作业最有利的货位，B 类次之，C 类再次之。

平面布置的形式有垂直式布置和倾斜式布置两种。

1）垂直式布置。货垛或货架的排列与仓库的侧墙互相垂直或平行，具体包括横列式布局、纵列式布局和纵横式布局。

① 横列式布局是指货垛或货架的长度方向与仓库的侧墙互相垂直，如图 2-1 所示。其主要优点有：主通道长且宽，副通道短，便于存取盘点，如果用于库房布局，有利于通风和采光。

② 纵列式布局是指货垛或货架的长度方向与仓库侧墙平行，如图 2-2 所示。其主要优点有：可以根据库存物品在库时间的不同和进出频繁程度安排货位。在库时间短、进出频繁的物品放置在主通道两侧，在库时间长、进出不频繁的物品放置在里侧。

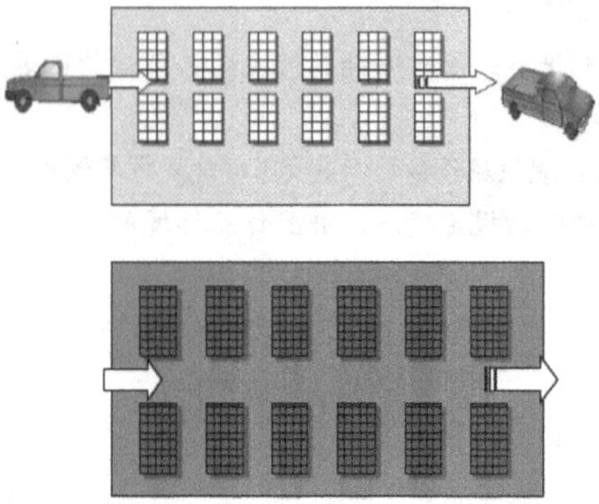

图 2-1　横列式布局

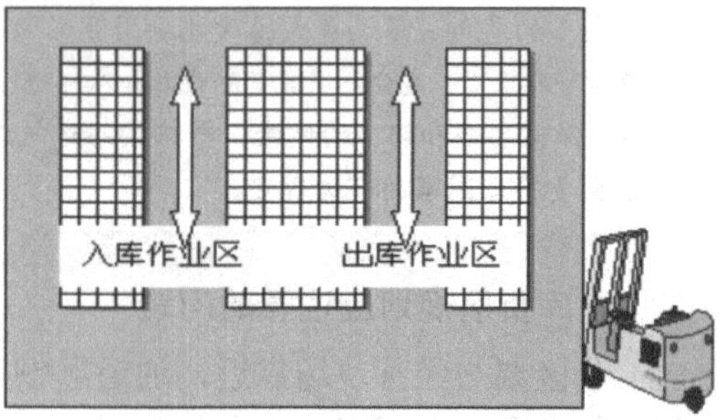

图 2-2　纵列式布局

③ 纵横式布局是指在同一保管场所内，横列式布局和纵列式布局兼而有之，可以综合利用两种布局的优点，如图 2-3 所示。

2）倾斜式布置。倾斜式布置是指货垛或货架与仓库侧墙或主通道成 60°、45°或 30°夹角，具体包括货垛（架）倾斜式布局和通道倾斜式布局。

① 货垛倾斜式布局是横列式布局的变形，它是为了便于叉车作业、缩小叉车的回转角度、提高作业效率而采用的布局方式，如图 2-4 所示。

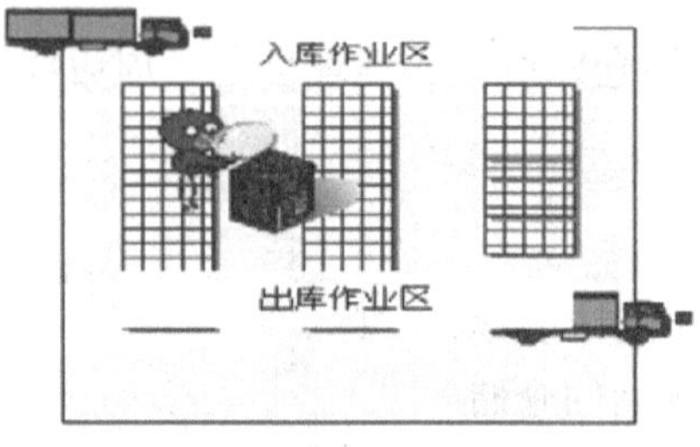

图 2-3　纵横式布局

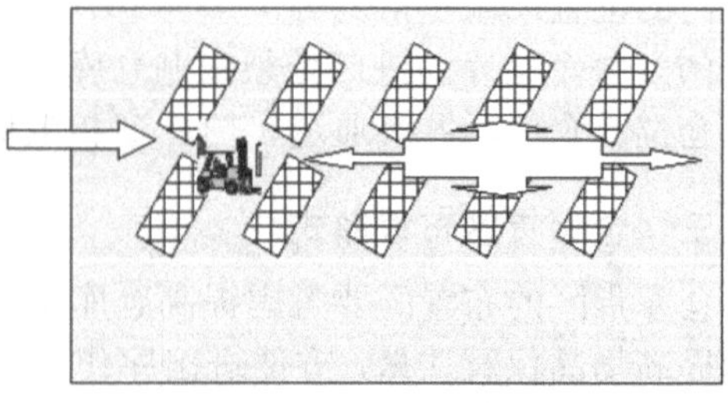

图 2-4　货垛倾斜式布局

② 通道倾斜式布局是指仓库的通道斜穿保管区，把仓库划分为具有不同作业特点的区域，如大量储存和少量储存的保管区等，以便进行综合利用，如图 2-5 所示。在这种布局

形式下，仓库内形式复杂，货位和进出库路径较多。

（2）空间布置：也称为仓库内部竖向布局，是指库存物品在仓库立体空间上的布局，其目的在于充分有效地利用仓库空间。

空间布置主要形式有就地堆码、上货架存放、架上平台（见图 2-6）和空中悬挂等。

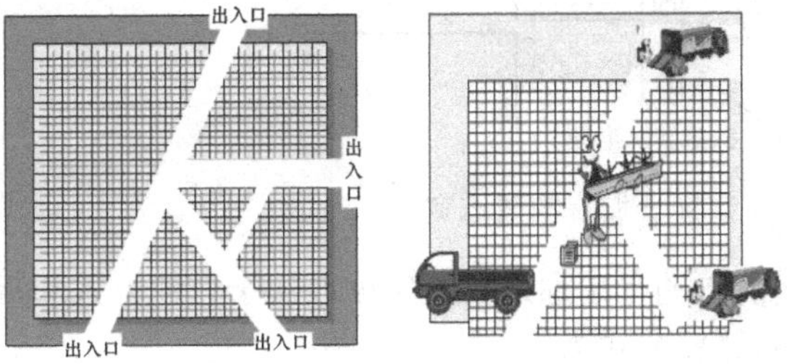

图 2-5　通道倾斜式布局

图 2-6　架上平台

小知识

货架存放物品的优点

（1）便于充分利用仓库空间，提高库容利用率，扩大储存能力。

（2）物品在货架里互不挤压，有利于保证物品本身和其包装完整无损。

（3）货架各层中的物品，可随时自由存取，便于做到先进先出。

（4）物品存入货架，可防潮、防尘，某些专用货架还能起到防损伤、防盗、防破坏的作用。

2. 库内非保管场所的布置

仓库内应尽量扩大保管面积，缩小非保管面积。非保管面积包括通道、墙间距、收发货区、库内办公地点等。

（1）通道：库房内的通道分为运输通道（主通道）、作业通道（副通道）和检查通道。

1）运输通道供装卸搬运设备在库内行走，其宽度主要取决于装卸搬运设备的外形尺寸和单元装载的大小。运输通道的宽度一般为 1.5～3m。

如果库内安装有桥式起重机，运输通道的宽度可为 1.5m，甚至更窄些。如果使用叉车作业，其通道宽度可通过计算求得。当单元装载的宽度不太大时，其计算公式为

$$A=P+D+L+C$$

式中　A—— 通道宽度；

P—— 叉车外侧转向半径；

D—— 货物至叉车驱动轴中心线的间距；

L—— 货物长度；

C—— 转向轮滑行的操作余量。

如图 2-7 所示，W 为货物宽度，B 为叉车总宽度的一半加内侧转向半径。以上公式适用于 $W<2B$ 的场合。

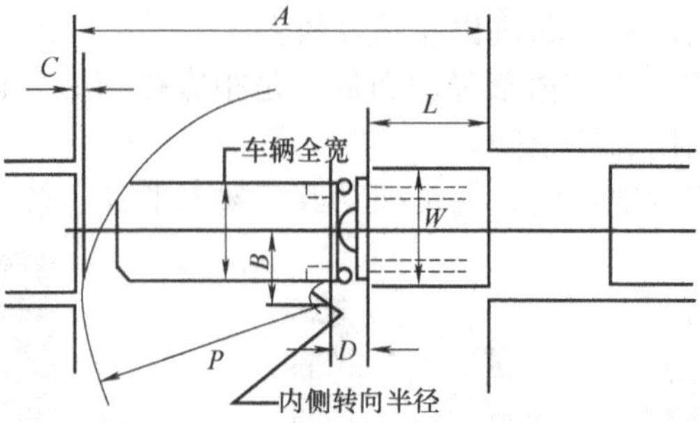

图 2-7 叉车装卸一般货物通道宽度

2）作业通道是供作业人员存取搬运货物的行走通道。其宽度取决于作业方式和货物的大小。当通道内只有一人作业时，其宽度的计算公式为

$$a=b+l+2c$$

式中 a——作业通道的宽度；

b——作业人员身体的厚度；

l——货物的最大长度；

c——作业人员活动余量。

如果使用手动叉车进入作业通道作业，则通道宽度应视手动叉车的宽度和作业特点而定。一般情况下，作业通道的宽度为 1m 左右。

3）检查通道是供仓库管理人员检查库存货物的数量及质量而行走的通道，其宽度只要能使检查人员自由通过即可，一般为 0.5m 左右。

（2）墙间距：既可以使货垛和货架与仓库侧墙保持一定的距离，避免货物受潮，同时也可作为检查通道或作业通道。

墙间距一般宽度为 0.5m 左右，当兼作作业通道时，其宽度需增加一倍。墙间距兼作作业通道是比较有利的，它可以使库内通道形成网络，方便作业。

（3）收发货区：收发货区是指供收货、发货时临时存放货物的作业场地，可分为收货区和发货区，也可以划定一个收发货区供收货、发货共用。

收发货区的位置应靠近库门和运输通道，可设在仓库的两端或适中的位置，并要考虑到收货、发货互不干扰。对靠近专用线的仓库，收货区应设在专用线的一侧，发货区应设在靠近公路的一侧。如果专用线进入库房，收货区应设在专用线的两侧。

小知识

收发货区面积大小的确定

（1）一次收发批量的大小。收发货区应能够容纳一个最大批量的订单。

（2）货物规格品种的多少。不同规格品种的货物应分开摆放。

（3）供货方和用户的数量。

（4）收发作业效率的高低。

（5）仓库的设备情况，包括装卸、验收等设备的情况。

（6）收发货的均衡性。

（7）发货方式。

（4）库内办公地点：仓库管理人员需要一定的办公地点，可设在库内也可设在库外。最好设在库外另建办公室，使仓库能存放更多的货物。

能力培养与训练

1. 实训步骤

（1）测量仓库的相关尺寸。
（2）计算仓库面积并选择合适的划分方法对货区进行划分。
（3）对仓库进行货物的分区分类。
（4）根据货物特性和仓库的实际条件选择仓储设备。
（5）绘制仓库平面图。
（6）对所有环节进行统筹计划，写出计划表。

想一想

发货方式有哪些？

2. 实训注意事项

（1）在仓库实训室或企业仓库进行现场实地训练。
（2）遵守仓库的各项规章制度。
（3）听从现场工作人员的指挥。
（4）注意人身安全。

3. 实训评价

库区分区分类能力评价评分表见表 2-1。

表 2-1 库区分区分类能力评价评分表

学习任务	库区分区分类业务				
学习地点		日期			
评分标准	具体内容	分值/分	师评	互评	总分
	实地参观、测量的工作态度	15			
	理论联系实际的能力	15			
	调查报告整洁、完整、正确	20			
	库区规划图合理	15			
	物资分区分类正确	20			
	画线、制作标示牌认真、准确	15			
合计		100			

注：考评满分为 100 分，60～69 分为及格；70～79 分为中；80～89 分为良好；90 分以上为优秀。

4. 实训建议

对库内保管场所进行分区分类，对库内非保管场所进行规划，需绘制仓库平面图，平面图上注明各功能块的相应名称及对应尺寸。

任务二

物资货架货位、货场货位定位能力训练

任务情境

新亚物流有限公司在2016年12月1日接收了一批矿泉水、汽水、饼干、洗衣粉、卫生纸、塑料胶桶、毛巾、大米、酱油等商品，经检验后需上货架保管，但是所有的货架并没有编号，请根据给定的商品，按照“四号定位法”对货架进行编号处理。

任务目标

根据指定货场、货架和物资，熟练地进行货架货位编码，并准确地找到指定的库存物资，最后制作指定仓库的“物资货位图”。

任务准备

（1）学生每5人为一组，每组选定一名组长。
（2）带好记录用工具，并对学生进行安全守纪教育。
（3）以组为单位完成实训报告。
（4）教师带队，现场指导。
（5）训练时间安排：6学时。

知识储备

一、货物分区分类的方法

1. 按种类和性质分区分类储存

按照物资的自然属性，把怕热、怕光、怕潮、怕冻、怕风等具有不同自然属性的物资分区分类储存。

凡同类物资，性质相近又有连带消费性的，可尽量安排在同一库区、同一库位进行储存。但若性质完全不相同，并且互有影响、互不兼容、不宜混存的物资则必须严格分库存放。

2. 按危险性质分区分类储存

危险性质主要是指易燃、易爆、易氧化、腐蚀性、毒害性和放射性等。仓库应根据物资的危险特性进行分区分类储存，以免发生相互接触，产生燃烧、爆炸、腐蚀、毒害等恶性事故。这种方法主要适用于特种仓库。

3. 按发运地分区分类储存

储存期较短的物资，在吞吐量较大的中转仓库或待运仓库，可按发运地区、运输方式、货主的不同进行分区分类储存。通常可先按运输方式，如公路、铁路、水路、航空划分，再按到达站、点、港的线路划分，最后按货主划分。这种分区分类方法虽不划分物资的种类，但性能不兼容、运价不同的，仍应分开存放。

4. 按仓储作业的特点分区分类储存

超长的、较大的、笨重的物资，应与易碎的、易变形的商品分区存放；进出库频繁的物资，应存放在车辆进出方便、装卸搬运容易、靠近库门的库区；储存期较长的物资，应储存在库房深处或多层仓库的楼上。

5. 按仓库的条件及物资的特性分区分类储存

一般情况下，怕热的物资存放在地下室、低温仓库或阴凉通风的货棚内；负荷量较小的轻泡物资可存放在楼上库房，而负荷量较大的、笨重的物资应存放在低楼库房内；价值较高的贵金属，如金银饰品等，须存放在顶楼库房，而价值较低的一般金属制品可存放在下层库房内。

小知识

分区分类规划的原则

（1）存放在同一货区的物品必须具有互容性。

（2）保管条件不同的物品不应混存。

（3）作业手段不同的物品不应混存。

（4）灭火措施不同的物品不应混存。

二、商品的编码

商品编码又称商品货号或商品代码，它赋予商品具有一定规律的代表性符号。符号可以由字母、数字元或特殊标记等构成。商品编码与商品分类关系密切，一般商品分类在前，商品编码在后，所以实践中称之为商品分类编码。2002 年，经国务院批准，发布了《全国主要产品分类与代码　第 1 部分　可运输产品（上、下）》（GB/T 7635.1—2002），规定了全国商品的分类和代码。

1. 代码结构

本部分采用层次码，代码分 6 个层次，各层分别命名为大部类、部类、大类、中类、小类、细类。代码结构如图 2-8 所示。

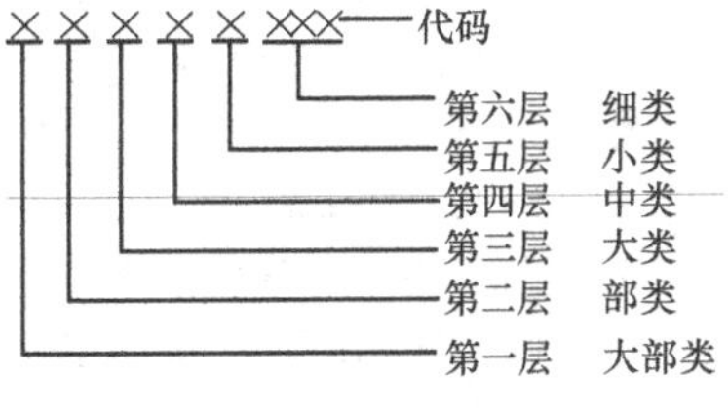

图 2-8　代码结构

2. 编码方法

（1）代码用 8 位阿拉伯数字表示。第一至五层各用 1 位数字表示，第一层代码为 0～4，第二、五层代码为 1～9，第三、四层代码为 0～9，第六层用 3 位数字表示，代码为 010～999，采用了顺序码和系列顺序码；第五层和第六层代码之间用圆点（·）隔开，信息处理时应省略圆点符号。

（2）本部分第二至五层代码，仅在 1 大部类、2 大部类和 4 大部类的第三至第四层中，有 6 条类目的代码个位数为“0”，如：代码 110、120、130、250、4160、4740（为 CPC 的码），其余备用。

（3）第六层的顺序码为 011～999。系列顺序码（即分段码）个位数是 0（或 9）的 3 位数字代码，如：代码 01111·010～·099 或 48412·309～·399 等。

（4）第六层的代码 001～009 为特殊区域，其所列产品类目按不同的特征属性再分类或按不同的要求列类，以满足管理上的特殊需要。信息统计时，对所列产品，同一类目的下位类的数据可以汇总，类目之间的数据不能汇总，也不能与代码表中其余相关类目的数据汇总。

（5）对分类终止于中间某一层级的类目名称的代码，信息处理时补“0”至设计的总码长，标准文本不补“0”。

例如：服装的平行编码法，见表 2-2。

小知识

本部分中的代码，仅表示该产品在本分类体系中的位置和代号，不表示其他含义，不宜作为部门管理范围的依据，产品的排列次序和层次与其重要性无关。

产品的分类，原则上取其一个主要特征属性，对有些产品可用两个或两个以上特征属性进行分类。

表 2-2 服装的平行编码法

服装面料	式样	款式
全毛 A	男士装Ⅰ	西装（1）
全棉 B	淑女装Ⅱ	大衣（2）
毛涤 C	童装Ⅲ	连衣裙（3）
丝麻 D		衬衫（4）

若是全毛淑女西装，其编号为（AⅡ1）。编码时可全部用字母编码，也可混合编码。

小知识

商品编码的原则

（1）唯一性原则。每一种商品所编的代码是唯一的，每一个代码所代表的商品也是唯一的。

（2）简明性原则。商品的代码应简单、明了、易记、易校验，不宜太冗长，既要将商品种类化繁为简，便于管理，又要便于计算机储存和处理。

（3）标准性原则。商品编码要与国家商品分类标准相一致，只有与国际通用商品分类编码制度协调、一致，才有利于信息的交流和共享。

（4）可扩性原则。商品编码结构应留有充分扩充的余地，以备在增加或减少商品类目时，不会破坏商品编码系统的相对稳定性。

（5）稳定性原则。商品代码确定之后，在一定时期内要保持相对的稳定性，不宜经常变更。

三、货位的定位

（一）货位管理

按照物资自身的理化性质与储存要求，根据分库、分区、分类的原则，将物资固定区域与位置存放。此外，进一步在定置区域内，依材质、型号、规格等按一定顺序依次存放，并进行“四号定位”（也可以用“六号”或“八号”，以至更多），保证“规格不串、材质不混、先进先出”。

货位管理的基本步骤，如图 2-9 所示。

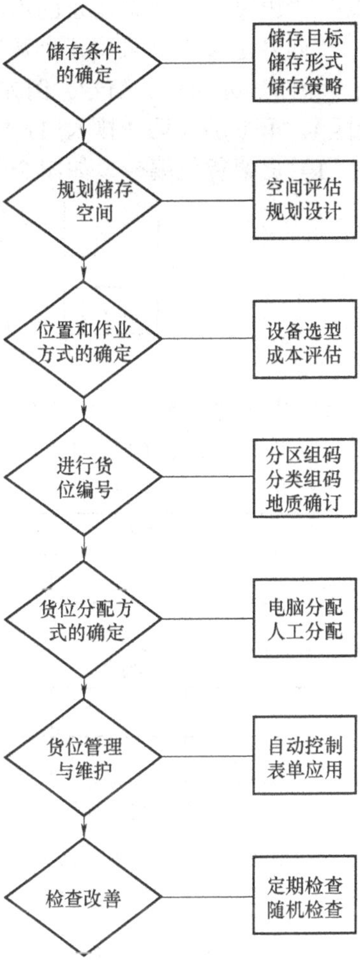

图 2-9　货位管理的基本步骤

（二）货位的存货方式

货位的存货方式主要分为固定型和流动型两种。

（1）固定型是一种利用信息系统事先对货架进行分类、编号，并贴付货架代码，各货架内装置的货物事先加以确定的货位存货方式。

在固定型管理方式下，各货架内存放的商品是一致的，每一货位的容量都应该大于在该货位存放的商品的最大在库量，否则会出现货位不足、商品不能及时入库的情况。

（2）流动型是指所有的商品按顺序存放在空的货架中，不事先确定各类商品专用的货架。

采用流动型管理方式，由于各货架内存放的商品是不断变化的，在商品变更登录时出错的可能性较高。

（三）货位编号

1. 货位编号的要求

货位编号好比商品在库的“住址”。根据不同库房条件、商品类别和批量整零的情况，搞好货位画线及编排序号，以符合“标识明显易找、编排循规有序”的要求。

（1）标识设置：采取适当方法，选择适当位置。例如：仓库标识，可在库门外挂牌；库房标识，可写在库门上；货场货位标识，可竖立标牌；多层建筑库房的走道、支道、段位的标识，一般都刷置在水泥或木板地坪上。但存放粉末类、软性笨重类货物的库房，其标识也有印置在天花板上的；泥土地坪的简易货棚内的货位标识，可利用柱、墙、顶、梁刷置或悬挂标牌。

（2）标识制作：统一使用阿拉伯字码制作货位编号标识。在制作库房和走道、支道的标识时，可在阿拉伯字码外，再辅以圆圈；并且可用不同直径的圆表示不同处的标识。

（3）编号顺序：仓库范围的房、棚、场以及库房内的走道、支道、段位的编号，基本上都以进门的方向左单右双或自左而右的规则进行。

（4）段位间隔：段位间隔的宽窄取决于储存商品批量的大小。

小知识

货位存货方式的特点

固定型管理适用于非季节性商品、重点客户的商品，以及库存商品种类比较多且性质差异较大的情况；而季节性商品或物流量变化剧烈的商品，由于周转较快，出入库频繁，则流动型管理更为适用。

2. 货位编号的方法

（1）地址法：利用保管区中的现成参考单位如建筑物第几栋、区段、排、行、层、格等，按相关顺序编号。如同地址的市、区、路、号一样。通常采用的编号方法为“四号定位”法。

“四号定位”是采用4个数字号码对应库房（货场）、货架（货区）、层次（排次）、货位（垛位）进行统一编号。例如：“5-3-2-11”即指5号库房（5号货场）、3号货架（3号货区）、第2层（第2排）、11号货位（11号垛位）。

1）货架货位编号。如图2-10所示。

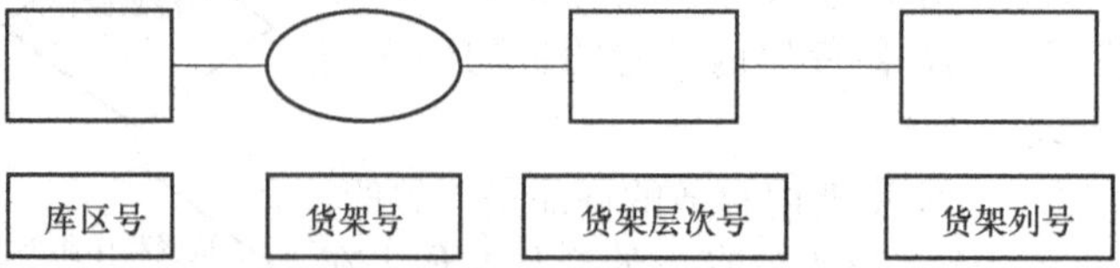

图2-10　货架货位的“四号定位”法

① 库区号：整个仓库的分区编号。

② 货架号：面向货架从左至右编号，如图2-11所示。

③ 货架层次号：从下层向上层依次编号，如图2-12所示。

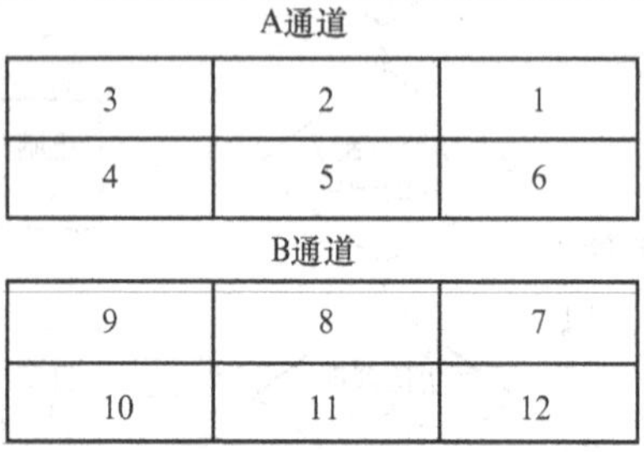

图2-11　库区号编号

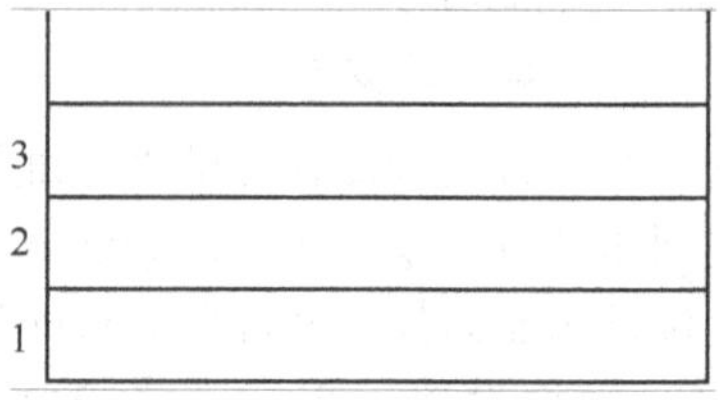

图2-12　货架层次编号

④ 货架列号：面对货架从左至右依次编号，如图2-13所示。

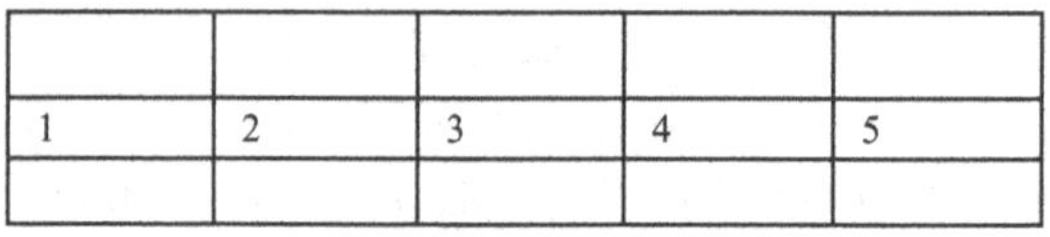

图2-13　货架列号编号

【例1】二号库区一号货架第三层第四列用“2-1-3-4”表示。

编号时，为防止出现错觉，可在第一位数字后加上拼音字母“K”“C”“P”来表示，这3个字母分别代表库房、货场、货棚。如13K-15-2-26，即为13号库，15号货架，第2层，第26号。

【例2】A库房二号货架第三层第一列用“AK-2-3-1”表示。

2）货场货位编号。表示方法如图2-14所示。

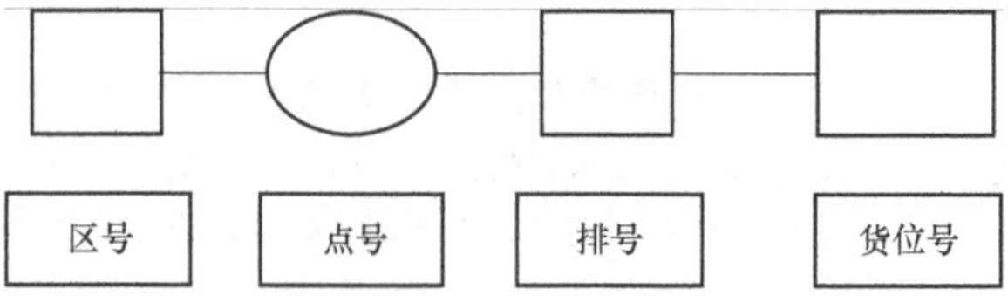

图2-14　货场货位表示法

货场货位编号一般有两种方法：

① 按照货位的排列编成排号，再在排号内顺序编号。

② 不编排号，采取自左至右和自前至后的方法，顺序编号。

【例 3】C 库房二号位三排一位用“CK-2-3-1”表示。

小知识

三号定位法

货位编号有时也采用三号定位法，即用 3 个数字号码表示，个位数指仓间编号，十位数指楼层编号，百位数指仓库的编号。例如：142 号，就是指 1 号库，4 层楼，2 号仓间。

3）其他方法。

① 以排为单位的货架货位编号。将库房内所有的货架，以进入库门的方向，自左至右安排编号，继而对每排货架的夹层或格眼，在排的范围内自上至下、自前至后的顺序编号。

【例 4】5 号库房设置 16 排货架，每排上下 4 层，共有 16 个格眼，其中第 8 排货架，第 7 号格眼用“5-8-7”表示。

② 以品种为单位的货架货位编号。将库房内的货架，以商品的品种划分储存区域后，再以品种占用储存区域的大小，在分区编号的基础上进行格眼编号。

③ 以货物编号代替货架货位编号，适用于进出频繁的零星散装商品。在编号时要掌握货架格眼的大小、多少与存放商品的数量、体积大小相适应。

【例 5】某类商品的编号从 10101 号至 10109 号，储存货格的一个格眼可放 10 个编号的商品，则在货架格眼的木档上制作 10101-10 的编号，并依此类推。

（2）区段法：把保管区分成不同的区段，再对每个区段进行编码。这种方法以区段为单位，每个号码代表的储区较大。区域大小根据物流量大小而定。

（3）品类群法：把一些相关性商品经过集合后区分成几个品项群，再对每个品项群进行编码。品类群法适用于容易按商品群保管的场合和品牌差距大的商品。例如：服饰群、五金群、食品群等。

3. 绘制物资货位图

为便于管理及提高工作效率，可将仓库内储存区域与货架分布情况绘制成物资货位图。常见的表示方法有两种，分别如图 2-15 和图 2-16 所示。

物资货位图

A 库：货架 1、2、3、4、5 ——————玩具类

货架 6、7、8、9、10——————办公用品

货架 11、12、13、14——————体育健身用品类

B 库：洗涤用品

C 库：货架 1、2、3——————女性服装类

货架 4、5、6——————儿童用品类

D 库：家用电器类

图 2-15　物资货位图示例一

品　　名	编　　号	库 区 号	货 架 号	货架层、列
玩具熊	0015	A	1	3-1
城堡积木	0021	A	2	1-1

图 2-16　物资货位图示例二

4. 货位编号的应用

（1）物资入库后，应将物资所在货位的编号及时登记在保管账、卡的“货位号”一栏中，采用计算机管理的要输入计算机中。货位信息输入的准确与否，直接决定出库货物的准确性，应认真操作，避免差错。

（2）当物资所在的货位发生变动时，账、卡的货位号应同时调整，做到“见账知物”和“见物知账”。

（3）为提高货位利用率，一般同一货位可以存放不同规格的物资，但必须采用具有明显区别的标识，以免造成差错。

（4）走道、支道不宜经常变动，否则不仅会打乱原来的货位编号，而且要调整库房照明设备。

小知识

货位标识的管理功能

（1）确定货位资料正确性。
（2）提供位置记录。
（3）提供存储物资的位置依据。
（4）提高调仓、移仓的效率。
（5）便于利用计算机处理分析。
（6）便于依序存储或拣货。
（7）方便盘点。
（8）易于掌握存储空间。
（9）避免物资乱放。

能力培养与训练

1. 实训步骤

（1）指定10种（或更多）物资，让学生选择其相对应的编码方法。
（2）指定10种（或更多）物资，让学生对其进行编码。
（3）给定仓储区域，让学生对其进行货位编码。
（4）学生制作指定仓库的“物资货位图”。

2. 实训注意事项

（1）在仓库实训室或企业仓库进行现场实地训练。
（2）遵守仓库的各项规章制度，听从现场师傅的指挥，注意人身安全。

3. 实训评价

物资货架货位、货场货位定位能力评价评分表见表 2-3。

表 2-3 物资货架货位、货场货位定位能力评价评分表

学习任务	物资货架货位、货场货位定位能力				
学习地点		日期			
评分标准	具体内容	分值/分	师评	互评	总分
	指定货架物资编号正确	20			
	指定货场物资编号正确	20			
	按给定货架货位号准确找到相应库存物资	20			
	按给定货场货位号准确找到相应库存物资	20			
	绘制的仓库“物资货位图”正确	20			
合计		100			

注：考评满分为 100 分，60～69 分为及格；70～79 分为中；80～89 分为良好；90 分以上为优秀。

4. 实训练习

（1）仓库各种面积的计算。
（2）仓库货区布局设计的练习。
（3）物资分区分类和物资编码的练习。
（4）货位编号的练习。

5. 实训活动建议

（1）建议学生到企业的仓库进行参观和实习。
（2）建议学生自己测绘出仓库的相关面积。
（3）建议学生设计制作各种标示牌，然后公开评议。

第三单元　制订仓储计划与签订仓储保管合同 3

仓储计划是依据物资的市场供需变化情况、客户向仓储企业提供的物资存储申报计划以及库场存储能力和条件而制订的。制订仓储计划有利于将整个仓储业务活动有机地结合起来，科学合理地安排好仓储业务。

物资的仓储保管合同是存货和保管双方为加快物资流转，合理安排仓容，保证物资的数量和质量，提高经济效益而明确的双方权利和义务。仓储保管合同的签订使双方的关系成为一种法律关系，受国家法律的保护，合同一经签订，任何一方不得违约，否则将承担相应的经济责任。

任务一　制订仓储计划业务能力训练

任务情境

新亚物流有限公司广州分仓库每年仓库储存能力为 40 万 t，仓库定额为 $4.0t/m^2$，其面积利用率为 60%，实际面积和建筑面积之比为 0.8，建筑面积是基础面积的 70%。主营产品有农产品、果蔬、机电产品、金属材料、建筑材料和日用百货。为了更合理地使用和管理仓库，仓库人员决定重新为该企业的库区制订更合理的仓储计划。

任务目标

正确测量仓库面积的相关尺寸，计算仓库的各种面积；并根据相关资料，结合市场调查，较完整地制订出仓库的储存计划。

任务准备

（1）学生每 5 人为一组，每组选定一名组长。

（2）带好学习用品和测量工具。

（3）以组为单位完成仓库面积相关尺寸的测量和市场调查。

（4）教师带队，现场指导。

（5）训练时间安排：4 学时。

知识储备

一、仓储计划的种类和内容

1. 仓储长期规划

确定仓储业务今后的发展方向和目标，一般要求规划五年、十年或更长时间，这对其他计划具有指导作用。

小知识

仓库长期发展规划的内容

（1）根据物资流通发展的需要和物资储存、吞吐量的增长速度来规划仓库的发展规模，如仓库的新建、扩建、改造任务，仓库职工人数等。

（2）仓库机械化发展水平和技术改造方向，如仓库发展的类型，技术革新的主要方向，科研主攻项目，仓库机械化、自动化应达到的水平。

（3）仓库主要经济技术指标的发展变化。

（4）职工培训、福利设施发展规划等。

2. 仓储业务计划

一般是以年度计划为主的日常工作计划。根据需要还可以分别制订季、月、旬计划等。其内容包括：

（1）基建计划。长期发展规划规定了企业在一定时期内应当完成的基本建设任务。例如：仓库的扩建或新建，对仓库搬运装卸系统进行改造或装备新的机械设备，提高现有机械化水平、信息化水平等。

基本建设任务必须在每一具体的计划期内有详细的计划安排，以保证分阶段进行和按期完成。因此，每一年度计划的内容中要包括长期发展规划所涉及本计划的有关发展目标。

（2）日常工作计划。旨在合理安排和明确各项业务活动的目标和任务。根据仓储业务特点，日常工作计划主要包括以下几个方面。

1）物资储存计划，也称物资出入库计划，是仓储业务计划的基础。它规定了企业的年度储存任务和期望目标，影响和制约着其他各项计划的制订。

物资储存计划有年度计划、半年计划、季度计划和月份计划，最常用的是年度计划。把年度计划分解到短期储存计划中去，就可制订半年、季度和月份储存计划。

2）仓容利用和物资保管、保养计划。针对仓库具体条件、物资储存量以及物资的品种、性能特点等制订的货位、堆码、保养时间、次数、措施等计划，以保证储存物资完好和完成各项规定的指标。

议一议

什么计划是具体执行计划，而且是完成年度储存计划的重要保证？

想一想

仓储费用计划主要包括哪些费用？

3）机械设备安排和维修保养计划。根据仓库作业情况配备所需的机械设备，合理安排作业时间和作业内容，并严格按照设备的例行保养规定制订。

4）仓库劳动力人员安排计划。根据任务量的大小制订各项作业定额，提出劳动力安排计划。

5）仓储费用计划。主要是由企业的年度费用预算来体现。其目的是有效地管理和控制各项费用的支出，把一切有关仓储活动的耗费置于统一的计划管理之下。

3. 临时应急计划

临时应急计划是一种短期计划。一般在年度计划期间内，遇到某些特殊情况或在特定时间内采用，如临时性的大批量的物资出入库以及雨季防汛等。

制订应急计划的目的是确定在特殊情况下，可能需要预先采取的措施以及对某些未预计到的偶然事件做出必要的调整。

二、物资储存计划的编制

应根据仓库业务、经营特点编制仓储业务计划，下面以物资储存计划为例说明。

物资储存计划是仓储业务计划中的一项重要内容，储存计划制订得合理与否，对制订其他计划会产生很大的影响。

小知识

编制仓库储存计划实现的基础

（1）仓库流程计算机化，并使尽量多的过程数据通过计算机实时、系统地反馈出来。

（2）对仓库相关的数据进行采集，将各个流程上的相关数据尽量多地反馈出来。

1. 物资储存计划的编制依据

流通企业编制物资储存计划，应在购销部门计划的基础上，对需要入库储存的物资品种、数量、时间以及影响物资储存量的因素等进行广泛的市场调查研究，结合仓库储存能力，综合加以编制。影响物资储存计划的主要因素有以下几个。

（1）物资储存的品种数量：品种数量主要是根据采购供应合同、历年统计数字，结合具体市场调查研究做出预测而定，同时需充分考虑时间因素的影响，使物资储存计划能正确反映各种物资及其数量在时间上的变化，以确定不同时期物资储存所需库容。

（2）仓库储存能力：仓库储存能力是指在计划期内可以安排的仓容或能够储存的物资总量。不同类型仓库的储存能力，可以按仓库的容量或仓库储存物资的重量计算。仓库储存面积和仓容定额共同决定仓库的储存能力。

1）仓储面积是储存物资的基础。充分利用仓库的面积，提高仓库面积的利用率，可有效提高仓储企业的经济效益。仓库面积包括以下几个部分。

① 占地面积是指仓库所占的全部土地面积，它是反映仓库规模的基本数据。

② 建筑面积是指从库房外墙根量起的全部面积（包括仓库内办公室、休息室、厕所、电梯、楼梯和吞吐周转场地等）。建筑面积是反映仓库库房面积规模的基本数据（楼房式仓库建筑面积应逐层相加）。

③ 库内面积即墙内面积，指从库房（仓库）内墙根量起的全部面积。

④ 实际面积是指库内面积减去柱子、隔墙以及实际不能堆货的障碍物（如楼梯、天井、消防设施、明沟及固定的装卸机械设备和抛货场地等）的面积。

⑤ 储存（保管）面积即可堆货面积，指为了物资吞吐、养护、建筑和消防安全等需要，从实际面积中减去干道、支道、墙距和柱距等占用的面积后，可以用来存放物资的面积。

⑥ 使用面积即物资实占面积。在进出仓过程中，储存面积一般不可能全部获得利用。在实际使用中，货垛间必须有不同程度的空隙，同时，仓库在物资周转过程中也会出现不同程度的空仓面积。使用面积一般是指储存面积减去空仓面积后实际储存物资的货垛面积。

⑦ 面积利用率即实际面积利用率，是库房中储存面积和实际面积的比率。面积利用率反映库房中实际面积可用于存放物资的程度，也是考核堆放面积是否合理的重要依据。其计算公式为

$$\text{面积利用率}=\frac{\text{储存面积}}{\text{实际面积}}\times 100\%$$

⑧ 仓位使用率即储存面积利用率，是指使用面积（即储存物资实占面积）和储存面积的比率。这是确定库房储存面积应达到的利用程度，以便充分发挥储存面积的存放效率。仓位使用率还显示了库房使用是否平衡。仓位使用率的计算公式为

$$\text{仓位使用率}=\frac{\text{日平均使用面积}}{\text{储存面积}}\times 100\%$$

其中，日平均使用面积=储存面积–日平均空仓面积。日平均使用面积、日平均空仓面积指统计期内的逐日累计平均数。

2）仓容定额是指仓库或货场单位面积可以存放物资的最高数量，是每平方米储存面积的储存量标准，仓容定额可以反映出仓库的储存能力。决定仓容定额大小的主要因素是地坪承载能力和物资允许堆放高度。

① 地坪承载能力是指库房或货场单位面积允许堆放物资的最大重量，地坪承载能力越大，单位面积可储存的物资就越多。

② 物资允许堆放高度的主要影响因素有物资的性能、物资包装情况以及仓储设备类型等。在仓库地坪承载能力允许的范围内，单位面积可以储存的物资数量与物资的允许堆放高度有关。同时，各个库房或货场由于堆放的物资不同（轻泡物资或实重物资），或使用的设备不同，即使地坪承载能力相同，仓容定额也可能完全不同。

3）计算仓库的储存能力。根据所确定的库房或货场的储存面积和仓容定额而定，其计算公式为

$$Q=\sum_{i=1}^{n}q_i S_i$$

式中　Q——储存能力；
q_i——库房或货场的仓容定额（t/m^2）；
S_i——库房或货场的储存面积（m^2）；
n——货场的总数；
i——序号。

小知识

计算储存能力使用的重量单位

计算储存能力使用的重量单位是“综合吨”。

仓储物资可以分为实重物资和轻泡物资，每 $2m^3$ 体积的某种物资的重量大于或等于 1t，则这种物资为实重物资；每 $2m^3$ 体积的某种物资的重量小于 1t，则为轻泡物资。

实际中，一般对实重物资以其实际重量来计算重量，对于轻泡物资则以 $2m^3$ 体积折算为 1t 来计算重量，而不管其实际重量。综合两种计算方法所计算出的物资重量单位就叫综合吨。

2. 物资储存计划的编制方法

编制储存计划的重要方法是综合平衡法。

（1）物资储存地区的平衡：各地区、各仓库储存物资的品种、数量需符合物资流转的需要和规律，并注意符合物资合理流向和合理运输的要求，使物资储存在地区上保持合理的平衡。

（2）仓库类型和储存能力的平衡：不同的物资要求不同的储存条件，不同类型的仓库在具体储存的物资品种方面有所分工。在编制计划时，需要按物资性能和储存要求，结合仓库条件，充分考虑仓库实际储存能力，分别予以平衡。

（3）物资储存时间上的平衡：根据各种具体物资品种、数量和周转情况，考虑到不同时期仓容的需要情况，在各仓库间合理调配，使各仓库储存任务保持相对平衡，尽可能缩短出入库之间的空隙时间。

3. 物资储存计划的编制流程

（1）时间长短不同的物资储存计划的编制流程：

1）编制长期计划。

2）编制短期计划。

3）进行综合平衡。

（2）性质和作用不同的物资储存计划的编制流程：

1）编制主要计划。

2）编制次要计划。

3）进行综合平衡。

4. 编制计划的步骤

1）收集、整理资料。

2）分析、确定计划期指标。

3）综合平衡各项指标。

4）讨论、评审及下达。

能力培养与训练

1. 实训步骤

（1）利用第二单元任务一“库区分区分类业务能力训练”有关测量仓库面积相关尺寸及计算仓库各种面积的结果来确定仓容定额和仓库的储存能力。

（2）收集、整理和分析资料，确定计划期指标。
（3）综合平衡各项指标，最后编制出仓储计划。

2. 实训注意事项

遵守仓库的各项规章制度，听从现场教师指挥，注意人身安全。

小知识

物资仓储计划的作用

（1）能合理安排仓容，提高仓容利用率。
（2）便于人员、设备的合理调配。
（3）有利于降低仓储费用。

3. 实训评价

制订仓储计划能力评价评分表见表 3-1。

表 3-1 制订仓储计划能力评价评分表

学习任务	制订仓储计划能力				
学习地点		日期			
评分标准	具体内容	分值/分	师评	互评	总分
	正确测量仓库面积相关尺寸	20			
	正确计算仓库各种面积	20			
	合理分析并确定仓库的储存能力	30			
	制订物资仓储计划合理	30			
合计		100			

注：考评满分为 100 分，60～69 分为及格；70～79 分为中；80～89 分为良好；90 分以上为优秀。

4. 实训练习

（1）仓库定额和仓库储存能力的确定练习。
（2）仓库计划期指标的确定和综合平衡练习。

5. 实训活动建议

（1）建议学生到企业的仓库进行参观和实习。
（2）建议学生到企业的仓库进行调查，收集有关资料。

任务二 签订仓储保管合同业务能力训练

任务情境

某渔业公司于 2016 年 6 月 12 日向某冷库发出一份函电称：“我公司有 80t 黄花鱼、50t 带鱼要储存于贵库，每天储存费用不高于 5 200 元，请在一周内答复。如无异议，一周后正式签订合同。”该冷库接到函电后着手进行合同的起草和签订。

任务目标

按照给定的资料和条件，根据仓储保管合同的内容、保管方和存货方的权利和义务，熟练、完整地进行仓储保管合同的签订。

任务准备

（1）学生每5人为一组，每组选定一名学生为组长。
（2）带好必备的学习用品。
（3）以小组为单位分别扮演保管方和存货方，完成仓库保管合同签订的模拟训练。
（4）教师带队，现场指导。
（5）训练时间安排：4学时。

知识储备

一、仓储保管合同的内容（见附录A）

（1）储存物资的名称和类别。
（2）储存物资的数量、质量和包装。
（3）物资验收的内容、标准、方法和时间要求。
（4）物资的保管条件和保管要求。对危险品必须说明其性质、性能。
（5）物资的储存计划和出入库手续、时间和储存地点。
（6）保管损耗的标准和损耗的处理。
（7）计费项目、标准、结算方式、开户银行账号。
（8）责任划分和违约处理。
（9）变更（修改）和解除合同的程序及期限。
（10）合同的有效期限。
（11）其他有关约定事项。

小知识

仓储合同中常见的欺诈形式

（1）利用合同骗取货物。
（2）利用货物检查进行欺诈。
（3）第三人伪造、变更合同来欺骗保管人。
（4）利用合同条款进行欺诈。
（5）骗取违约金。
（6）骗取定金或担保物。

二、合同双方的权利和义务

仓储保管合同的签订使双方的关系成为一种法律关系，受国家法律的保护，一经签订，任何一方不得违约，否则将承担相应的经济责任。

1. 保管方的义务和存货方的权利

（1）保证物资完好无损。对保管的物资不得丢失、破损、变质、降质，除非因无法防止的自然耗损、降质，符合合同规定指标的，保管方可免除责任。

（2）对于库场因物资保管而配备的设备，保管方有义务加以维修，保证物资不受其损害。

（3）在由保管方负责对物资进行搬运、看护和技术检验时，保管方应及时委派有关人员进行该项工作。

（4）保管方对自己的保管义务不得转让，在正常情况下，未经存货方同意，保管方不得委托第三方对货物代为保管。

（5）保管方不得使用保管的物资，其不对此物资享有所有权和使用权。

（6）保管方应做好入库的验收和接收工作，并办妥各种入库凭证手续，配合存货方做好物资的入库和交接工作。

（7）对危险品和易腐物资，如不按规定操作和妥善保管而造成毁损，则由保管方承担赔偿责任。

（8）一旦接受存货方的储存要求，保管方应按时接受物资入库场，如由于保管方的责任，造成部分或全部物资不能按时入库，保管方应承担违约责任。

2. 存货方的义务和保管方的权利

（1）存货方对入库场的物资数量、质量、规格和包装应与合同规定的内容相符，并配合保管方做好物资入库场的交接工作。

（2）按合同规定的时间提取委托保管的物资，如未能按时提取物资，则应交付延期提货的保管费。

（3）按合同规定的条件支付仓储保管费。

（4）存货方应向保管方提供必要的物资验收资料，如没有提供必要的验收资料，保管方则无法对入库场的物资进行验收，在这种情况下发生的物资灭失、损害，保管方不承担任何赔偿责任。

（5）对危险物资的储存，存货方必须提供有关此类物资的性质、注意事项、预防措施以及应采取的方法等。

（6）如保管方已经接受存货方存货的要求，但在履行保管合同时，由于保管方的原因造成退仓、不能入库场，保管方应按合同规定赔偿存货方的运费并支付违约金。

（7）凡由保管方负责发运的物资，则必须按期发货。如保管方不能按期发货，应赔偿存货方逾期交货的损失，如错发到货地点，除按合同规定无偿运到规定的到货地点外，还应赔偿存货方因此而造成的实际损失。一般包括以下几个方面：

1）物资的短少、损坏和灭失。

2）因不能按时运达合同规定的地点，造成存货方未按期取货而造成的生产、经营的损失。

3）因没有按合同规定的时间将货运至存货方指定的地点，致使存货方因违反他人合同而引起的损失。

小知识

仓储保管合同的特点

（1）仓储保管合同属于一种诺成性合同，即只要双方当事人意思表示一致，合同即可成立。

（2）经双方商定后以书面形式订立。

（3）存货方从保管方处取回物资时，应向保管方支付仓储保管费用。

（4）物资的灭失、损坏是由于保管方没有履行保管合同所致，应由保管方负责赔偿。

（5）仓储保管合同要求双方严格遵守货物存储期限的规定，对仓储的物资可按合同的规定分批存储或提取。

三、签订仓储保管合同的步骤

仓储保管合同的订立应符合我国《合同法》和《仓储保管合同实施细则》的有关规定以及国家的其他法律、法规，贯彻平等互利、协商一致、等价有偿的原则。由双方的法定代表或授权的经办人签字，单位盖公章或合同专用章，合同即告成立。

如法人代表授权本单位经办人员代理签订合同，应事先出具本单位的委托证明，也可由主管企业授权经办人以企业的名义对外签订合同。

（1）邀约：由委托方向保管方提出订立仓储保管合同的建议和要求。

（2）验资：企业法人代表（或委托法人）之间签订合同应出示有关证明法人资格的材料和资信证明。

（3）洽约：由法人授权的业务人员对邀约方提出的合同条款逐条当面商定。

（4）审约：由有经验的专门人员审查合同条款是否符合法律、政策的规定，权利是否平等，条款是否严密，以防责任不明和签订出“不平等条款”。

（5）定约：双方的法人代表（或授权的委托人）应在仓储保管合同文本上签字，并加盖公章或合同章。签章后合同即生效。

（6）履约：对合同的履行。在履行合同时，各方承担各自的义务，并享有各自的权利。

议一议

“要约是承诺的前提，承诺是要约的结果”这句话对吗？

小知识

仓储合同解除的条件

（1）事后协议解除合同。

（2）约定解除合同。

（3）因不可抗拒力致使合同解除。

（4）一方当事人违约致使合同解除。

（5）一方当事人延迟履行义务致使合同解除。

能力培养与训练

1．实训步骤

（1）分组准备，收集、整理、分析资料和学生扮演不同角色（存货方和保管方）。
（2）学生扮演存货方和保管方模拟邀约过程。
（3）学生扮演存货方和保管方模拟验资过程。
（4）学生扮演存货方和保管方模拟洽约过程。
（5）学生扮演存货方和保管方模拟审约过程。
（6）学生扮演存货方和保管方模拟定约过程。
（7）学生扮演存货方和保管方模拟合同文本的签订。

2．实训注意事项

在模拟训练过程中，学生要严肃认真，仓储保管合同的内容要全面，合同双方的权利和义务也要明确。

3．实训评价

签订仓储保管合同能力评价评分表见表 3-2。

表 3-2　签订仓储保管合同能力评价评分表

学习任务	签订仓储保管合同能力				
学习地点		日期			
评分标准	具体内容	分值/分	师评	互评	总分
	模拟训练工作态度	20			
	资料收集、整理、分析真实有效	25			
	叙述仓储合同签订的工作过程	25			
	仓储保管合同编写完整、合理	30			
合计		100			

注：考评满分为 100 分，60～69 分为及格；70～79 分为中；80～89 分为良好；90 分以上为优秀。

4．实训练习

练习仓储保管合同的填写。

5．实训活动建议

学生在进行实训前先熟悉仓储保管合同的内容。

第四单元　物资接收入库作业

物资的入库业务（也可称为收货业务）是指物资进入库场储存时所进行的卸货、搬运、清点数量、检查质量、装箱、整理、堆码和办理入库手续等一系列操作。

物资入库的基本要求是：根据货主的正式入库凭证，清点物资数量，检查物资和包装的质量，检验物资的标识，并按照规程安排物资入库存放。在入库业务环节中，应注意认真做好商务记录，并与承运人共同签字，以便分清责任。对于负责入库的业务人员来说，在进行物资入库的工作中应做到手续简便清楚、作业快且稳定，认真把好入库关。

物资入库的过程如图 4-1 所示。

任务一

物资入库前准备业务能力训练

任务情境

某仓储企业 2016 年 8 月 25 日收到美乐高有限公司的入库通知单，其中包括 800 台 34ft 长虹彩色电视机、300 台 242L 海尔电冰箱、500 箱饼干、1 000 箱快食面、600 箱可口可乐饮料、400 箱矿泉水、500 袋洗衣粉等商品，需入库存放。

任务目标

要求各岗位人员全力合作，准确熟练地做好物资入库前的各项准备工作。

任务准备

（1）学生每 5 人为一组，每组选定一名组长。

（2）以组为单位完成物资入库准备工作的策划方案。

（3）教师带队，现场指导。

（4）训练时间安排：2 学时。

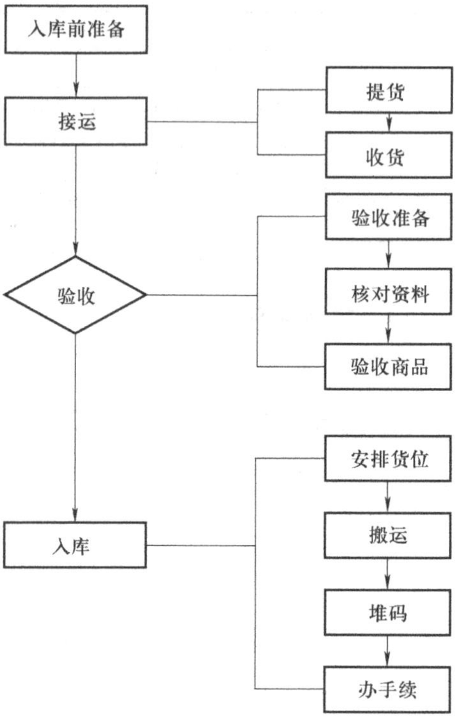

图 4-1　物资入库步骤

知识储备

仓库管理人员根据仓储合同、入库单或入库计划及时进行库场准备，保证物资按时入库。入库准备通常由仓库主管、仓管员和搬运设备作业人员分工合作，共同做好。

1. 熟悉各种需入库物资的状况

仓库管理人员需了解即将入库物资的品种、规格、数量、包装状态、单体体积、到库确切时间、物资存期、物资的理化特性以及保管的要求，精确、妥善地进行库场安排和准备工作。

2. 全面掌握仓库库场情况

了解物资入库期间、保管期间仓库的库容、设备、人员的变动情况，安排好工作。必须使用重型设备操作的物资，要确保为其安排可使用设备的货位。必要时对仓库进行清查，清理归位，以便腾出仓容。

3. 仓储计划的制订

根据物资情况、仓库情况、设备情况，仓库管理人员制订出仓储计划，并将计划下达到各相应的作业人员。

4. 妥善安排货位

根据入库物资的性能、数量和类别，结合仓库分区分类保管的要求，核算货位的大小，根据货位使用原则，严格验收场地，妥善安排货位，确定苫垫方案及堆垛方法等。

5. 合理组织人力

根据入库物资的数量和时间，安排好物资验收人员、搬运堆码人员以及物资入库工作流程，确定各个工作环节所需要的人员和设备。

6. 做好货位准备

彻底清洁货位，清除残留物，清理排水管道（沟），必要时安排消毒、除虫、铺地。详细检查照明、通风等设备，发现损坏及时通知修理。

7. 苫垫材料、作业用具的准备

在物资入库前，根据所确定的苫垫方案，准备相应材料以及所需用具，并组织衬垫铺设作业。

8. 准备好验收工具

理货人员根据物资情况和仓库管理制度，确定验收方法。准备验收所需的点数、称量、测试、开箱装箱、丈量、移动照明等工具和用具。

9. 装卸搬运工艺设定

根据物资、货位、设备条件和人员等情况，合理科学地制定装卸搬运工艺，保证作业效率。

10．文件单证准备

仓库管理员应妥善保管物资入库所需的各种报表、单证和记录簿等，如入库记录、理货检验单、存卡和残损单等，以备使用。

能力培养与训练

1．实训步骤

（1）通过阅读入库计划书和现场参观，熟悉入库的物资，并掌握好库场实际情况。

（2）编制仓储计划。

（3）货位的准备和安排。

（4）苫垫材料、作业用具、验收工具和账、卡、单等的准备。

（5）装卸搬运工艺的制定。

（6）物资入库准备工作方案书的完成。

2．实训注意事项

（1）熟悉每个角色的工作职责，严格按训练程序进行。

（2）一丝不苟，认真做好每个环节的工作。

（3）必须清楚了解商品特性、保管要求和货场的情况。

（4）物资入库准备工作方案书要详细、完整。

3．实训评价

物资入库前准备能力评价评分表见表4-1。

表4-1 物资入库前准备能力评价评分表

学习任务	物资入库前准备能力				
学习地点		日期			
评分标准	具体内容	分值/分	师评	互评	总分
	熟悉入库物资，文件单证准备齐全	20			
	仓库库场的安排恰当	20			
	仓储计划的制订完整、合理	10			
	货位准备和安排合理、恰当	20			
	验收工具和苫垫材料准备齐全、到位	20			
	装卸搬运合理	10			
合计		100			

注：考评满分为100分，60～69分为及格；70～79分为中；80～89分为良好；90分以上为优秀。

4．实训建议

（1）建议学生到企业的仓库进行实习。

（2）建议在实训室配置模拟实物商品进行实训。

任务二

物资接运业务能力训练

任务情境

粤美仓库收到广州火车站发来的一份到货通知，得知到站货物有：各种型钢共 25t、化肥 10t、洗衣粉 5t、子午线橡胶轮胎 500 条。粤美仓库马上组织人员展开相关工作，准备把货物运回仓库。

任务目标

能准确、及时地与承运部门或供货单位办理物资交接手续，安全、迅速地将物资提运收取到库。

任务准备

（1）学生每 5 人为一组，每组选定一名组长。
（2）以组为单位完成物资接运工作的策划方案。
（3）教师带队，现场指导。
（4）训练时间安排：2 学时。

知识储备

物资接运的主要任务是与托运者或承运者办理清楚业务交接手续，及时将物资安全接运回库。

一、接运方式

1. 到车站、码头接运

外地托运单位委托铁路、水运、民航等运输部门或邮局代运或邮递物资到达本埠车站、码头、民航站、邮局后，仓库依据物资通知单派车接运物资。此外，在接受货主的委托，代理完成提货、末端送货活动的情况下也会发生到车站、码头提货的作业活动。

提货大多是零担托运、到货批量比较小的物资。

2. 到货主单位提取物资

仓库受托运方的委托，直接到供货单位提货的一种形式。作业程序主要是：当接到托运通知单后，做好提货准备，并将提货与物资的初步验收工作结合在一起进行。最好在供货人员在场的情况下，当场进行验收。

接运人员要按照验收注意事项提货，必要时可由验收人员参与提货。

3. 托运单位送货到库接货

当托运单位与仓库在同一城市或附近地区，不需要长途运输时采用此种形式。其作业程序是：当托运方送货到仓库后，根据托运单（需要现场办理托运手续的先办理托运手续）当场办理接货验收手续，检查外包装，清点数量，做好验收记录。如有质量和数量问题，托运方应在验收记录上签证。

4. 铁路专用线到货接运

仓库备有铁路专用线，大批整车或零担到货接运。一般铁路专用线都与公路干线联合。在这种联合运输形式下，铁路承担主干线长距离的物资运输，汽车承担直线部分的直接面向收货方的短距离的运输。

二、仓库收货

物资到库后，仓库收货人员检查物资入库凭证，然后根据入库凭证开列的收货单位和物资名称与送交的物资内容和标记进行核对，并与送货人员办理交接手续。

若收货工作正常，收货人员在送货回单上盖章表示物资收讫。如发现异常情况，必须在送货单上详细注明并由送货人员签字，或由送货人员出具差错、异常情况记录等书面材料，作为事后处理的依据。

三、接收工作中异常问题的处理

1. 破损

（1）物资本身的破损，影响其价值或使用价值，甚至导致物资报废。

（2）包装的破损会影响物资的储存保管。造成破损的原因主要是接运前和接运中的责任。

破损责任如属于生产厂商、发货单位或承运单位的责任，提运员或接运员应向承运部门索取有关的事故记录并交给保管员，作为向供应商或承运单位进行索赔的依据。

如因接运过程中的装卸不当等原因造成的破损，签收时应写明原因、数量等，报仓库主管处理，一般由责任方负责赔偿。

2. 短少

短少分接运前和接运中两种情况。因接运前短少的，可按上述办法处理。如因接运中的装载不牢而导致物资丢失的或无人押运被窃等原因造成的，在签收时应报告保卫部门进行追查处理。

3. 变质

（1）生产或保管不善、存期过长等原因导致物资变质。如责任在供货方，可退货、换货或索赔。保管员在签收时应详细说明数量和变质程度。

（2）承运中因受污染、水渍等原因导致物资变质，责任在承运方。保管员在签收时应索取有关记

> **小知识**
>
> **物资入库前初检**
>
> （1）外包装标识和外包装完好情况。
>
> （2）大件数。
>
> （3）外观质量受损情况。
>
> （4）霉变、受潮和锈蚀情况。

录，交货主处理。

（3）提运中，因物资混放、雨淋等原因造成变质的，是接运人员的责任。

4. 错到

（1）因发运方的责任，如错发、错装等导致错到，应通知发运方处理。

（2）因提运、接运中的责任，如错卸、错装等导致错到，保管员在签收时应详细注明，并报仓库主管负责追查处理。

（3）因承运方责任，如错运、错送等导致错到，应索取承运方记录，交货主交涉处理。

（4）对于无合同、无计划的到货，应及时通知货主查询，经批准后才能办理入库手续。同时，货主要及时将订货合同、到货计划送交仓库。

能力培养与训练

1. 实训步骤

（1）预报和接车准备。

（2）卸车前的检查。

（3）卸车，检验。

（4）办理交接手续。

2. 实训注意事项

（1）熟悉每个角色的工作职责，严格按训练程序进行。

（2）准确、规范地填写各种单据。

（3）准确处理好接收中出现的异常情况。

3. 实训评价

物资接运能力评价评分表见表4-2。

表4-2　物资接运能力评价评分表

学习任务	物资接运能力				
学习地点		日期			
评分标准	具体内容	分值/分	师评	互评	总分
	单据填写正确、规范	30			
	验收前准备充分，与各部门配合好	20			
	货物接运考虑恰当	20			
	对发生的问题处理恰当、到位	30			
合计		100			

注：考评满分为100分，60～69分为及格；70～79分为中；80～89分为良好；90分以上为优秀。

4. 实训建议

建议学生到企业仓库、物流公司或货运企业观看接车收货的工作流程。

任务三 物资计量业务能力训练

任务情境

2017年5月12日，粤美仓库需要对以下的到库物资进行验收：6m长定尺交货的钢管500根、3 000mm×1 000mm×10mm的钢板250张、化肥10t、立白洗衣粉5t、子午线橡胶轮胎500条、雕牌洗衣皂500箱。

任务目标

熟练掌握各种计量工具的使用和调校方法，能准确判断测量结果。

任务准备

（1）每5～10人一组，每组选定一名组长，分为游标卡尺组、千分尺组、天平组、磅秤组和台秤组。

（2）带游标卡尺、千分尺、天平、磅秤和台秤等计量工具，并对学生进行安全守纪教育。

（3）以组为单位完成物资数量验收中各种尺寸和重量的测量工作。

（4）教师带队，现场指导。

（5）训练时间安排：4学时。

知识储备

常用的验收工具有衡器设备和量具设备。

一、衡器设备

衡器是仓库作业中使用最多和最主要的计量设备。使用衡器可以保证物资在收发保管过程中重量上的准确性。

仓库根据其作业性质与收发量大小，一般配置案秤、台秤、汽车衡等衡器设备。

1．案秤

案秤有等臂式与不等臂式两种。它具有稳定的平衡性，能很快地称量货物，准确性较高。目前仓库常用的案秤主要为盘秤，最大称量有10kg和20kg等。案秤适于称小件或轻质物料。

2．台秤

台秤是仓库中应用最广泛和必备的衡器设备，是一种复式杠杆组成的衡器。它最主要的组成部分是杠杆组。杠杆组由秤杆、长杠杆和短杠杆组成。

根据台秤的构造，可分为增砣台秤和标尺台秤，其中增砣台秤最为通用。增砣台秤的构造，除杠杆组外，还有台面装置和机件两部分。

台秤的构成部分如图 4-2 所示。

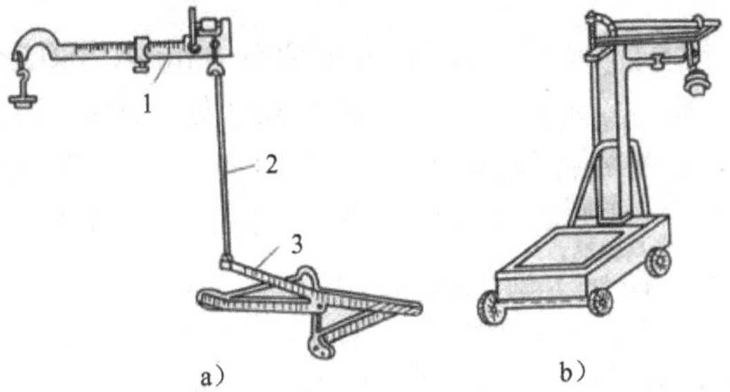

图 4-2　台秤

a）台秤杠杆组构造　b）增砣台秤

1—秤杆　2—长杠杆　3—短杠杆

仓库常用的台秤一般有称量 500kg、1 000kg、2 000kg 和 3 000kg 等数种。

3. 汽车衡

汽车衡是一种比较小型的无轨地下磅秤，也就是将台秤的台面安装在与汽车道路同一水平面上，当进出库运货的车辆通过其上时，即可迅速称出质量。

汽车衡的设置地点，一般应在主要货场附近，以便就近过秤。仓库采用的汽车衡的最大称量，需根据其运输车辆的自重和装载吨位决定，一般为 10～15t。

二、量具设备

部分仓库物资以长度为计量单位，凡物资的长度和规格尺寸的计量，必须应用各种量具来完成。因此，各种量具也是仓库常备的计量工具，其种类包括普通量具和精密量具。

1. 普通量具

（1）直接量具。

1）直尺。直尺有木制、钢制和塑料制等多种。通常用的直尺上刻有公制和英制两种刻度。凡量取的物资所需精度超过该刻度数值，即不能应用这种直尺来进行度量。

2）卷尺。卷尺有钢制和麻制两种。前者多带有钢盒，后者多带有皮盒，俗称皮尺。钢卷尺的长度有 1m、2m、10m、15m、20m、30m、50m 和 100m 数种。麻制卷尺除 1m 和 2m 外，其余长度均有。钢卷尺伸缩性较小，并较准确，但易污锈，应经常用煤油擦洗。

使用钢卷尺时应注意勿使其扭曲折断，并要注意防止划破手指。皮卷尺伸缩性较大，不及钢卷尺准确，特别是使用日久涂层破损后，其伸缩性更大，有时可达 5%。使用麻制皮卷尺时，不得拖曳、打折和拉张，并在收起时不可过分紧绕或放松。

使用各种尺来度量材料时，必须将尺放正。量长方形物料的长度时，要与被量的物料顶端垂直，与侧边平行；量宽度时要与被量物料顶端平行，与侧边垂直。量圆形物料的长度时，要与物料的中心线平行。如果用尺在圆形物料的顶端量其直径，或在孔外量其内径，被量的物料截面一定要相当平整，而且量时要用尺靠着物料一面的边缘来回扭动，此时量出的最大尺寸才是物料的外径或内径的真正大小。

（2）辅助量具：如卡钳、线规等。

2. 精密量具

（1）游标卡尺。

1）按照用途的不同，游标卡尺可分为普通游标卡尺、高度游标卡尺、深度游标卡尺和齿形游标卡尺。

2）仓库常用的主要是普通游标卡尺，其分度值有 0.1mm、0.05mm 和 0.02mm 3 种。各种游标卡尺的用途虽有不同，但其构造原理并无不同之处。游标卡尺的构造如图 4-3 所示。

下面以分度值为 0.1mm 的内外径游标卡尺为例，说明其构造与原理。

游标卡尺是由尺身和游标（见图 4-4）构成的。游标为一游尺，可沿尺身左右滑动。尺身上的刻度线每格为 1mm，游标上的刻度线每格为 0.9mm。若将尺身和游标零线后的第一条线对齐，则尺身与游标零线之间的差距为：1mm–0.9mm=0.1mm；若将尺身和游标零线后的第 4 条线对齐，则尺身与游标零线之间的差距为：（1mm–0. 9mm）×4=0.4mm，依此类推。因此，只要看游标的第几条线与尺身的一条线对齐，就能知道尺身与游标两条零线之间相差几个 0.1mm。

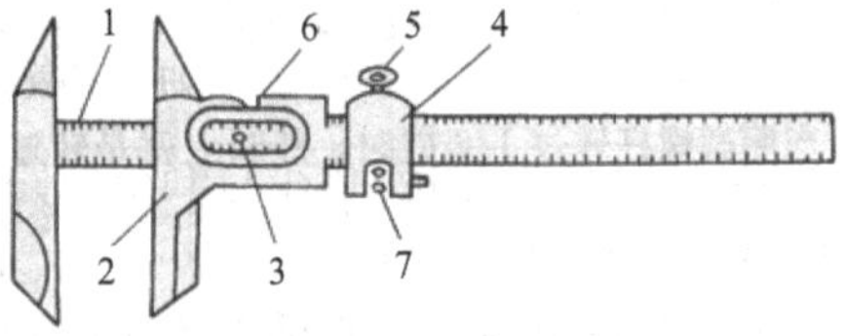

图 4-3 游标卡尺构造图

1—尺身 2—内外量爪 3—游标

4—挖板 5—锁紧螺钉 6—标尺刻度 7—调整螺钉

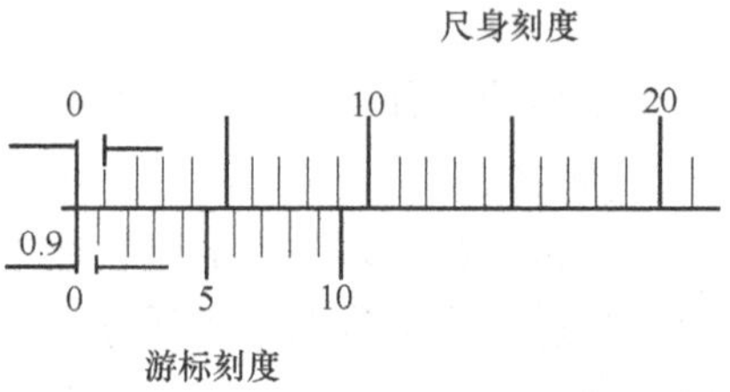

图 4-4 游标卡尺原理示意图

3）游标卡尺的读数方法。

① 读出游标零线在尺身上指示出的被测工件的整数尺寸。

② 读出游标上与尺身刻线对齐的刻线尺寸，即为工件的小数尺寸。

③ 将整数尺寸与小数尺寸相加即为工件尺寸。

4）游标卡尺的使用步骤。下面以分度值为 0.1mm 的游标卡尺为例说明游标卡尺的使用步骤。

① 松开卡尺上方的锁紧螺钉，用干净的软布将卡尺的测量面及被测工件的被测表面擦拭干净。

② 向右移动游标尺，将工件放入卡尺内；向左移动游标尺，贴紧工件，拧紧锁紧螺钉。

③ 读数：读尺身上的刻度数 27，然后读游标尺的刻度数 5（见图 4-5）。

④ 计算出工件尺寸：27mm+5mm×0.1=27.5mm。

⑤ 松开锁紧螺钉，取出工件。

⑥ 重复上述步骤，再次测量工件，将两次测量结果相加

想一想

使用各种衡器和量具前如何调零？

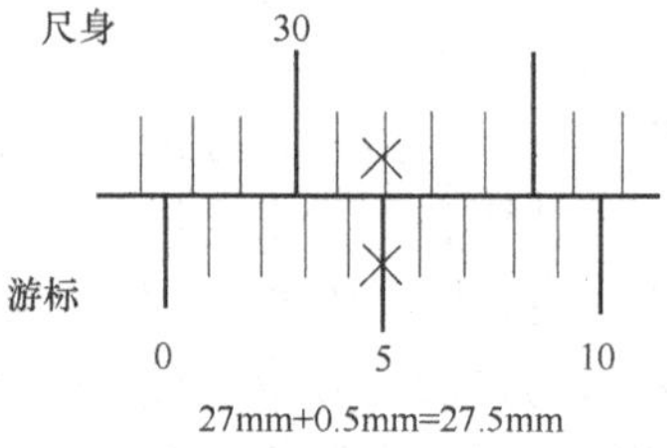

图 4-5 游标卡尺的读数方法

除以 2，将其平均值作为最后的测量结果。

（2）千分尺。千分尺又称千分卡、分厘卡，是一种常用的精密测量量具，其精度比游标卡尺高，适用于测量精度要求高的工件。

1）按照用途的不同，千分尺可分为千分尺、内径千分尺、深度千分尺和螺旋千分尺等。

2）在物资仓库经常使用的主要是千分尺，用于测量工件的外径。千分尺构造如图 4-6 所示。

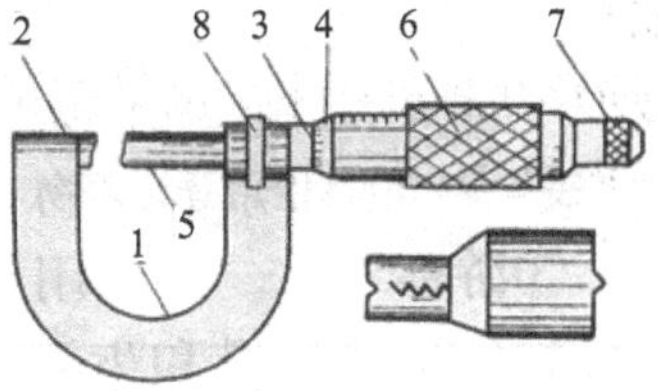

图 4-6　千分尺构造图

1—框架　2—砧座　3—固定套筒　4—螺母
5—测微螺杆　6—微分筒　7—棘轮掣　8—旋转圆环

3）千分尺的读数方法。

① 读出固定套筒上方指示出的被测工件的整数尺寸。

② 读出固定套筒下方指示出的被测工件的小数尺寸。

③ 读出微分筒的小数尺寸。固定套筒的中线若在微分筒的两格之间，则进行估读。例如：若在 0.35mm 和 0.36mm 之间，若固定套筒中线比较靠近 0.35mm，则可估读为 0.353mm。

④ 将上述 3 个尺寸相加即为工件尺寸。

4）千分尺的使用步骤。

① 清洁尺身和砧座。松开千分尺的锁紧小把手，用干净软布将千分尺的测量面和被测工件的被测表面擦拭干净。

② 校对零线。转动微分筒使两测量面相贴，拧动棘轮掣两次（响两声），看固定套筒中线与微分筒零线是否对齐。若未对齐，用专用小扳手调至对齐。

③ 转动微分筒，张开两个测量面，将工件放入尺内；转动微分筒，至贴紧工件被测表面后，拧动棘轮掣两次（响两声）。

④ 锁紧小把手，读数。例：如图 4-7 所示，读出固定套筒上方的读数 22mm，读出固定套筒下方的读数 0.5mm（若微分筒左端未过固定套筒下方相应的线，则此项读数为 0），估读出微分筒尺寸 0.353mm。

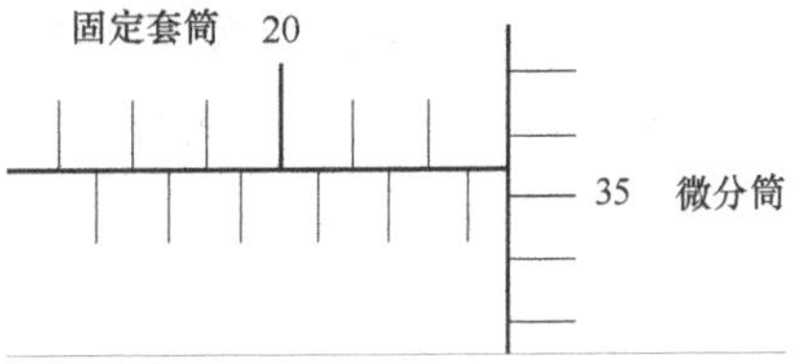

图 4-7　千分尺的读数方法

⑤ 计算出工件尺寸：22mm+0.5mm+0.353mm=22.853mm。

⑥ 重复上述步骤，再次测量工件，将两次测量结果相加除以 2，将其平均值作为最后的测量结果。

千分尺的基本原理是利用螺旋原理将旋转运动变为直线运动。它是利用一个螺母和测微螺杆，若螺距为 1mm，当螺母固定时，测微螺杆正转或反转 1 周，就能前进或后退 1mm。假如把测微螺杆的外圆进行 100 等分，当测微螺杆转过 1/2 周时，外圆上就转过 50 个格，这时每格就代表 0.01mm。当测微螺杆旋转 5 周又 15 个格时，相当于前进或后退 5.15mm。

能力培养与训练

1．实训步骤

（1）对情境设置中已给定的若干物资（或者实地训练中的模拟物品）进行尺寸/重量的计量。

（2）分组进行尺寸的计量，记录好测量结果，测量结果填入表4-3。

表4-3 量具使用登记表

所用测量仪器：________________

工件名称	第一次测量	第二次测量	测量值	签名

（3）分组进行重量的计量，记录好测量结果，测量结果填入表4-4。

表4-4 磅码单

供货单位________________________　　品　　名________________________

合同编号________________________　　型号规格________________________

序号	重量/kg	序号	重量/kg	序号	重量/kg

司磅员：　　　　日期：

2．实训注意事项

（1）熟悉每个角色的工作职责，严格按训练程序进行。

（2）严格按计量工具操作规程进行正确的测量，注意读数方法。

（3）做好计量仪器及人身安全保护工作。

3．实训评价

计量能力评价评分表见表4-5。

表4-5 计量能力评价评分表

学习任务	计量能力				
学习地点		日期			
评分标准	具体内容	分值/分	师评	互评	总分
	尺寸测量，记录规范、准确	40			
	重量计量，记录规范、准确	40			
	计量仪器具校对正确	10			
	遵守计量工具的使用制度	10			
合计		100			

注：考评满分为100分，60～69分为及格；70～79分为中；80～89分为良好；90分以上为优秀。

4．实训练习

练习使用验收工具（主要是衡器和量具），达到熟练为止。

5．实训活动建议

建议学生在验收实训前先对验收计量工具进行熟悉。

任务四

物资验收业务能力训练

任务情境

接任务三【任务情境】。粤美仓库已对该批到库物资进行了数量计量，现需要组织相关人员做入库验收的工作。

任务目标

熟练掌握物资验收的方法，熟悉物资验收应注意的问题，并能正确处理物资验收中出现的异常问题。

任务准备

（1）学生每 6 人为一组，分角色训练，分设供货商、承运单位人员、记账员、保管员、司磅员、验收人员。每组选定一名组长。

（2）带好计量工具，并对学生进行安全守纪教育。

（3）以组为单位完成各种单证、卡片和保管账的搜集整理工作。

（4）教师带队，现场指导。

（5）训练时间安排：4 学时。

知识储备

实物验收包括对内在质量、外观质量、数量、重量和精度的验收。当物资入库交接后，应将物资置于待检区域，仓库管理员及时进行外观质量、数量、重量及精度验收，并进行质量送检。

一、外观质量验收

外观质量验收的内容，包括外包装完好情况，外观质量缺陷，外观质量受损情况及受潮、霉变和锈蚀情况等，往往是通过人体感官来鉴定。因此要正确进行外观质量检验，要求仓管员拥有丰富的识货能力和判断经验。

1. 外观质量鉴定的方法

看（视觉）：查看物资外表有无变形、裂痕、翘皮、砂眼、变色、虫蛀、污痕、生霉、涂层脱落、氧化、溶解、渗漏、挥发、沉淀、混浊和破损等异状。

听（听觉）：对易碎物资，如玻璃器皿，摇晃容器，听内容物有无破碎杂音，判断其有无破碎。

摸（触觉）：用手触摸物资的含水量程度，或有无黏结、潮湿、干硬、结块和老化等异状。

嗅（嗅觉）：鼻嗅物资是否已失应有的气味，或有无串味及露臭异味（毒害性物品禁止嗅闻）。

2. 外包装的异常状况

物资在交接过程中，特别要注意外包装是否完好。外包装常见的异状有以下几种情况。

（1）人为的挖洞、开缝。通常是被盗窃的痕迹。

（2）水渍、潮湿。通常是指遭到雨淋、水湿或物资本身出现潮解、渗漏的现象。

（3）污染。一般是由于配装不当而引起的物资间的相互玷污。

（4）包装破损。由于包装结构不良，或包装材质不当，或装卸过程中乱摔、乱扔、碰撞等造成的包装破损。

3. 其他情况

凡在合同上订明验收规定的，应按规定进行验收。

二、数量验收

（1）点件法：点件法是指逐件清点，一般适合散装的或非定量包装的物资。

（2）抽验法：抽验法是指按一定比例开箱点件的验收方法，适合批量大、定量包装的物资。

（3）检斤换算法：检斤换算法是指通过重量过磅换算该物资的数量，适合物资标准和包装标准的情况。

小知识

确定物资抽验比例的依据

（1）物资性质。（2）物资价值。
（3）生产技术条件。（4）厂商信誉。
（5）包装情况。（6）运输条件。
（7）气候变化。

三、重量验收

重量验收是否合格，是根据验收的磅差率与允许磅差率的比较来判断的。若验收的磅差率未超出允许磅差率的范围，说明该批物资合格；若验收的磅差率超出允许磅差率的范围，则说明该批物资不合格。磅差是指由于不同地区的地心引力差异、磅秤精度差异及运输装卸损耗的因素造成重量过磅数值的差异。如金属允许磅差率范围，见表 4-6。

表 4-6 金属允许磅差率范围表

品　种	有色金属	钢铁制品	钢　材	生铁、废钢	贵金属
允许磅差率	±1‰	±2‰	±3‰	±5‰	±0‰

（1）检斤验收法：检斤验收法是指对非定量包装的、无码单的物资进行打捆、编号、过磅和填制码单的验收方法。其适合非定量包装的、无码单的物资。

$$\text{实际磅差率}=\frac{\text{实收重量}-\text{应收重量}}{\text{应收重量}}\times 1000‰$$

$$\text{索赔重量}=\text{应收重量}-\text{实收重量}$$

（2）抄码复衡抽验法：抄码复衡抽验法是指对定量包装的、附有码单的物资，按合同规定的比例抽取一定数量的物资过磅的验收方法。其适合定量包装并附有码单的物资。

$$\text{抽验磅差率}=\frac{\sum\text{抽验重量}-\sum\text{抄码重量}}{\sum\text{抄码重量}}\times 1000‰$$

$$\text{索赔重量}=\text{抽验磅差率}\times\text{应收总重量}$$

（3）平均扣除皮重法：平均扣除皮重法是指按一定比例将包装拆下过磅，求得包装皮的平均重量，然后将未拆除包装的物资过磅，从而求得该批物资的全部皮重和毛重。在采用这种方法时，一定要合理选择应拆的包装物，以使净重更趋准确。

（4）除皮核实法：除皮核实法是指选择部分物资分开过磅，分别求得物资的皮重和净重，再对包装上标记的重量进行核对。核对结果未超过允许差率，即可依其数值计算净重。

（5）约定重量法：约定重量法是指存货方与保管方在签订仓储保管合同时，双方对物资的皮重已按习惯数值有所约定，则可遵从其约定计算净重。

（6）理论换算法：适合定尺长度的金属材料、塑料管材等，可将重量换算为长度。

（7）整车复衡法：整车复衡法是指检验时将整车引入专用地磅，然后扣除空车的重量，即可求得物资净重。其适合大宗无包装的物资，如煤炭、生铁、矿石等散装的块状、粒状或粉状的物资。

仓库在重量验收过程中，要根据合同规定的方法进行。为防止人为造成磅差，一旦验收方法确定后，出库时必须用同样的方法检验物资，这就是进出库物资检验方法一致性原则。

小知识

物资的毛重、皮重和净重

物资的重量，一般有毛重、皮重、净重之分。毛重是指物资重量包括包装重量在内的实重。净重是指物资本身的重量，即毛重减去皮重的余数。通常所说的物资重量，是指物资的净重。

四、精度验收

精度验收主要包括仪器仪表精度检验和金属材料尺寸精度检验两个方面。

对于仪器仪表精度的检验，除简易的指标在仓库验收时检验外，一般专门由质检部门检验或厂方负责质量检验，仓库免检。

金属材料的尺寸精度检验是仓库的一项十分重要的工作。金属材料的尺寸，分为公称尺寸和实际尺寸两种，即公称尺寸和实际尺寸。公称尺寸是指国际标准和部版标准中规定的名义尺寸，即在生产过程中希望得到的理想尺寸。公称尺寸是生产、储运和使用的依据，但在实际生产中，产品尺寸与理想尺寸总存在着一定的差距。实际尺寸是指在验收中直接测得的长、宽和直径的尺寸。尺寸精度用公称尺寸与实际尺寸的差异范围来表示，包括偏差和公差。

（1）偏差是指实际尺寸与公称尺寸之间的差数。如果实际尺寸小于公称尺寸，两者差数为负数，则称负偏差；如果实际尺寸大于公称尺寸，两者差数为正数，则称正偏差。

（2）公差是指尺寸允许的误差。

金属材料在交货时，都有一定的正负偏差范围，凡经检验，其尺寸偏差在允许偏差范围内，则符合尺寸检验要求。

五、进口物资的检验

进口物资的验收涉及对外索赔，其验收标准应严于国内物资的检验。

国家规定进口物资的验收内容和方法原则上与国内物资相同，但对下列5项内容与国内物资验收是有区别的，仓库要根据这些要求做好进口物资的检验工作。

1. 按照订货合同验收

进口物资的验收依据是订货合同，到库物资及其资料必须与订货合同相一致，物资的质量、包装必须符合合同规定。订货合同、技术资料、各项证件与到货核对完全相符后方可开始验收。

订货合同、技术资料、明细码单等是进口到货检验、对外出证索赔的法律依据，要认真查对清楚备用。若缺少必要的单证和技术资料，要向有关方面索取。入库单和资料不齐不得验收。

2. 数量要全验

进口物资原则上要 100%逐件验收。但对到货规格整齐、包装完整或因批量大、打开包装对销售与保管不利的，可以抽验10%～20%，抽验合格，按正常手续验收入库。

3. 按合同规定的计量方法计重

进口金属材料原则上规定过磅计重。若合同规定按理论换算计重，则按合同规定办理。对一些轻化工产品，合同规定按定量计件点收的，在抽检定量无出入的前提下，可点件验收。

4. 按商检规定检验外观质量

进口物资外观检验，原则上与国内物资相同。在检验中发现外观有缺陷时，要扩大抽验率到20%～30%，以最后检验结果作为判断依据。

进口物资包装和残损检验，应于开箱前核对包装或货件上的标识、号码、件数与收货单证记载的批次、件数是否相符。注意查验包装有无油污、水渍、破损和修补等情况。开箱后应先检查箱内物资的衬垫、保护情况是否符合保护物资质量要求。发现影响物资质量的情况要详细记录，拍下照片，保持原包装状态。对于表面已经出现缺损的物资，要逐件检查残损情况并做好查验记录。

5. 对外索赔

通过验收，若发现存在数量短缺、外观缺陷等问题，由仓库负责填写验收记录单和明细对照码单等交货主，再由货主报商检部门复验之后出证索赔。

小知识

对外索赔要掌握的关键问题

（1）把好提送关。提货时若发现所提物资有问题，要分清发货方、承运方和卸货方三者的责任。

（2）过磅准确无误。在国际商贸中，虽然允许衡器有一定的误差，但要求衡器本身一定要准确，要达到精度要求。过磅时要准确识码、抄码，不得克扣，要实事求是。

（3）验收方法要正确。严格按照存货单位的入库单、进口合同中的有关规定和供货单位提供的码单进行验收。

（4）出证要符合要求。凡需索赔的货物，仓库要出具“四对照”验收码单或者验收记录。

（5）验收工作要及时。注意合同中所规定的索赔期限。

六、验收中应注意的问题

（1）必要的证件不齐时，保管人员可对已到库物资做待检验处理，进行临时妥善保管，待证件齐全后再进行验收。但保管人员应及时与有关方面联系，催促办理。

（2）供货单位提供的质量证明书，与规定的技术标准或与订货合同不符时，应立即通知货主，由货主与供货方交涉解决。

（3）当规格、质量和包装不符合要求时，保管人员可先验收合格品；不合格部分应单独存放并进行查对，核实后将不合格情况以及残损、降级程度做好记录，提供给货主以向供货方交涉处理。在交涉期间，保管人员应对不合格部分妥善保管。

（4）当重量发生溢、缺时，在规定的“衡器公差”以内，保管人员可按实际验收重量验收。超过规定的“衡器公差”时，应进行核实并做好验收记录，填写磅码单，交货主以向供货方交涉处理。

（5）凡有关证件已到齐，但在规定时间内物资尚未到库的，保管人员应及时向有关方面查问处理。

（6）进口物资在订货合同上均规定有索赔期限。例如，机械、电气仪表、车辆等，除索赔期外，还规定有使用保证期。

发现质量、规格、性能、数量和重量（除合理的衡器公差外）等有关问题，应在索赔期内对外提出索赔。合同规定有使用保证期的，发现内在质量低劣、零件残损和性能不符合同规定，属于对方责任的，在使用保证期内也可对外提出索赔。

需对外提出索赔的进口物资，保管人员要及早对验收报告及其他随货同来的资料，转告货主申请商检局检验出证。在未经商检局检验出证，或虽经检验出证提出退货、换货期间，保管人员都应将物资妥善保管，并保留好原包装物，以便供应商复检，或国外取样或来人复验。

七、对验收中异常问题的处理

在物资验收过程中，如果发现物资数量或质量存在问题，应该严格按照有关规定进行处理。验收过程中发现问题进行处理时应该注意以下几点。

（1）单据不全的处理。凡验收所需的证件不齐全时，到库物资仍作为待验物资处理，待证件到齐后再进行验收，若条件允许也可提前验收。

（2）单单不符的处理。单单不符是指供货单位提供的质量证明书等与存货单位（货主）提供的入库单不符。遇到这种情况应立即通知货主，并按货主提出的办法处理，但应将全部事实处理经过记录在案以备查。

（3）质量有异的处理。凡规格、质量、包装不符合要求或在途中受损变质者，均称质量有异。此时，应先将合格品验收入库，不合格品分开堆放，做出详细记录，并立即通知货主与发货单位交涉；交涉期间，对不合格品要妥善保管；如货主同意按实际情况验收入库，应让货主在验收记录上签章。验收后，仍应将不合格品单存、单发，并填写入库验收单，格式见表4-7。

表4-7　验收单

进料时间	年　月　日			厂商名称				订购数			
料号								交货数			
订单名称				品名规格				点收数			
发表号码								实收数			
检验项目	检验规范			检验状况				数量		判定	
检验数量				不良数				不良率			
处理情况	允许			拒收		特采			全检		
备注		仓库主管		入库员		质管主管		检验员		点检员	

（4）数量不符的处理。若实际验收数量小于送验数量并小于合同中的磅差率，则以送验数量为验收数量；若实际验收数量大于送验数量，则以送验数量为验收数量；若实际验收数量小于送验数量并大于合同中的磅差率时，经核实后立即通知货主。在货主未提出处理意见前，该物资不得动用。如供货单位来复磅，验收员应积极配合，提供方便；若供货单位不来复磅，验收员需提供到货登记表、检斤单、检尺单、铁路记录等相关验收证明材料（复印件），并加盖公章。验收过程中如遇严重问题应填写物资异常报告，格式见表4-8，交货主确认。

> **想一想**
>
> 物资验收工作有哪些基本要求？

表 4-8　物资异常报告

序号________　　　　　　　　　　　　　　　　　　　　　　　　日期________

物资编号	品　名	规　格	数　量	异常情况

送货人：　　　　　　　　　　检验：

（5）有单无货的处理。有单无货是指有关单据已到库，但在规定时间内物资未到。此时，应及时向货主反映，以便查询。

（6）错验的处理。验收员在验收过程中发生数量、质量等方面的差错时，应及时通知货主，积极组织力量进行复验，及时更正。

议一议

货卡有哪些表现形式？分别应用在哪些方面？

能力培养与训练

1．实训步骤

（1）根据仓储条件进行货位、单证和工具验收的准备。

（2）根据给定的物资核对验收单证，并做好相应的记录。

1）根据送货单或运输单及货主的领货凭证、发货清单（材质书）确认货主名称。

2）验收员根据送货单或运输单填写到货台账（到货登记表）。

3）确定物资存放地点及物资验收标准，准备相应的检验工具、验收作业的机械设备及人力。

4）进口物资或委托方指定需要质量检验的，应提前通知有关检验部门会同验收。

5）准备好全部验收凭证和资料后方可验收。如相关资料不全，能预验的可以尽快预验。

6）核对证件。依据供货单位提供的发货清单、材质书、运输单、装箱单及顾客入库验收单与检斤单或检尺单进行逐项核对。

（3）根据给定的物资进行物资的实物验收，要求做好验收记录。

（4）验收员根据实际验收情况，依据磅码单的结果填制入库验收单，并编制实物保管明细账或库存明细卡，格式见表 4-9、表 4-10。

（5）验收中发生问题的处理。

表 4-9　实物保管明细账

存放地点__________________　　　　品　　名__________________

计量单位__________________　　　　型号规格__________________

年		凭证		摘要	单价	收入数量	金额	发出数量	金额	结存数量	金额
月	日	字	号								

表 4-10　库存明细卡

分页　　总页

存货名称：__________　规格：____________　计量单位：__________　库区：__________

年		凭证		摘要	收入		发出		结存		其中：（A）			其中：（B）			其中：（C）		
月	日	种聚类	号数		批号	数量	批号	数量	批号	数量	批号	数量	库位	批号	数量	库位	批号	数量	库位

（6）建立货物状态卡（简称货卡）、储存卡（也称存卡、进销存卡）。格式见表 4-11、表 4-12。

表 4-11　货物状态卡

待　检	合　格	隔　离
供应商名称__________ 图　　号__________ 名　　称__________ 进货日期/批号/生产日期______ 标记日期：____年___月___日 标 记 人__________ 备　　注__________	供应商名称__________ 图　　号__________ 名　　称__________ 进货日期/批号/生产日期______ 标记日期：____年___月___日 标 记 人__________ 备　　注__________	供应商名称__________ 图　　号__________ 名　　称__________ 进货日期/批号/生产日期______ 标记日期：____年___月___日 标 记 人__________ 备　　注__________

表 4-12　储存卡（进销存卡）

存　卡

品名＿＿＿＿＿＿＿＿＿＿　　　　　　　　　　　　规格

年		摘要	收入数量	发出数量	结存数量
月	日				

验收员根据物资实际验收的结果，填写货物状态卡，并挂在物资垛门上。

（7）验收员根据验收单登记物资验收，完成统计表。

（8）验收员负责转交验收单及附件。其中，一份交货主，一份交记账员；需签字转交。

2．实训注意事项

（1）熟悉每个角色的工作职责，严格按训练程序进行。

（2）严格遵守岗位职责，一丝不苟。

（3）各种单据填写规范、认真、熟练。

（4）注意识别单证的真伪，正确使用验收工具，严格按照操作程序进行物资的验收，注意物资和人身的安全。

（5）注意验收中发生问题的处理。

3．实训评价

物资验收能力评价评分表，见表 4-13。

表 4-13　物资验收能力评价评分表

学习任务	物资验收能力				
学习地点		日期			
评分标准	具体内容	分值/分	师评	互评	总分
	单据填写正确、规范	30			
	验收前准备充分，与各部门配合好	20			
	检验内容全面	20			
	对发生的问题处理恰当、到位	30			
合计		100			

注：考评满分为 100 分，60～69 分为及格；70～79 分为中；80～89 分为良好；90 分以上为优秀。

4．实训练习

（1）发给每个学生填有错误内容的圆钢入库单、质保书、码单，要求学生指出错误之处。

（2）提供：①定量包装的标准件 30 盒，10 只/盒。②非定量包装的金属材料 100kg、空白码单若干张，假设实收重量为 98kg，允许磅差率±3‰。要求学生确定定量包装验收的抽验比例和验收结果。

（3）练习实物外观质量验收（看、听、摸、嗅）。

5. 实训活动建议

建议学生在实训前先对各类物资进行外观质量验收作业。

任务五 办理物资入库手续业务能力训练

任务情境

接任务四【任务情境】。粤美仓库已经完成对该批到库物资的验收工作，现需要组织相关人员办理物资入库的工作。

任务目标

准确、熟练地掌握办理物资入库的手续，并能正确地填写各种单据、账、卡等。

任务准备

（1）每个小组先确定学生的岗位角色（分设仓库验收员、仓库包装员、登账人员、立卡人员、建档人员、签单人员），每人分别扮演不同的角色依次进行。每组选定一名组长。

（2）每组发放一份填写完整的送货单，以及与送货单内容完全一致的物品。

（3）每人一套空白的入库单、进销存账页、进销存卡和货物状态卡。

（4）每人准备黑笔、红笔各一支。

（5）教师带队，现场指导。

（6）训练时间安排：4 学时。

知识储备

一、物资入库步骤

1. 安排货位

安排货位要做到安全、方便、节约、合理。物资因自身的自然属性不同而具有不同的特性，货位安排必须符合储存物资的特性；货位安排要方便出入库业务，尽可能缩短收、发货作业时间；以最少的仓容储存最大限量的物资，提高仓容的使用效能。

2. 搬运

搬运人员把验收场地上经过点验合格的入库物资，按每批入库单开制的数量和相同的品唛集中起来，分批送到预先安排的货位，要进一批、清一批，严格防止品唛互串和数量溢缺。

分类工作应力争送货单位的配合，在装车启运前就做到数量准、批次清。对于批次多和批量小的入库物资，分类工作一般可由保管收货人员在单货核对、清点件数过程中同时进行，也可将分类工作结合搬运工作一起进行。

搬运过程要做到“一次连续搬运到位”，力求避免入库物资在搬运途中的停顿和重复劳动，对个别批量大、包装整齐、送货单位又具备机械操作条件的入库物资，要争取送货单位的配合，利用托盘实行定额装载，从而提高计数准确率并缩短装卸车时间，加速物资入库。

3. 堆码

物资堆码方式的正确选择直接影响着物资保管的安全、清点数量的便利以及仓库容量利用率的提高。堆码方式主要有以下几种方式。

（1）散堆方式：将无包装的散货在库场上堆成货堆的存放方式，特别适用于大宗散货，如煤炭、矿石、散粮和散化肥等。

（2）堆垛方式：适用于对有包装的超长、大件物资进行堆码。

（3）货架方式：采用通用或者专用的货架进行物资堆码。这种方式适合于存放小件物资或不宜堆高的物资。

（4）成组堆码方式：采用成组工具使物资的堆存单元扩大。常用的成组工具有货板、托盘和网络等。

4. 办理入库手续

验收合格的物资，应及时办理入库手续，建立档案资料及给货主签回验收单。

（1）立卡：卡又称“货卡”或“存卡”，能够直接反映该垛物资品名、型号、规格、数量、单位、进出动态和积存数。

卡片应按入库通知单所列内容逐项填写，入库通知单见表 4-14。

表 4-14　入库通知单

供货单位______　　发出日期____年__月__日__　　收货仓库______

合同字号______　　到期日期____年__月__日__　　存放地点______

运单字号______　　验收日期____年__月__日__　　账单编号______

物资编号	物资名称及规格	计量单位	数量					质量状况	购入价格		基本价格		物价差异		说明
			交货	多交	短交	退货	实收		单价	金额	单价	金额	盈	亏	
															合格证号数
物资编号	物资名称及规格	计量单位	数量					质量状况	购入价格		基本价格		物价差异		说明

物资入库堆码完毕，应立即建立卡片，一垛一卡。对于此卡片的处理通常有以下两种方式。

1）由保管员集中保存管理。这种方法的优点是专人专责管理，缺点是如果有物资进出业务而该保管员缺勤时就难以及时进行。

2）将填制的货卡直接挂在物资垛位上，挂放位置明显、牢固。这种方法的优点是便于随时与实物核对，有利于物资进出业务的及时进行，提高作业效率。

（2）登账：物资入库，仓库应建立实物保管明细账（见表4-9），用于登记物资进库、出库、结存的详细情况，并为仓库对账提供依据。

1）登账的方式。

① 按物资的品名、型号、规格、单价和货主等分别建立账户。

② 账目采用活页式，按物资的种类和编号顺序排列，账页上注明货位号和档案号以便查对。

③ 实物账必须严格按照物资的进出库凭证及时登记，填写清楚、准确。

④ 账页记完后，应将结存数结转新账页，旧账页应保存备查。

⑤ 记账发生错误时，按"画红线更正法"更正。

⑥ 实物保管要经常核对，保证账、卡、物相符。

⑦ 登账凭证要妥善保管，装订成册，不得遗失。

2）记账的规则。

① 记账必须以正式合法的凭证为依据。

② 记账应连续、完整，不得跳行隔页。

③ 须用黑色或蓝色墨水笔记账，用红色墨水笔冲账或改错画线。

④ 记账数字书写应占空格的2/3空间。

小知识

进行仓库对账

（1）按照账目管理分工，企业的财务部门负责总账的管理，一般只分物资大类记账，并凭此进行财务核算。

（2）物资保管部门负责物资明细账目的管理，凭此进行物资进出业务活动。明细账除有物资的品名、规格、批次之外，还要标明物资存放的具体位置、物资单价和金额等。

（3）仓库对账就是要核对储存物资明细账与财务总账是否相符。

（3）建档：建档就是将物资入库作业全过程的有关资料证件进行整理、核对，建立资料档案，以便物资保管和保持客户联系，并为将来发生争议时提供凭据。同时也有助于积累仓库管理经验，提高仓管人员的业务素质。

（4）签单：在物资验收入库后，应及时按照仓库物资验收记录的要求签回单据，以便向供货单位和货主表明收到物资的情况。另外，如果出现短少等异常情况，也可作为货主向供货方交涉的依据，所以签单必须准确无误。

小知识

档案资料的范围

（1）物资出厂时的各种凭证、技术资料。
（2）物资到达仓库前的各种凭证、运输资料。
（3）物资入库验收时的各种凭证、资料。
（4）物资保管期间的各种业务技术资料。
（5）物资出库和托运时的各种业务凭证、资料。
（6）回收的仓单、货垛牌、仓储合同、存货计划和收费存根等。
（7）其他有关该物资仓储保管的特别文件和报告记录。

二、入库凭证流转

物资验收工作由理货员、计量员、复核员和业务受理员分工负责。理货员组织对物资的数量与外观质量验收、计量、堆码和记录等，并向业务受理员提交物资验收的结果和记录。

（1）业务受理员接收存货人的验收通知（也可由存货人委托仓库开具）、物资资料（如质保书、码单、装箱单、说明书和合格证等），登建物资档案，并将存货人验收通知单以物资储存保管合同附件的形式进行管理，将其信息录入计算机中生成验收通知单。然后将存货人验收通知单作为验收资料，与收货单及其他验收资料一并交理货员。

（2）理货员根据业务受理员提供的收货单、验收资料、计量方式等确定验收方案、储存货位、堆码方式、所需人力和设备等，做好验收准备工作。

（3）由理货员开具作业通知单，进行验收入库作业，做好有关记录和标示。

（4）物资验收完毕后，理货员手工出具验收单，一式一联，一并交给复核员。同时负责作业现场与货位的清理和货牌的制作、悬挂。

（5）复核员依据收货单、验收码单对实物的品名、规格、件数和存放货位等逐项核对，签字确认后返给理货员。

（6）理货员在经复核员签字的收货单、验收码单等诸联加盖“物资验收专用章”后，将验收码单录入到计算机中，据此生成仓单附属码单，根据验收结果填写存货人验收通知单和收货单，并与其他验收资料一并转回业务受理员处。

（7）业务受理员在对理货员返回的单据和验收资料审核无误后，由计算机打印仓单附属码单（一式两联），依据收货单、验收码单、计算机打印的仓单附属码单第一联和第二联、存货人验收通知单以及有关验收资料、记录，报主管领导或授权签字后，连同存货人验收通知单、收货单、仓单附属码单第一联和第二联转给收费员。

小知识

建档工作的具体要求

（1）应一物一档：建立物资档案应该是一物（一票）一档。

（2）应统一编号：物资档案应进行统一编号，并在档案上注明货位号。同时，在实物保管明细账上注明档案号，以便查阅。

（3）应妥善保管：物资档案应存放在专用的柜子里，由专人负责保管。

小知识

入库物资必须具备的凭证

（1）入库通知单和订货合同副本。

（2）供货单位提供的材质证明书、装箱单、磅码单、发货明细表等。

（3）物资承运单位提供的运单。

（4）物资入库登账。

（8）收费员依据仓单、物资储存保管合同约定的收费标准，结算有关入库费用并出具收费发票。

（9）业务受理员将仓单正联、存货人验收通知、仓单附属码单一联及收费单据等一并转交（寄）给存货人，其余单证资料留存并归档管理。

物资入库单证流程如图4-8所示。

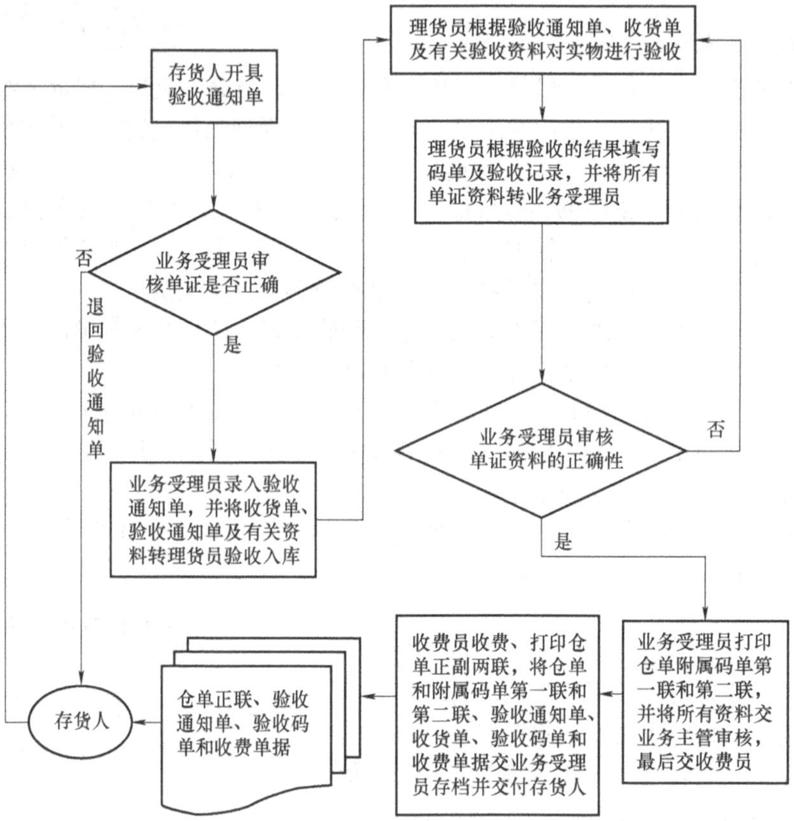

图4-8　入库单证流程图

能力培养与训练

1．实训步骤

（1）物资验收，填写验收单。

（2）填写入库单。

（3）登账，建立实物明细账或库存明细账，并掌握好记账的规则。

（4）立卡，正确填制货物状态卡和物资存卡。

（5）建立验收档案。

（6）签单业务训练，要求按仓库物资检验记录的要求签单。签单必须准确无误。

2. 实训注意事项

（1）熟悉每个角色的工作职责，严格按训练程序进行。

（2）严格遵守岗位职责，一丝不苟。

（3）各种交易单据应该填写规范、认真、熟练。

（4）文明操作、注意安全。

（5）要求学生严格按照操作流程进行，忠实于原始凭证。工作要做到认真、仔细和准确。

3. 实训评价

办理入库能力评价评分表见表4-15。

表4-15　办理入库能力评价评分表

学习任务	办理入库能力				
学习地点		日期			
评分标准	具体内容	分值/分	师评	互评	总分
	凭证审核认真	20			
	登账规范、正确	20			
	立卡标识填写、码放正确	20			
	建档内容全面、整洁，编号有序，装订完好	20			
	签单准确、无误	20			
合计		100			

注：考评满分为100分，60～69分为及格；70～79分为中；80～89分为良好；90分以上为优秀。

4. 实训练习

练习填写实物保管明细账、货卡及物资档案。

5. 实训活动建议

建议学生在进行实训前先熟悉实物保管明细账、货卡和档案资料的填写要求。

第五单元　物资储存保管作业

物资经验收合格入库后，进入物资储存保管作业程序。物资储存保管作业旨在对物资进行合理的保管和养护，以确保物资的质量完好和数量无误。物资的保管是一项综合性的应用技术，涵盖了不同学科的知识，如物理学、化学、生物学、微生物学和气象学等。

仓库保管员要掌握物资养护知识，当物资入库后，能够根据不同性质的物资、不同的储存条件采取不同的养护措施，防止其质量劣化，最大限度地保护物资的质量完好和数量无误。

本单元内容包括物资堆码技术、仓库温湿度管理技术、金属物资的保管、物资防锈处理技术、物资防霉处理技术和物资检查业务能力。在物资储存保管作业中，要贯彻“预防为主，防治结合”的方针，尽可能做好事前的保护工作，使物资的损耗降至最低。

任务一　物资堆码技术训练

任务情境

新亚物流公司进了一批货物，仓库工作人员要根据货物的性质和仓库的货位情况对这批货物进行堆码。

任务目标

让学生掌握各种常见物资类型的堆码方法。

任务准备

（1）学生每 5 人为一组，每组选定一名为组长。
（2）板片状物品 50 片，方形物品 50 个，圆桶形物品 50 个，长条形的物品 50 条。
（3）教师带队，仓库人员现场指导。
（4）训练时间安排：2 学时。

知识储备

一、仓库保管的基本原则

1. 面向通道

为方便物品移动、存放和取出，需将物品面向通道存放保管。

2. 分层堆放

尽量利用货架堆放物品，有效利用仓库空间。

3. 按周转速度存放

进货、发货次数频繁的物品应放在靠近进出口的位置，以缩短出入库作业路线，提高工作效率。

4. 同一类型存放

同类物品存放在相同位置。

5. 类似物品存放

类似物品存放在相邻位置。

6. 重物下置

重物放在货架上方会有受损及伤人的危险，且上架、取下不便，故较重的物品应放置在地上或货架底层，较轻的物品放置在货架的上层。

7. 结合形状存放

包装标准化的物品可放货架上保管，包装非标准化的物品结合形状进行保管。如扁平或细长零件的物品平放会导致仓库空间的浪费，过长可能会从货架伸出通道，对这类物品可采用竖置方式。

8. 表示明确

一种物品对应一个货位，将品种、数量、保管位置（如货架编号、层号和列号等）明确、清晰地表示出来，使该项物品能够被准确无误地找到。

9. 先进先出

先入库的物品应先发货送出，防止因物品保管期过长而发生变质、损耗、老化现象，尤其对于食品、药品等保管期较短的商品，这一原则非常重要。

二、堆码技术

物资的堆码是将物资整齐、有规律地摆放成货垛的作业。物资的合理堆码，能保证物资的完好，提高仓容的利用率，方便装卸操作。

1. 物资堆码的要求

（1）堆码物资应具备的条件。

1）物资已验收合格。

2）包装完好、标识清楚。

3）外表的污垢、尘土、雨雪等已清除，不会影响商品质量。

4）因受潮、锈蚀或其他原因导致的不合格商品应与合格商品分开堆放。

（2）堆码的基本要求。

1）合理。根据不同的物资和保管条件，确定不同的堆码方式。对不同品质、规格牌号、等级、批次、产地、单价的物资，应分开堆码。堆码时要分清先后次序，贯彻“先进先出”的原则。

2）牢固。货垛必须保证不偏不斜、不压坏底层物资，确保堆垛安全牢固。

3）定量。每行、每层的数量力求达到整数，方便计数。

4）整齐。垛形应有一定的规格。物资的包装标记和标识一律朝外。

5）节省。堆垛时要考虑节省货位，提高仓容利用率，减少劳动消耗。

6）方便。堆垛时必须考虑到检查、拆垛、分拣和发货等作业的方便，保证装卸作业的安全，并有利于提高堆码作业的机械化水平。

（3）特殊物资堆码的要求。

1）对需要经常通风的物资堆码时，可在每件或每层的前后左右留出一定的空隙，以散发物资的温度和水分，如潮湿的木板等。

2）怕压的物资要用架眼摆放。

3）油漆及桶装化工产品，货垛要小，要成行码放，便于检查，行间要留有空隙。

4）危险品（易燃、易爆炸品等）的储放场所要干燥、阴凉、通风，库内电器照明等设备要采用防爆装置。并需设有安全消防设施，要设架眼存放，如果量大须码垛时也要做到堆小、垛低，有易碎玻璃包装物的物资不准码垛。

5）毒害品（氰化钾、氰化钠等）应单独存放一个库内，严密保存，切忌与酸类同放库内，储放场所也必须干燥、阴凉、通风。

6）腐蚀品（各类酸碱物）应单独存放，适宜存放在干燥、通风、阴凉场所，避免露天存放，能不码垛尽量平放，储量要根据需要适量购进。

2. 物资堆码前的准备

（1）计算堆垛占地面积。计算公式为

$$占地面积=\frac{总件数}{总码层数}\times 每件物资底面积$$

$$或占地面积=\frac{总重量}{层数\times 单位面积重量}$$

$$单位面积重量=\frac{每件物资毛重}{每件物资底面积}$$

（2）计算层数。计算公式为

$$可堆层数=\frac{（地坪）单位面积最大负荷量}{单位面积重量}$$

（3）计算垛高。计算公式为

$$垛高=可堆层数\times 每件物资高度$$

3. 物资堆码的方法

（1）货垛堆码法：适用于有外包装的物资，如箱、包、桶和袋等，或不需要包装的大宗物资，如钢材等。常见的货垛堆码法有以下几种方式。

1）重叠式堆码法，如图 5-1 所示。

① 优点：堆码简单，计数方便。

② 缺点：容易倒垛。

③ 补救措施：限制堆码高度。用塑料薄膜包裹等方式固定堆码物资。

④ 适用物资：钢板、木板、箱类和桶类等物资。

2）纵横交错式堆码法，如图 5-2 所示。

① 优点：垛堆稳固，不易倒垛。

② 缺点：每层堆码需转换堆码方向。

③ 适用物资：长条形的物资，如钢条、木条和箱类物资等。

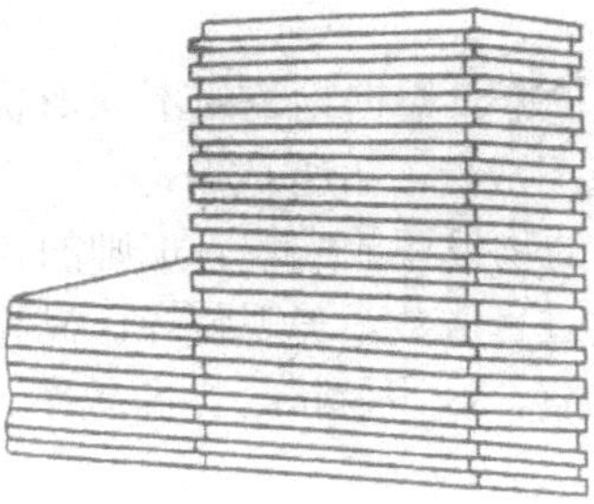

图 5-1　重叠式堆码

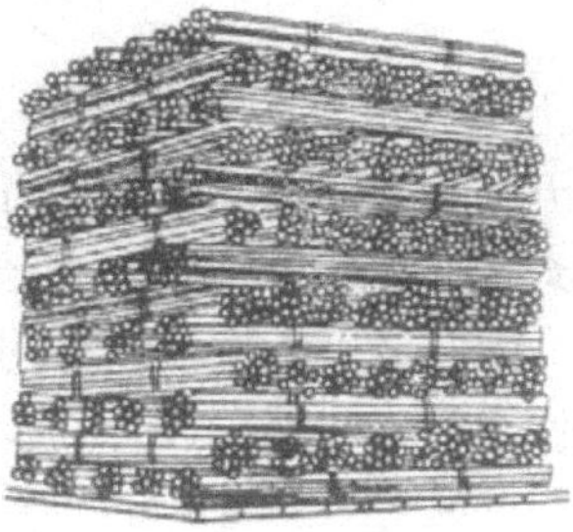

图 5-2　纵横交错式堆码

3）压缝式堆码法，如图 5-3 所示。

① 优点：垛堆稳固，不易倒垛。

② 缺点：每层码堆的数量不一致，不易计数。

③ 适用物资：圆桶形的、圆管形的物资。

4）通风式堆码法，如图 5-4 所示。

① 优点：有利于通风散热。

② 缺点：垛堆占的面积较大。

③ 适用物资：需通风散热的物资。

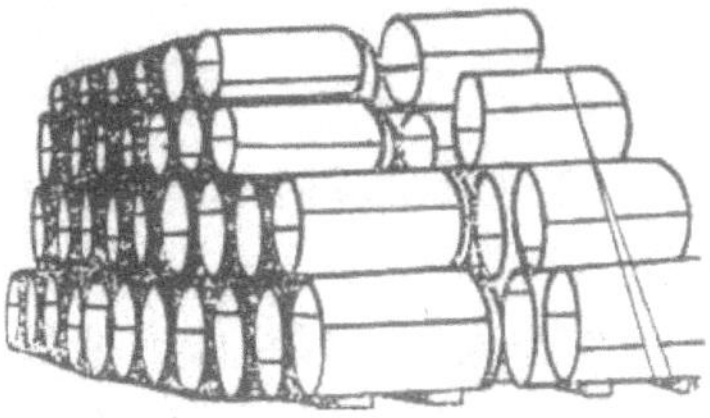

图 5-3　压缝式堆码

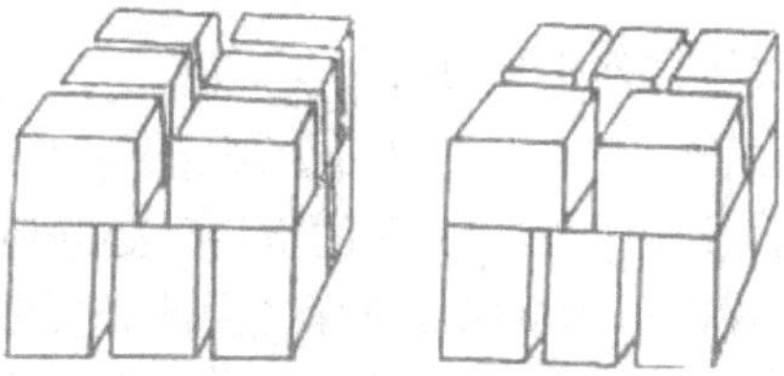

图 5-4　通风式堆码

（2）货架堆码法：使用货架堆码，适用于小五金、小百货、交电零件等小件商品。

（3）散堆法：适用于露天存放的没有或不需要包装的大宗物资，如煤炭、生铁等。采用该方法，堆码场地要夯实平整，道路畅通；堆码要整齐划一，做到分堆储存，按品种、规格成型，循环清底，账物相符；货垛要保持规定的温度、湿度，做到热天不自燃、下雨不流失、刮风不飞扬、损耗不超过国家标准。

小知识

部分商品堆垛时需要垫垛。露天存放的商品，有的在货垛上还要苫盖，包括垫垛和苫盖。

（1）垫垛：在露天货场垫垛，首先要平整夯实货场的地面，以免堆垛后地面下沉而造成倒垛事故。然后摆放水泥墩、石墩，或修建固定垛基，墩与墩之间留有一定的间距，促使空气流通，必要时在垫垛上铺上一层防潮纸，而后放置储存商品。

（2）苫盖：苫盖主要有直接苫盖法、隔离苫盖法和活动棚架苫盖法。苫盖材料的选择应符合防火、安全、经济、耐用的要求。

（4）托盘化法：将散装或散件物资用托盘、货箱或捆扎等方法，组合成若干个较大的集装单元。

（5）五五式堆放法（见图 5-5）：以五为基本计量单位，根据物资的不同形状，码成各种总数为五的倍数的货垛，如五五成方、五五成行、五五成包、五五成串等。

五五式堆码方法能把大小不一、形状各异、无规则的物资摆放成较有规则的各种定量包装和货垛，因此适用于按件计量的物资。这样就能做到过目成数，美观整齐，提高物资的出库速度，便于盘点和保管，有利于快速、准确地清点物资，减少差错，提高效率。

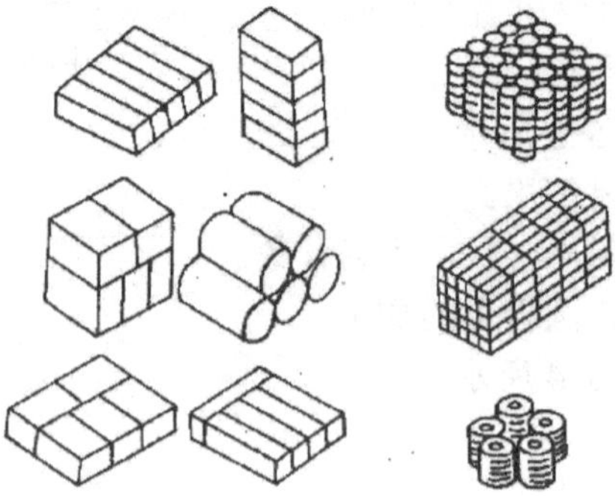

图 5-5　五五式堆码法

4. 货垛“五距”的要求

货垛的“五距”是指垛距、墙距、柱距、顶距和灯距。在叠堆货垛时，不能依墙、靠柱、碰顶和贴灯；不能紧挨旁边的货垛，必须留有一定的间距。

（1）垛距：指货垛与货垛之间的必要距离，常以支道作为垛距。垛距能方便作业存取，起通风、散热的作用，方便消防工作。库房垛距一般为 0.3～0.5m，货场垛距一般不少于 0.5m。

（2）墙距：为了防止库房墙壁和货场围墙上的潮气对商品产生影响，也为了开窗通风，方便消防工作和收发作业，货垛必须留有墙距。墙距一般为 0.1～0.5m。

（3）柱距：为了防止库房柱子的潮气影响货物，也为了保障仓库建筑物的安全，必须留有柱距。柱距一般为 0.1～0.3m。

（4）顶距：顶距是指货垛堆放的最大高度与库房、货棚屋顶横梁间的距离。顶距要能便于装卸搬运作业，能通风散热，有利于消防工作，有利于收发、查点。顶距一般为 0.5m。

（5）灯距：指货垛与照明灯之间的必要距离。为了防止照明灯发出的热量引起附近商品燃烧而发生火灾，货垛必须留有足够的安全灯距。灯距应不少于 0.5m。

小知识

常用的苫盖材料

常用的苫盖材料有：铁皮、芦席、竹席、油毡、塑料布、苫布和玻璃瓦等。在易燃易爆品仓库内，不得使用芦席、油毡等易燃的苫盖物。不论使用何种苫盖物，货垛苫盖时不要留空隙，垛底的垫木、垛基等不可露在苫盖物外面，以防雨水顺沿渗入垛内。苫盖物不能苫到地面，以防阻碍垛底通风。

能力培养与训练

1．实训步骤

让学生首先对所提供的物资选择合适的堆垛方法，而后进行相应的堆垛训练。

（1）重叠式堆码法训练：按图 5-1 训练。

1）将物品擦拭干净。

2）视物品厚度分 5 片（厚）或 10 片（薄）伸头交错，重叠堆码。

（2）纵横交错式堆码法训练：按图 5-2 训练。

1）将物品擦拭干净。

2）第一层先横放 10 条，第二层旋转 90° 再放 10 条，如此反复堆码。

（3）压缝式堆码法训练：按图 5-3 训练。

1）将物品擦拭干净。

2）第一层先卧放 5 个圆桶，第二层再卧放 4 个圆桶，如此类推堆码。

（4）通风式堆码法训练：按图 5-4 训练。

1）将物品擦拭干净。

2）第一层先放 5 或 6 个，第二层旋转 90° 再放 5 或 6 个，如此反复堆码。

（5）五五式堆码法训练：按图 5-5 训练。

2．实训注意事项

堆码时要注意安全，防止垛倒压人。

3．实训评价

物资堆码能力评价评分表见表 5-1。

表 5-1　物资堆码能力评价评分表

学习任务	物资堆码能力				
学习地点		日期			
评分标准	具体内容	分值/分	师评	互评	总分
	能根据不同的物资性质选择合适的堆码方式	30			
	能说出每种堆码方式的优缺点及适用范围	30			
	正确堆码	40			
合计		100			

注：考评满分为 100 分，60～69 分为及格；70～79 分为中；80～89 分为良好；90 分以上为优秀。

4．实训练习

练习各种堆码方法。

5．实训活动建议

选择堆码练习用物资的包装外形应尽量具有代表性。

任务二 温湿度管理技术训练

任务情境

新亚物流公司的仓库人员按规定，需要每天对库内各区的温湿度进行例行的测量，以便根据所储存的物资对温湿度的要求，决定是否需要调整库内的温湿度。

任务目标

让学生掌握干湿球温湿度计的读数方法，以及温湿度记录表的填写方法。

任务准备

（1）学生每 5 人为一组，每组选定一名组长。

（2）干湿球温湿度计 10 支。

（3）带队教师，企业人员现场指导。

（4）训练时间安排：1 学时。

知识储备

一、认识温度和湿度

温度是指大气温度，俗称气温。湿度是指大气湿度，表明空气中含有水汽的多少。温度和湿度对物资质量保存的影响较大。温度和湿度的调控是养护物资的重要措施。

（1）仓库所指的温度包括气温、库温及垛温。温度的高低是用温度表来测定的。温度表按其所表示的方法不同有摄氏温度表和华氏温度表两种。它们以水沸腾时的温度（沸点）与水结冰时的温度（冰点）作为两个基准点。仓库在日常温度管理中，多用摄氏温度表示。

1）摄氏的结冰点为 0℃，沸点为 100℃，中间划分为 100 等份，每一等份为 1℃，一般用符号“℃”表示。

2）华氏温度以结冰点为 32℉，沸点为 212℉，中间划分为 180 等份，每一等份为 1℉，一般用符号“F”表示。

> **小知识**
>
> **什么叫露点？**
>
> 露点是指在一定温度下含有一定水汽量（绝对湿度）的空气，当温度下降到一定程度时，所含水汽就会达到饱和状态（饱和湿度）并开始液化成水，这种现象称为“结露”。水汽开始液化成水时的温度叫做“露点温度”，简称为“露点”。

（2）大气的湿度可用绝对湿度、相对湿度和饱和湿度来表示。

1）绝对湿度是指单位体积空气中实际所含水汽量的多少。通常用每立方米的大气中所含水汽的重量来表示，单位为 g/m^3。

2）相对湿度是指在一定的气压、气温条件下，空气中的绝对湿度与同条件下的饱和湿度的百分比。相对湿度越大，说明空气中水汽量距离饱和状态越近，空气越潮湿；反之，相对湿度越小，说明空气越干燥。

3）饱和湿度是指在一定的大气压和温度的条件下，单位体积大气所能容纳水汽量的最大限度。其单位和绝对湿度相同。饱和湿度随温度的变化而变化。温度越高，水分子越不易凝结，空气中所能容纳的最大水汽量也越多，饱和湿度就越大；反之，温度越低，饱和湿度就越小。

小知识

氯化钙的特点

氯化钙潮解后对金属有较强的腐蚀性，不能直接接触物资或包装。

（3）干湿球温湿度计测量温度和湿度的原理。干湿球温湿度计是仓库中常用测量温度和湿度的仪器。其测量原理为：包裹湿球纱布上的水分在不断蒸发时需要吸收热量，所以比干球的温度低。空气越干燥，水分蒸发越快，吸收的热量越多，湿球的温度就越低；反之，空气潮湿，湿球纱布上的水分蒸发就慢，吸收的热量就少，湿球温度下降就少。

根据干湿两球不同的温度表示，通过查《温湿度对查表》（见附录 B），即可得知当时的绝对湿度和相对湿度的数值。

（4）温度和湿度的测量方法。

1）温度的测定方法：常用的测量仪器有普通温度计、最高温度计和最低温度计等。

2）湿度的测定方法：常用的测量仪器有干湿球温湿度计、毛发湿度计和自记湿度计等。

二、仓库温湿度控制和调节的方法

1. 通风

根据空气流动的规律，有目的地使库外的空气交换，调节库内空气的温度和湿度即通风。通风的方法有以下几种。

（1）自然通风。开启库房门窗和通风孔，让库内外空气自然交换。

（2）机械通风。利用通风机械如排气扇等产生的推压力或吸引力，即正压或负压，使库内外空气形成压力差，从而强迫库内外空气发生流动和置换。

2. 密封

密封指把整库、整垛或整件物资尽可能严密地封闭起来，减少或阻止外界不良气体或其他不利因素的影响，达到防潮、防热、防干裂、防冻和防溶化的目的，还可收到防霉、防火、防锈蚀和防老化等效果，保证物资安全储存。密封的方法有以下几种。

（1）整库存密封。其适用于数量大、整出整进或进出不频繁的仓库。

（2）按垛密封。其适用于露天存放的易生锈物资。

（3）货架密封。其适用于出入频繁、怕潮、易锈和易发霉的小件物资。

（4）按件密封。其适用于皮革制品、金属制品、乐器和仪表等物资。

3. 吸潮

吸潮指利用物理或化学的方法，将库内潮湿空气中的部分水汽除去，以降低空气湿度。

（1）吸湿剂吸潮。常用吸湿剂有生石灰、氯化钙、硅胶和木炭等。

（2）去湿机吸潮。利用制冷装置，将潮湿空气冷却到露点温度以下，使水汽凝结成水滴被排出。

三、部分商品的安全温度和湿度（见表 5-2）

表 5-2 部分商品的安全温度和湿度

商品名称	安全温度/℃	安全相对湿度（%）	商品名称	安全温度/℃	安全相对湿度（%）
麻织品	25	55～65	火柴	30 以下	75 以下
丝织品	20	55～65	肥皂	-5～30	75 以下
毛织品	20	55～65	洗衣粉	35 以下	75 以下
皮革制品	5～15	60～75	牙膏	-5～30	80 以下
布鞋	30	50～75	人造革	-10～20	75 以下
橡胶制品	25 以下	80 以下	干电池	-5～25	80 以下
金属制品	35 以下	75 以下	打字蜡纸	-10～25	75 以下
竹木制品	30 以下	60～75	纸制品	35 以下	75 以下
塑料制品	-5～25	80 以下	卷烟	25 以下	55～70
玻璃制品	35 以下	80 以下	食糖	30 以下	70 以下

能力培养与训练

1. 实训步骤

（1）用温度和湿度计测量库内温度和湿度。

1）观察并记录干球温度。

2）观察并记录湿球温度。

3）将转盘中相应的干球和湿球温度度数对齐，测出并记录相对湿度。

4）根据测得的干球和湿球温度、相对湿度，对照《温湿度对查表》，查出相对应的绝对湿度。

（2）填写仓库温湿度记录表（见表 5-3）。

表 5-3 仓库温湿度记录表

库号：______________ 放置位置：________________ 储存商品：____________

安全温度：__________ 安全相对湿度：_____________

日期	上午								下午								备注
	天气	干球温度/℃	湿球温度/℃	相对湿度（%）	绝对湿度/（g/m³）		调节措施	记录时间	天气	干球温度/℃	湿球温度/℃	相对湿度（%）	绝对湿度/（g/m³）		调节措施	记录时间	
					库内	库外							库内	库外			
1																	
2																	
3																	
4																	
5																	
6																	
7																	
8																	
9																	
10																	
11																	

2. **实训注意事项**

（1）在观察温湿度计时，不要把头、手、灯等过于接近温湿度计的球部，更不能触及其表面。

（2）在观察温湿度计时，视线与水银柱的顶端应保持同一高度。

（3）观测时间：上午 8～10 时、下午 2～4 时各观测一次。

（4）在天气记录中，晴用“○”表示，阴用“●”表示，雨用“Ⅲ”表示，风用“≈”表示，雪用“△”表示。

3. **实训评价**

温湿度管理能力评价评分表见表 5-4。

表 5-4　温湿度管理能力评价评分表

学习任务	温湿度管理能力				
学习地点		日期			
评分标准	具体内容	分值/分	师评	互评	总分
	根据货物性质选择正确的储存温湿度	20			
	正确读取仓库内的温湿度	50			
	A．正确读出干球温度和湿球温度	25			
	B．正确读出相对湿度，查出绝对湿度	25			
	正确填写温湿度记录表	30			
合计		100			

注：考评满分为 100 分，60～69 分为及格；70～79 分为中；80～89 分为良好；90 分以上为优秀。

4. **实训练习**

练习使用干湿球温湿度计，直到熟练为止。

5. **实训活动建议**

教师多准备几种常见温度计和湿度计，供学生练习。

任务三

库存物资防锈、除锈处理技术训练

任务情境

梅雨季节来临时，由于防潮工作不到位，新亚物流公司金属材料仓库所存材料出现轻微的锈蚀，员工们准备进行材料的除锈和防锈工作。

任务目标

让学生掌握物资防锈、除锈的基本方法。

任务准备

（1）训练所需材料。

1）1号气相纸、15号气相纸、19号气相纸、石蜡纸和油纸各25张，塑料袋25个。

2）黑色金属制品10件，钢制品10件，铜制品5件。

3）10kg装油漆一罐，10kg装防锈油一罐，5kg装润滑油一罐，5kg装润滑脂一罐。

4）砂纸25张，钢丝刷25个，软毛刷25个，布或线手套25双。

（2）学生每5人一组。

（3）训练时间安排：2学时。

知识储备

一、金属生锈的种类及影响因素

金属制品在保管时常见的受损现象是发生锈蚀。所谓金属的锈蚀，是指金属表面在环境介质的作用下，发生化学与电化学作用而遭到破坏的现象。锈蚀不仅会破坏外形，而且能够造成内部缺陷，影响到物资的使用价值，这种破坏的作用是巨大的。因此，及时、有效地进行防锈、除锈，防止或减缓金属制品的锈蚀是十分必要的，也是仓库物资养护的主要内容之一。

1. 金属锈蚀的分类

（1）化学腐蚀。金属与腐蚀介质直接作用而发生的腐蚀现象称为化学腐蚀。

（2）电化学腐蚀。金属与周围的电解质溶液相接触时，由于电化学作用而引起的腐蚀称为电化学腐蚀。

2. 金属锈蚀的环境因素

（1）空气的相对湿度。金属在储存中，相对湿度越大，金属锈蚀的速度越快。

（2）温度。温度越高，金属锈蚀的速度也越快。但温度对金属锈蚀的影响没有湿度影响大。

（3）氧气。氧气对金属在大气中的锈蚀起着主要作用。

（4）空气中的有害气体与杂质。如空气中的二氧化硫、硫化氢，工业废气中的氯化氢、氯气，大气中的灰尘微粒如炭粒、沙粒等，对金属的锈蚀起着显著的加速作用。

二、防锈、除锈处理技术

1. 金属防锈措施

（1）控制和改善储存条件。

1）选择适宜的保管场所。应尽可能选择远离有害气体和粉尘的厂房，远离酸、碱、盐类物质或气体。储存场所需具有良好的排水系统，货场要用碎石或炉灰垫平，以增强地表层的透水性，保持库区的干燥。

一般价值较高的贵重金属、小型精密配件和五金制品都应存放在库房中；小型薄壁管材，冷、热轧钢板，硅钢片和小型优质钢材等应存放在库房，如果条件不具备也可存放在料棚中，但存放时一定要下垫上苫。

镀锌铁板、马铁、金属制品和小型钢丝绳等可存入料棚内，如有条件最好存放在库房中。

大中型材料，如圆钢、方钢、六角钢、工字钢、槽钢、各种型号的钢轨，可以在露天场地垫上苫存放。

贵重、有特殊性能的金属及金属制品，要用专门的库房存放。易燃物品不能裸体存放，应远离火源存放。例如：高纯度的镁在空气中能自燃；硅铁受潮会分解出有毒气体，遇碱产生氢气，有爆炸燃烧的危险性。因此，为这类材料选择库房时需特别注意。

小知识

防锈油的种类

市场上防锈油分为软膜防锈油和硬膜防锈油两种。软膜防锈油防锈能力稍差，但容易用有机溶液清除；硬膜防锈油防锈能力强，但油膜不易清除。

2）保持库房干燥。保持库房相对湿度在70%以下，较精密的金属制品必须在库房储存，并禁止与化工物资或含水量较高的物资同库储存。

3）保持物资及储存场所的清洁。

4）妥善码垛和苫盖。码垛时应注意垫高垛底，加强垛下的通风能力。

5）保持保护材料的防护层和包装的完好。如果包装损坏，应进行修复或更换；当包装受潮时，应对包装材料进行干燥处理；如果发现原出厂时涂的防锈油已破坏或干涸，应及时进行清洗，重新涂油。

6）坚持定期的质量检查，并做好质量检查记录。

（2）涂油防锈：在金属表面涂（或浸，或喷）一层防锈油脂薄膜。

（3）气相防锈：气相防锈是一种常用的防锈方法，主要种类有以下几种。

1）粉末法。把气相防锈粉末撒在产品表面，或用器皿盛装后置于包装物内，或用纱布包好后悬挂于产品四周。

2）浸涂纸（布）法。将气相缓蚀溶剂溶解于蒸馏水中或有机溶剂中成为溶液，然后浸涂或刷涂在防锈纸或防锈布上，干燥后即成为气相防锈纸或气相布，含量一般为5～30g/m^2。使用时直接用其包装金属制品即可，然后在它的外面加石蜡纸或塑料袋包装。

3）溶液法。用上述方法把防锈剂制成溶液，喷涂在金属表面，然后用石蜡纸或塑料袋包装。

小知识

气相纸的种类及用途

（1）1号气相纸及亚硝酸二环已胺粉（片剂）。它主要用于黑色金属及其制品的防锈，如各种钢管、钢板等。

（2）15号气相纸。它适用于各种黑色金属制品的零配件及各种规格的轴承等。

（3）19号气相纸。它适用于钢、铜制件及铜制品，如轴瓦等。

气相防锈法与其他防锈方法相比，具有效果好、防锈期长、无污染、操作安全、使用方便等优点；缺点是作业要求严格，要求包装严密，否则会降低效果。

（4）可剥性塑料材料防锈：可剥性塑料材料是以塑料为基体的一种防锈包装材料。可剥性塑料涂抹于金属表面上成膜后，被一层析出的油膜与金属隔开，故启封时不需借助溶剂而能用手轻易剥除。这种材料适用于钢、铁和铝等金属，而且膜的韧性好，但费用昂贵。

（5）涂漆防锈：在金属制品表面均匀地涂上一层油漆，这是一种应用极其广泛的防锈方法。其优点是施工简单、适用面广；缺点是易开裂、脱落，而且可从漆层空隙间透进湿气，往往在漆层底下发生金属锈蚀。

（6）防锈水防锈：防锈水防锈也是应用比较广泛的防锈方法，但因防锈期限短，故多用于工序间防锈。

2. 金属除锈方法

（1）手工除锈：利用砂纸、砂布、钢丝刷等对生锈的金属表面进行除锈。

（2）机械除锈：利用专门的机械设备将金属表面的锈蚀除去，如摩擦轮除锈、滚筒式除锈、抛光机除锈和喷砂机除锈等。

（3）化学除锈：利用除锈液与金属表面的锈蚀物发生化学反应，将锈迹除去。

（4）电化学除锈：将需要除锈的金属制品浸入电解溶液中，并接上电源，通过电化作用除去锈蚀物。电化学除锈主要用于形体较大的金属制品。

能力培养与训练

1. 实训步骤

先让学生为所提供需要防锈的物资选择合适的防锈、除锈方法，再进行操作。

（1）涂防锈油防锈。

1）清洁金属制品的表面。

2）用软毛刷在金属制品的表面涂一层防锈油。

（2）气相防锈。

1）用1号气相纸包装黑色金属及其制品，然后在外面用石蜡纸或塑料袋包装。

2）用15号气相纸包装黑色金属制品的零配件及轴承，然后在外面用石蜡纸或塑料袋包装。

3）用19号气相纸包装钢、铜制件，然后在外面用石蜡纸或塑料袋包装。

（3）涂漆防锈。

1）清洁金属制件的表面。

2）用软毛刷在金属表面均匀地涂上一层油漆。

（4）手工除锈。

1）找出库内生锈的金属物品。

2）利用砂纸、钢丝刷等对生锈的金属表面进行除锈。

3）在物资表面涂一层防锈材料，如机油、润滑脂等。

4）用防锈材料如油纸包装物品。

2. 实训注意事项

（1）手工除锈时不要用嘴去吹锈屑，要用刷子刷掉。

（2）涂漆防锈要戴手套。

3．实训评价

物资防锈、除锈处理能力评价评分表见表 5-5。

表 5-5　物资防锈、除锈处理能力评价评分表

学习任务	物资防锈、除锈处理能力				
学习地点		日期			
评分标准	具体内容	分值/分	师评	互评	总分
	根据货物性质正确选择防锈、除锈方法	15			
	选择合适的气相纸，正确包装物资	15			
	正确的防锈、除锈处理： A．正确涂防锈油防锈 B．正确涂油漆防锈 C．正确用手工防锈 D．正确涂防锈材料 E．正确用防锈材料包装物资	50			
	规定时间内完成	10			
	遵守相关安全规定	10			
合计		100			

注：考评满分为 100 分，60～69 分为及格；70～79 分为中；80～89 分为良好；90 分以上为优秀。

4．实训练习

练习金属防锈、除锈的方法。

5．实训活动建议

教师在准备实物时，注意选择常见金属制品，便于学生进行防锈、除锈操作。

任务四

库存物资防霉、除霉处理技术训练

任务情境

梅雨季节来临，新亚物流公司员工对储存的皮革制品进行防霉、除霉的工作。

任务目标

让学生掌握物资防霉、除霉处理的基本技术。

任务准备

（1）学生每 5 人为一组，每组选定一名组长。

（2）0.1%～0.3%的多菌灵 5kg，软毛刷 25 把，包括未发霉和已发霉的 25 件皮革制品，纸张25张，喷洒壶5个，除氧剂25小包。

（3）教师带队，实训室现场指导。

（4）训练安排时间：2学时。

知识储备

一、库存物资防霉、除霉处理技术

1. 严格入库验收

易霉物资入库，应先检查其包装是否潮湿，含水量是否超过安全范围。

2. 控制自然条件

（1）温度：各种微生物生长的温度范围各不相同，如果把温度控制在某些微生物适宜生长的最高温度之上或最低温度之下，就可以基本抑制其生长。

（2）湿度：水是微生物生存的必要条件，空气的干湿程度直接影响着微生物体内水分的含量。在潮湿的环境中，微生物极易从空气中吸收水分而生长。因此湿度大，微生物吸湿快，生长繁殖也快。可以通过通风、摊晾、日晒或烘烤等方法使水分蒸发来防止霉变。

（3）氧气：各种微生物都需要通过呼吸才能生长，虽然有少量的微生物在缺氧的条件下也能生长，但大多数易于霉变的物资所滋生的各种霉菌、细菌，都需要呼吸空气中的氧才能生长。因此，对于这些物资的防霉工作就可以采用不提供氧气的方法。先用塑料薄膜全部密封，再把密封件内的空气用真空泵抽去，然后充入二氧化碳或放置除气剂。

（4）酸碱性：各种微生物的生长繁殖与其周围环境的酸碱度有密切关系，不同的微生物有不同的酸碱度范围。大多数霉菌和酵母菌适宜在pH为4～6的酸性环境中生长；而大多数细菌适宜生长在pH为6～8的环境中。为此可以在商品或包装内放置一些对物品质量无影响的酸性或碱性物质以防霉变，这种方法适用于食品类货物。

3. 采用化学方法

（1）多菌灵：以0.1%～0.3%浓度的乳液涂刷在皮革、布胶鞋、纱线和纸张上以防止霉变，还可喷洒在仓库内进行防霉消毒。

（2）水杨酰苯胺：为黄色或粉红色粉末，不溶于水，但溶于乙醇以及其他有机溶剂。可以将浓度为0.2%～0.6%的溶液喷洒、喷涂或涂刷在皮革制品、电信器材上以防霉变。

（3）二氧乙烯水杨酰胺：为白色粉末，无臭、无味、无刺激性，不易溶于水。浓度为0.3%～0.4%的胶悬液对皮革防霉有显著效果。

（4）百菌清：白色结晶体，无臭、无味，微溶于水，能溶于丙酮等有机溶液，浓度为0.2%～0.3%的溶液常用于皮革制品防霉。

（5）托布津：无色结晶体，溶于丙酮、甲醇和氯仿。浓度为50%的溶液可用水稀释1000倍后浸渍水果，可消毒、防霉。

（6）除氧剂：将商品放在严格密封的包装内，再放入除氧剂。以铁粉为主要成分的除氧剂效果比较好。除氧剂防霉广泛用于各种食品、中药材、电子元件、光学元件和精密仪器等货物。

（7）充氮气或二氧化碳：将易发霉的商品包装或整垛用乙烯或乙烯薄膜全部密封，然后将密封包装内的空气用真空泵抽出，再填充氮气或二氧化碳。同时需要定时检测，让包装内的氧气浓度保持在3%左右。

4. 采用物理方法

（1）紫外线：日光中含有大量的紫外线，有杀灭霉菌的作用。将一些不怕日晒的粮食、农副产品、中药材、棉麻制品等进行暴晒，既能杀灭其表面的霉菌，又可以通过日光辐射热将其所含的过多水分蒸发以抑制霉菌生长。当然，也可以在库房内安装紫外线灯定期照射进行环境消毒。

> 小知识
>
> **辐射防霉方法的应用**
>
> 放射源一般由专业单位在特种设备条件下使用，应用时需要增加往返运输搬运环节，适宜于商品在生产后即进行辐射防霉，然后再储存。

（2）微波：微波可使物体升温，霉腐生物体的温度上升即被杀死。微波可通过微波发生器来产生微波防霉，适用于食品、粮食、皮革制品、竹木制品和棉织品等。

（3）辐射：利用放射性同位素释放的各种射线来照射易腐商品。这种方法适用于医疗器材、日用品、食品防腐、皮革制品、纸烟、烟叶和中药材的防霉，效果十分显著。

5. 常见易霉腐商品（见表5-6）

表5-6 常见易霉腐商品

食品	糖果、饼干、糕点、饮料、罐头、酱醋、肉类、鱼类和鲜蛋等
日用品	化妆品
药品	以淀粉为载体的片剂、粉剂、丸剂，以糖液为主的各种糖浆，以蜂蜜为主的蜜丸，以动物胶为主的膏药，以葡萄糖等溶液为主的针剂等
皮革及其制品	皮鞋、皮包、皮箱和皮衣等
纺织品	棉、毛、麻、丝等天然纤维及其制品
工艺品	竹制品、木制品、草制品、麻制品、绢花、面塑、绒绣和核雕等

二、库存物资防治虫害技术

仓库害虫简称“仓虫”，是指能在仓库环境中生长，危害库存物资、包装物和仓库设备的昆虫。仓虫种类很多，仓储单位现已发现危害物资的仓虫就有60多种，严重危害物资的达30多种。仓虫不仅蛀蚀物资，造成物资减量、变质，而且对仓库建筑、设备也有损坏，故须做好对仓虫的防治工作。

1. 仓虫的生活特性以及外界因素对仓虫的影响

（1）仓虫的生活特性：仓虫大多数来源于农作物，由于长期生活在仓库中，因此形成了能适应仓库环境的生活习性。

1）适应性强。仓虫一般耐热、耐寒、耐干、耐饥，并具有一定的抗药能力。大多数仓虫在45℃高温时不会死，在0℃左右时处于休眠状态，但也不易冻死。除部分仓虫喜欢潮湿外，大多数仓虫能耐旱，能在含水量极低的物资中生长繁殖。

2）食性广杂。仓虫口器发达，能咬食质地坚硬的物资，如吃镜子上的银膜、电缆里的铅皮，大多数仓虫具有多食或杂食性。

3）活动隐蔽。大多数仓虫体形很小，体色较深，隐藏在阴暗角落或在物资中蛀成隧道，冬季又常在板墙缝隙中潜伏过冬。

4）繁殖力强。由于仓库环境气候变化小，食物丰富，活动范围有限，雌雄相遇机会多等原因，一年内能繁殖几代。

5）趋性强。仓虫具有趋光性、趋热性。

（2）外界因素对仓虫的影响：影响仓虫生长繁殖的因素主要是温度、湿度和食物。

1）温度。与仓虫生长繁殖关系密切。对多数仓虫来说，8～40℃为有效温度范围，22～30℃是最适范围，48～52℃会多数死亡，8℃以下处于冷昏迷状态，低温致死温度在0℃以下。

2）湿度。大多数仓虫要求的最适宜相对湿度在 70%～90%。湿度主要影响仓虫的生长速度和繁殖能力，一般湿度愈大，繁殖能力愈强。

3）食物。食物直接影响仓虫的生长繁殖，当食物不能满足仓虫需要时，生长繁殖就迟缓，繁殖能力就减弱。

2. 预防仓虫的主要措施

（1）把好物资入库关：仓虫的来源，一是隐藏在仓库建筑和设备缝隙中的越冬害虫，二是随着入库物资及其包装带入库的害虫。因此，在物资入库前要对库房进行严格检查，摸清仓虫的潜伏情况，采取措施进行杀灭。

对准备入库物资，先检查包装，看其周围缝隙处有无虫茧形成的絮状杂黏物和仓虫排泄物。然后打开包装检查，看其是否有蛀痕和虫迹。如在入库前发现包装或物资已生虫，应隔离存放，进行杀虫处理，否则不得入库堆垛。

（2）做好仓库清洁卫生：库房内要常打扫，凡仓虫容易潜伏的地方，要特别注意清扫，各种缝隙应采取剔、刮、填补和粉刷等措施，将其除净填平，库外四周要清除杂草，疏通渠道，消除积水和垃圾。

（3）控制库内温湿度：由于大多数仓虫喜潮湿、温暖、黑暗，所以库房内应保持干燥、明亮，使之不利于仓虫的滋生。

（4）勤检查：对库存物资及包装要常检查，看有无仓虫滋生，一旦发现，应立即采取防治措施。

（5）使用驱虫药剂：可以起到防虫作用，常用的驱虫药剂有萘、对位二氯化苯和樟脑精等。

3. 杀灭仓虫的主要方法

（1）物理机械防治法：如采用高温杀虫，主要是利用暴晒、烘烤、热蒸和远红外线照射。采用低温杀虫，主要是利用通风降温，必要时可利用冷冻设备，将库温降到0℃以下，从而达到杀虫的目的。

（2）化学药剂防治法：主要是使用各种有毒性的化学药剂，使仓虫中毒死亡。常用的化学药剂有敌敌畏、敌百虫、滴滴涕、磷化铝、氯化苦和硫黄等。使用药剂灭虫，速度快、效率高，但是会污染环境，有损物资质量，对人体有害，因此，必须按照一定的配量和规定的方法来进行，切不可任意乱用。

能力培养与训练

1. 实训步骤

（1）化学防霉。

1）多菌灵防霉：

① 用0.1%～0.3%浓度的多菌灵涂刷在皮革、纸张上防霉。

② 将 0.1%～0.3%浓度的多菌灵装入喷壶内，在仓库内进行喷洒防霉消毒。

2）除氧剂防霉：将除氧剂放入商品包装内防霉。

（2）晾晒。

1）对于不怕日晒的物资，可摊在日光下暴晒；对不宜暴晒的物资，可在通风的条件下摊晾。

2）晾晒后除去霉迹。

3）等物资温度下降至室温后，包装归位。

2. 实训注意事项

（1）采用化学防霉方式时要注意操作安全。

（2）除霉时不要用嘴去吹霉屑，要用刷子刷掉。

3. 实训评价

物资防霉、除霉处理能力评价评分表见表 5-7。

表 5-7　物资防霉、除霉处理能力评价评分表

学习任务	物资防霉、除霉处理能力				
学习地点		日期			
评分标准	具体内容	分值/分	师评	互评	总分
	根据物资性质选择正确的防霉、除霉方法	30			
	正确进行防霉、除霉处理：				
	A．正确涂刷防霉剂				
	B．正确喷洒防霉剂				
	C．正确放置防霉剂	60			
	D．找出库内长霉物资				
	E．正确晾晒				
	F．正确除去霉迹				
	在规定时间内完成	10			
合计		100			

注：考评满分为 100 分，60～69 分为及格；70～79 分为中；80～89 分为良好；90 分以上为优秀。

4. 实训活动建议

教师应能结合学生身边的实例做好物资防霉、除霉处理技术的练习和实训。

任务五　仓库物资检查技能训练

任务情境

新亚物流公司仓库员工对仓库物资进行日常检查。对于检查发现的问题，进行整改。

任务目标

让学生掌握仓库物资检查的基本技能。

任务准备

（1）学生每5人为一组，每组选定一名组长。
（2）安全帽每人一顶，仓库巡查记录表每人一份。
（3）教师带队，现场指导。
（4）训练时间安排：1学时。

知识储备

一、日常仓库检查方式

（1）巡视：定时巡回查看。
（2）目视检查：用眼睛观察确认。

二、日常仓库检查频率

（1）每一班一次。
（2）夜班也不能例外。

三、日常仓库检查内容

（1）仓库的温度和湿度。
（2）物资的摆放状态，如有无东倒西歪等。
（3）物资本身的状态，如有无腐烂、生锈等。
（4）物资的环境状态，如有无雨淋、日晒等。
（5）仓库的消防状况，如消防设备是否齐全、有效，数量是否足够，存放的地点是否合适等。
（6）仓库的防盗状况，如门、窗有否破损，门、窗锁是否有效，防盗方面是否存在其他隐患等。
（7）仓库的照明状况。照明是否能够满足仓库作业要求，照明设施是否损坏等。
（8）仓库的设备状况。仓库的各项设备如起重设备、叉车、货架、托盘等是否完好。

能力培养与训练

1．实训步骤

（1）按照检查内容，逐项巡查整个仓库。
（2）填写仓库巡查记录表（见表5-8）。
1）检查项目正常者在相应栏打“√”。
2）若有问题，在相应栏中如实填写。

表 5-8　仓库巡查记录表

检查项目	月　日 星期一	月　日 星期二	月　日 星期三	月　日 星期四	月　日 星期五	月　日 星期六	月　日 星期日
库房清洁							
作业通道							
用具归位							
货物状态							
库房温度							
相对湿度							
照明设备							
消防设备							
消防通道							
防盗							
托盘维护							
检查人							

注：1．消防设备每月进行一次全面检查。

2．将破损的托盘每月集中维护处理。

2．实训注意事项

巡查时要注意安全，要戴安全帽，不能穿凉鞋、拖鞋，要穿密封的运动鞋或布鞋。

3．实训评价

仓库检查业务能力评价评分表见表 5-9。

表 5-9　仓库检查业务能力评价评分表

学习任务	仓库检查业务能力				
学习地点		日期			
评分标准	具体内容	分值/分	师评	互评	总分
	正确巡查	30			
	正确填写巡查记录	50			
	遵守安全操作规定	20			
合计		100			

注：考评满分为 100 分，60～69 分为及格；70～79 分为中；80～89 分为良好；90 分以上为优秀。

任务六

仓库常用表格填写技能训练

任务情境

实习生小陈来到新亚物流仓库进行毕业实习。为让小陈尽快熟悉仓库管理员工作，仓库主管决定让他先学习填写仓库管理常用表格。

任务目标

让学生掌握仓库常用表格填写的基本技能。

任务准备

（1）学生每 5 人为一组，每组选定一名组长。
（2）物资库存日报表、呆废物资库存月报表和报损申请单各 25 份。
（3）教师带队，现场指导。
（4）训练时间安排：2 学时。

知识储备

仓库常用表格主要有：物资库存日报表、呆废物资库存月报表、报损申请单。

（1）每日下班前填写物资库存日报表，见表 5-10。

表 5-10　物资库存日报表

日期：____年__月__日

物资编码	品名	规格	昨日结存	今日入库	今日出库	今日结存	安全存量	备注

制表人：________________

（2）每月填写呆废物资库存月报表，见表 5-11。

表 5-11　呆废物资库存月报表

存货单位：______________________　　　　日期：____年__月__日

物资编码	品名	规格	入库日期	单位	发生		本月处理数据	本月结存数量
					数量	日期		

审核：__________　　　　制表人：____________

（3）若有物资报损，填写报损申请单，见表 5-12。

表 5-12 报损申请单

____年__月__日　　　　　　　　　　　　　　报损仓库：____________

物资编号	品名	规格	数量	原因说明	拟处理方式

审核：____________　　　　　　　　　　　　　　制单：____________

能力培养与训练

1．实训步骤

（1）物资库存日报表的填写（见表 5-10）。

1）根据账本查出物资的昨日结存。

2）根据当天入库单汇总物资的今日入库。

3）根据当天出库单汇总物资的今日出库。

4）根据昨日结存、今日入库、今日出库计算出今日结存。

5）根据生产需要计算出安全存量。

（2）填写呆废物资库存月报表（见表 5-11）。

（3）填写报损申请表（见表 5-12）。

> **小知识**
>
> 呆废物资是指库存时间过长、使用极少或有可能根本不会使用的物资。

2．实训注意事项

教师事先准备好与学生数量匹配的成套入库单、出库单、账册、进销存卡，准备好呆废物资资料、物资损失情况，以提供给学生进行技能训练。

3．实训评价

仓库常用表格填写能力评价评分表见表 5-13。

表 5-13 仓库常用表格填写能力评价评分表

学习任务	仓库常用表格填写能力				
学习地点		日期			
评分标准	具体内容	分值/分	师评	互评	总分
	正确填写物资库存日报表	50			
	正确填写呆废物资库存月报表	30			
	正确填写报损申请单	20			
合计		100			

注：考评满分为 100 分，60～69 分为及格；70～79 分为中；80～89 分为良好；90 分以上为优秀。

4．实训练习

（1）教师提供当日物资进出货情况，让学生练习填写物资库存日报表。

（2）教师提供当月入货情况，让学生练习填写呆废物资库存月报表。

（3）教师提供物资损失情况，让学生练习填写报损申请单。

5．实训活动建议

（1）建议带领学生到企业的仓库进行实地检查。

（2）建议在学校的模拟仓库设置情景，由学生进行检查和记录。

（3）教师应准备足够的进出仓单、呆废物资情况以及物资损坏情况，以供学生练习。

第六单元　物资盘点作业

6

物资在收发储存过程中，因其本身性质、自然条件的影响，以及计量工具的合理误差或人为原因，可能造成物资数量的差额、错误或质量的变化。为及时了解和掌握商品在储存过程中的这些变化，需要进行经常性和定期盘点。

盘点是指对库存物资进行仔细核对，清点实存数、查对账面数的业务活动，也称物资清查或物资盘存。盘点的目的是确保库存资产不受损失。通过检查、核对各项物资的实有数与账面结余是否相符，弄清经过频繁收发后物资数量是否准确，做到有物必有账，账物相符，账账相符，堵塞漏洞，纠正差错；明确存货水平，以便及时处理和补充；弄清物资质量是否发生变化，以便采取措施改进保管方法，提高贮存质量。

任务一　盘点实施业务能力训练

任务情境

月末，新亚物流公司组织部分财务人员及仓库管理员到仓库盘点，要求在规定的库存区域内，对库存商品进行盘点检查，核对现有存货与账目记载数量是否一致，查明各项物品的可用程度，发现不良品、呆滞品均要记录，并用货卡标识出来。

任务目标

（1）使学生学会库存品数量检查和质量检查的方法，掌握账、卡、物数目核对的技能，熟悉盘点工作过程。

（2）使学生掌握仓储管理软件和手持终端设备的使用，会使用仓储管理软件完成盘点作业。

任务准备

（1）人员准备：以 3 人为一组进行，每组设信息员 1 人、仓管员 1 人、盘点员 1 人。

每组的每位学生都要明确自己的角色，能够互相配合完成一次盘点作业流程。可考虑进行角色互换训练。

（2）软件：仓储管理系统。

（3）硬件：手持终端（RF）。

（4）条码：货物条形码、托盘标签、储位标签。

（5）其他设备：模拟货品、包装箱、开箱器、纸、笔。

（6）单据：盘点单，见表6-1。

表6-1 盘点单

盘点日期： 年 月 日 页数：第一页，共二页

序号	储位	货物名称	条码	产品规格	单位	初盘数量	复盘数量	确认数量	备注

初盘员： 复盘员：

（7）训练时间安排：6学时。

知识储备

一、盘点的内容

（1）账面盘点。将每天出入库物资的数量及单价记录在账簿上，并不断累计加总计算出账面上的库存量及库存金额。

（2）现货盘点。到仓库实地点数，确认仓库内物资的库存数，再根据物资单价计算出库存金额。

（3）核对账面盘点与现货盘点的结果是否一致。若出现账、物不符现象，需分析错误原因，并划清责任归属。

二、盘点的作用

（1）检查作用。即检查收发及搬运过程中产生的错误。

（2）确认作用。确认账、物的一致性和准确性。

（3）订货依据。根据盘点数据，可以检查库存量是否合理，据此作为订货的依据。

（4）督促作用。督促仓库管理人员认真工作并不断改进。

三、盘点的分类

（1）根据时间不同可分为经常性盘点和定期盘点。

1）经常性盘点是由仓库管理人员通过日清、月查、年盘点而进行的经常性物资盘点工作。

2）定期盘点是指选择一固定时期，将所有物资全面加以盘点的行为。

（2）根据范围不同可分为全部清查盘点和局部清查盘点。

（3）根据物资品种不同可分为重点物资清查盘点和一般物资清查盘点。

（4）根据盘点方法不同可分为动态盘点法、循环盘点法和期末盘点法。

1）动态盘点法。对发生过收、发的物资，及时核对该批物资余额是否与账、卡相符。该方法有利于及时发现差错并做出处理。

2）循环盘点法。将物资分区分类连续盘点，到了期末每项物资至少完成一次盘点的方法。该方法按顺序每天或每周盘点一部分，不影响日常业务，所需时间和人员较少，可以及时查明差错原因并予以纠正。

3）期末盘点法。在期末一起清点所有物资数量的方法。该方法对物资的核对既方便又准确，可减少错盘的机会，但须关闭仓库做全面的清点，既会造成仓库业务的暂停，又需耗费大量的工作人员从事盘点工作。

小知识

物资盘点过程中，盘点人员需兼顾物资的品质与包装状态，发现下列有关质量的问题需要记录、查明原因并采取相应措施。

（1）包装破损。

（2）受潮、玷污、锈蚀、发霉、干裂、虫蛀、鼠咬和变质等情况。

（3）超过保管期限。

四、盘点的步骤

1. 盘点准备工作

盘点工作需要充分的事前准备，否则很难顺利开展，准备工作的内容包括以下几个方面。

小知识

什么是A类、B类、C类物资？

现代的储存管理方法常常对物资采用ABC分类法进行管理控制，也就是根据库存物资重要程度的不同，分别采用不同管理的管理方法。进行ABC管理，首先要对库存物资进行ABC分类，消耗金额高的划为A类，次高的划为B类，低的划为C类。通常其参考数据如下：

A类物资品种少（占物资品种百分比约10%～15%），占用资金额大（占全部资金百分比约70%）。

B类物资品种比A类多（占物资品种百分比约20%～30%），占用资金额比A类少（占全部资金百分比约20%）。

C类物资品种很多（占物资品种百分比约60%～65%），但占用资金额很少（占全部资金百分比约10%）。

（1）确定盘点程序和方法：根据本次盘点目标，在以往盘点方法的基础上加以改进，确定本次盘点的范围、程序和方法。若盘点的程序与方法已纳入仓库盘点制度，则依制度来执行。

（2）确定盘点日期：可根据物资性质来确定盘点周期，例如：可规定A类物资每周盘点一次，B类物资每半月盘点一次，C类物资每月盘点一次，也可根据财务部门成本决算日期来确定盘点日期。

（3）确定盘点人员：在进行定期盘点时，盘点工作量大、时限性强，为使盘点工作顺利进行，需从各部门抽调人手参加。

1）确定初盘人员：参加初盘的仓库管理员。

2）确定复盘人员：从财务、行政等各部门抽调人员担任，并由原部门初盘员做指引。

3）确定抽盘人员：通常由财务、审计等部门主管担任，负责对盘点实施工作进行抽查。

（4）准备盘点表格和报表：准备盘点票、盘点记录表、盘点盈亏表等（见表6-2、表6-3和表6-4）。盘点票须统一编号、记数。

表6-2 盘点票

日　　期：____________	NO.________
物资编号：________________________	
品名规格：________________________	
单　　位：________________________	
数　　量：________________________	
盘点人签名：________________________	
复盘数量：________________________	
复盘人签名：________________________	
备　　注：________________________	

表6-3 盘点记录表

盘点日期：____________　　　　　　页数：__________

序号	盘点票号	物资编号	品名	规格	单位	初盘数量	复盘数量	确认数量	备注

初盘员签名：　　　　　　　　　　复盘员签名：

表 6-4　盘点盈亏表

日期：________

序号	盘点票号	物资编号	品名	规格	单位	实盘数量	账目数量	差异数量	单价	差异金额	差异原因

主要事项说明：

制表：　　　　　　　　　　　　审核：

（5）培训盘点人员。

1）物资认识的培训：培训的对象通常是复盘和抽盘人员，若需分区盘点，则将易于认识的物资的贮存区域分配给对物资认识不足的人员，并进行物资的分区认识培训。

2）盘点方法的培训：讲解盘点的程序、盘点的方法、盘点使用的单据表格等，使初盘、复盘、抽盘人员对整个盘点管理进行过程有详细的了解和充分的准备。

（6）清理仓库：仓库管理人员自查账、卡、物。

1）查验账目：仓库工作人员将所有单据、账、卡进行整理，未入账、销账的单据要处理完毕。

2）清点实物：将未办理完毕正式入仓手续的物资，与仓库现存物资分开，避免混淆；将呆废物资、品质不良、包装状况不好的物资预先标记，与一般物资划分开来，便于正式盘点时做最后鉴定。

3）清洁整理仓库：使物资摆放井然有序，便于计数和盘点。

小知识

呆废物资是指不需用或不符合使用要求而长期未用的物资。造成物资呆废的原因主要有：物资使用计划变更、采购量过大、物资不合格等。呆废物资使物资长期积压，得不到合理利用，同时占用了流动资金，带来很大的浪费。对于已有呆废物资，应设法加以利用或进行调剂，同时制订措施避免产生新的呆废物资。

2. 盘点实施工作

（1）对应实物填写盘点票，数量一栏应将箱数、包数和件数等内容填上。例如：5 箱×20 件/箱+12 件=112 件。盘点票不得更改涂写，更改需用红笔在更改处签名。盘点票应悬挂于对应的实物上。

（2）将初盘数量填写于盘点记录表上，将盘点记录表交复盘人员复核。

（3）复盘有差异者，由复盘人员与初盘人员共同再盘一次，确认后记录于盘点记录表上。

（4）复盘完毕，从实物处取下盘点票。

能力培养与训练

1．实训步骤

（1）盘点准备：查验账目、清点实物、整理仓库。

（2）发放盘点单，记下发放的盘点单的编号数。

（3）初盘，填写盘点票。

（4）填写盘点记录表。

（5）复盘，确认初盘数量。数量有差异者，与初盘人员做好复核确认，确认后将数据记录于盘点记录表上。

（6）若模拟过程未发生盘点票填写错误，则由教师提供填写错误的盘点票，要求学生用正确方式修改错误。

（7）若模拟过程未发生盘点数量差异，则由教师提供初盘、复盘差异数据一套，要求学生进行处理。

（8）复盘完毕，从实物处取下盘点票。

2．实训注意事项

不同的盘点小组在不同的指定区域内作业。学生要明确自己的角色，并熟悉各个角色的工作职责，严格按程序操作；填写各种表格单据要认真、规范。

该训练可以在校内实训室进行，也可以在校外实习基地完成。如果实习工位不够，可将全班分为两大组，每一大组分初盘人员与复盘人员两种角色并进行角色互换训练。

3．实训评价

实施盘点能力评价评分表见表6-5。

表6-5　实施盘点能力评价评分表

学习任务	实施盘点能力				
学习地点		日期			
评分标准	具体内容	分值/分	师评	互评	总分
	盘点前期准备工作充分	5			
	填写盘点票认真、准确、清晰	20			
	填写盘点记录表认真、准确、熟练	20			
	采用正确的方式修改填写错误的盘点票	15			
	复核、填写复盘数据认真、准确	10			
	采用正确的复核确认方式处理初、盘复盘有差异的盘点数据	10			
	正确使用手持终端设备	10			
	盘点作业流程完整，没有遗漏	10			
合计		100			

注：考评满分为100分，60～69分为及格；70～79分为中；80～89分为良好；90分以上为优秀。

4．实训练习

（1）盘点票的填写练习。

（2）盘点记录表的记录练习。

5．实训活动建议

建议安排学生到企业的仓库进行实地盘点情况调查，收集有关盘点方式方法的第一手材料。

任务二　盘点后处理业务能力训练

任务情境

根据任务一的结果，填写盘点盈亏表，对盈亏情况做出分析和处理。

任务目标

使学生熟悉盘点单据、账目核对业务，学会分析盘点盈亏的原因及处理方法。

任务准备

（1）人员准备及工具准备如任务一。

（2）单据准备：每组一份空白盘点盈亏表和一份账目。

（3）训练时间安排：4 学时。

知识储备

一、盘点后工作

（1）核对盘点单据：盘点票是盘点实际库存数的原始记录，要按编号、发出数收回。将盘点记录表上的数据与盘点票上的数据进行核对。

（2）核账：将盘点记录表上的实盘数据与账目、进销存卡核对。如果发现实存数大于账面结存量或有物无账的现象，即发生了物资盘盈；发现实存数小于账面结存量或有账无物的现象，即发生了物资盘亏。

二、结果处理

（1）盈亏原因分析：如果发生盘盈盘亏，要分析原因，一般可能有如下一些原因。

1）记录计算出了差错，盈亏结论不真实。

2）由于盘点工作计数错误导致错盘、漏盘和重盘，例如：分置多处的物资未细盘，对物资的品名、规格混淆不清导致了差错，发现差错后没有与初盘人员共同复核有差异的数据。

3）因处理方式有缺陷而造成账目无法准确表达贮存物资数目，这种情况下，账物不一致的情况并不属实。

4）由于记账员记账错误，或进仓、出仓原始单据丢失，收发物资未予过账而造成账目的不足。

5）因包装的原因产生差错，如包装容器的破损导致液体物资的流失，捆扎包装的错误导致数量的短缺等。

6）因量具、衡器欠准确或使用方法不当产生的错误。

7）因自然损耗或变质损坏等原因造成物资数量的差异，如因气候影响发生物资的腐蚀、硬化、变质、生锈和发霉等，或因某些物资自身特性而致挥发、吸湿等使物资重量增加或减少的现象。此时应考虑盈亏数量是否在定额损耗之内。

8）因贪污、盗窃、丢失等原因造成。

（2）盘盈盘亏处理：盘盈原因查明后，要在盘点表单中分别列明盘盈物资的名称、规格、数量、单价、金额和原因等，按规定程序报批后，将盘盈物资入账。

盘亏原因查明后，对已发生的差额、错误、变质、损耗和呆滞等结果，研究处理办法，办理调整商品账、卡的手续，并提出纠正及预防措施，防止以后再发生。此外，仓库对流动频繁、易于短缺的物资要适当增加盘点次数；对贵重物资则要经常盘点，以加强监督、防范错误。

议一议

盘点时发现账卡物不一致，可能有哪些原因导致这种情况？

（3）编制盘点盈亏表：报上级主管部门。

（4）报损业务：物资超过允许损耗的范围，应填制报损单，并写明损耗原因上报，由上级主管部门决定处理方式。一般情况下，责任保管员应承担一定的经济责任。

能力培养与训练

1．实训步骤

（1）按编号、发出数收回盘点票，核对盘点记录表上的实盘数据。

（2）把实盘数据与账目进行核对。

（3）若发生盘点盈亏，分析盈亏原因。

（4）若模拟过程未发生盘点盈亏，则由教师提供盘点盈亏数据一套，要求学生进行处理。

（5）编制盘点盈亏表。

（6）对已发生的差额、错误、变质和损耗等结果，分别予以处理，并提出纠正及预防措施，防止以后再发生。

2．实训注意事项

报表的制作要规范、认真，报表分析的过程要严肃，分析的结果要注明在报表上。

3．实训评价

盘点后处理能力评价评分表见表 6-6。

表 6-6　盘点后处理能力评价评分表

学习任务	盘点后处理能力				
学习地点		日期			
评分标准	具体内容	分值/分	师评	互评	总分
	账目核对严谨、认真、准确	30			
	编制盈亏报表及时、认真、正确、熟练	30			
	盈亏原因分析合理、全面	20			
	采用正确的方式处理盘点盈亏数据	10			
	对在盘点中发现的物资差额、错误、变质、损耗和呆滞等结果，能提出合理的处理意见及纠正、预防措施	10			
合计		100			

注：考评满分为 100 分，60～69 分为及格；70～79 分为中；80～89 分为良好；90 分以上为优秀。

4．实训练习

盘点盈亏表的制表练习。

5．实训活动建议

建议安排学生到企业的仓库进行盘点情况调查，收集有关盈亏处理情况的第一手材料。

6．实训拓展

运用仓储管理软件和手持终端设备完成盘点作业。作业原理同前述。

（1）生成盘点作业计划。信息员接到仓库主管盘点作业指令后，在仓储系统中生成盘点作业计划，打印空白的盘点作业单，将盘点单和作业计划同时传递给仓库作业部门。

（2）实物盘点。进行盘点作业时，盘点员利用手持终端扫描储位标签及货品条码信息，手持终端将盘点数量反馈至信息系统。

（3）盘点结果处理。盘点员将盘点作业的结果反馈到仓储管理系统中，进行盘点反馈及盈亏处理。

（4）盘点差异调整。仓管员查看盘点结果，针对存在差异的盘点结果进行复查、核实，最后对差异情况进行调整。通常，盘点差异处理办法主要根据实盘数量对系统库存进行盈亏调整。

盘点结束。可以在仓储系统中打印此次盘点结果的单据。

第七单元　仓库物资包装作业

包装是指物资在运输、保管、交易和使用的过程中，为保持物资的价值、形状，使用适当的材料、容器进行保管的技术和被保护状态，它是包装物与包装操作的总称。包装物是指包装物资所使用的材料及容器。包装操作是指采用适当的方法和技术，经过一定的包装程序，将物资盛入包装容器或使用包装材料及辅助物进行包扎的操作过程。库存中或发运前往往需要对物资予以整理、加固或进行包装、拼装、改装和换装等工作。

任务一　物资包装认知能力训练

任务情境

某大型仓库入库一批货物，客户要求进行重新包装，借这个机会，指导教师带领学生到货仓进行商品参观以及商品包装调查。

任务目标

通过该调查，让学生认识流通包装的形式、包装的用途、包装材料的多样化、包装的不同外观带来的视觉冲击和心理感受。

任务准备

（1）学生安排：每 5 人为一组，每组选定一名组长。
（2）工具准备：每位学生都必须带笔和记录本，有条件的可带上相机。
（3）教师带队，现场指导。
（4）训练时间安排：4 学时。

知识储备

一、物资包装的作用

物资包装有三大作用，即保护作用、方便作用和促销作用。这三大作用又可衍生为物资包装的四大功能，即物资保护功能、便利储存功能、促进销售功能和方便消费功能。

1. 物资包装的保护作用

物资在运输、仓储、装卸和搬运等过程中，有了包装的有效保护，才具有进行物流的能力，才会在流通过程中不受损失。包装的保护作用主要表现在以下几个方面。

（1）防破损：物资在运输、装卸、搬运和储存等物流作业过程中，必然会经受多次的撞击、振动和挤压等外力作用，极易使物资因破损、变形而损坏物资，这就需要有抵御外力破坏的保护性包装，这是包装最基本的作用。

（2）防变质：物资在储存过程中很可能受潮、发霉、变质，因此需要对物资进行防变质的包装。现代包装技术往往具有防雨淋、防日晒、防霉变、防变质等多项作用。

（3）防虫蛀：物资在流通过程中，常常会遇到各种虫蛀、鼠咬等破坏物资的情况，影响物资的外形和质量。合理的包装能阻挡各种虫、鼠的侵入。

此外，包装还有防止异物混入、防污染、防散失、防盗窃等作用。

2. 物资包装的方便作用

物资包装的方便作用主要表现在以下几个方面。

（1）方便运输：各种物资的形状、大小和规格不同，采用适当的、标准化的包装，便于装卸、搬运和运输，有利于物流作业的标准化、机械化和自动化。例如：将氧气压缩后装入氧气瓶内，将液态物资装入桶内或罐内，将小件零星物资拼装成集装单元化物资等，从而可增加单位面积装载量，缩短装卸、搬运和运输等物流作业时间，提高工作效率，降低物流成本，提高经济效益。

（2）方便储存：物资在储存过程中，受环境的影响及物资本身的原因，常常会引起物资质量的变化。适宜的包装可以保护物资，使物资得到良好的保管和养护，延长保质期和储存期，减少损耗。此外，合理的、标准化的包装使仓储作业机械化、自动化成为可能，有利于提高仓容利用率，降低单位面积储存费用。

（3）方便销售：适宜的包装便于零售店对物资的陈列和整理，便于售货员开展销售工作。

（4）方便消费：随着人们生活水平的提高，消费呈个性化发展趋势，不同的包装可满足个性化需要。如简易包装和小包装物资方便消费者自用，而造型美观大方、高档华贵的各种包装物资，既适宜自用，又便于作为礼品消费，较大程度地满足了广大消费者的各种需求。

3. 物资包装的促销作用

人们对物资的需求，已不仅仅满足于实用，还包括物资的方便、美观和新颖。在物资的销售过程中，促销的手段很多，其中包装属于重要的促销手段之一。适宜、新颖、美观和实用的包装，常常可以给人以美好的视觉冲击和心灵感受，激发消费者的购买欲望，有力地促进销售，提高物资的竞争力，发挥广告宣传的作用，并且可以增加物资的附加价值，提高价格档次，对顾客的选购起着有力的导向作用。

二、物资包装的分类

根据不同的分类标准，常见的物资包装有以下几种分类方法。

1. 根据包装的用途分类

（1）运输包装（又称外包装、工业性包装）：便于物资运输、装卸、搬运、仓储，并在货物运输、装卸过程中起保护作用的包装。

运输包装具有较强的抵御冲击和挤压等外力损害的能力，以及具有防止温度、湿度等外界环境因素和微生物、虫鼠等生物因素损害的作用，因此可以实现对物资的保护。同时，它具有将物资集中成一个单元的功能，可方便装卸搬运和流通中的交接、点验，因此它可以促进物资单元化。故在设计运输包装单元时，既要适应货物流通的需要，又要考虑尽量适用于单元储运系统，即包装模数尺寸应与装卸机械、运输工具配套。

运输包装对象的主要特点是件大、笨重、集装箱化，对包装的装潢、造型要求不高，只要能方便搬运、装卸、运输，便于保护物资，便于收发即可。

小知识

包装模数

包装模数是指包装容器长度和宽度的尺寸基数。根据包装模数设计的包装容器，有利于集装箱的装箱及托盘的装盘，能较好地利用储存和运输的空间。

小知识

瓦楞纸

瓦楞纸是箱板纸和通过瓦楞辊加工成波形的瓦楞纸黏合而成的板状物。其中由两层箱板纸和一层瓦楞纸加工而成的瓦楞纸叫单瓦楞纸，如图 7-1a 所示；由两层箱板纸、两层瓦楞纸和一层夹芯加工而成的瓦楞纸叫双瓦楞纸，如图 7-1b 所示。

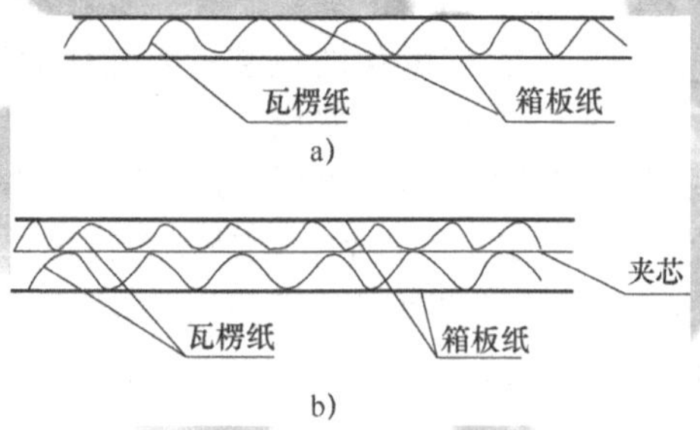

图 7-1　瓦楞纸

a）单瓦楞纸　b）双瓦楞纸

（2）销售包装（又称内包装、商业性包装）：以销售为主要目的，与内装物联为一体到达消费者手中的包装。通常指直接盛装或包裹物资的一种包装。常见的有金属箔纸、塑料、纸板、防潮纸等为原料制成的单层或多层的袋、盒等包装形式。

销售包装的作用，一方面可以弥补运输包装在防潮、防震、防止某些异味侵入或某些气味散失等方面的不足；另一方面作为商业性包装，可以促进销售，便于零售，提高销售作业的效率。

包装的主要对象是生活消费品，特点是件小、量大、以单位物资为主，对包装的技术、造型、装潢要求较高，既要求安全、卫生、方便，还要求包装的印刷质量好，字体图案美观、协调，具有良好的视觉效果。该包装同时要体现内装物的定量、文字说明、品牌标记等。

在某些情况下，物资的工业包装同时又是商业包装，如不少家用电器的包装就兼有商业包装和工业包装的两重性质。

想一想

单瓦楞纸和双瓦楞纸在功能上有什么不同?

2. 根据包装的材料分类

包装材料是用于制作物资包装容器、包裹物资的物料。常见的包装材料有：纸、木材、金属、塑料、陶瓷、棉麻织品、化纤织品、草、藤、竹等。应根据不同的物资特性和运输要求选择合适的包装材料。

（1）纸制品包装：以纸及纸板为主要原料制成的包装，主要有纸盒、纸板箱、瓦楞纸箱、纸桶等。纸制品包装常用于食品、医药品、百杂货、纺织品、五金交电产品等物资的包装。其优点是轻便、简单、卫生、价格便宜、易于推广；其缺点是怕雨淋、怕撞击、怕震动、怕重压等。

（2）木制品包装：以木材、木制品、人造板为材料制成的包装。其优点是牢固、耐压；其缺点是怕雨淋、怕火烤。木制品包装主要有木盒、木箱、木桶、纤维板箱和胶合板箱等，适用于大型设备、五金交电产品、自行车和摩托车等物资的包装。

（3）金属制品包装：以铁皮、马口铁、钢材、铝箔和铝合金等制成的包装。其优点是耐压、密封性能好、易较长期储存物资。金属制品包装主要有金属盒、金属瓶、金属桶、金属软管和钢瓶等，适用于气体、液体、粉状和糊状物资的包装。

小知识

木质包装需熏蒸、热处理

（1）药剂熏蒸：使用溴甲烷、硫酰氟两种属剧毒品 48～72g/m^3 熏蒸 24 小时。

（2）热处理：在温度 80℃、相对湿度 82%的环境下连续进行 7 小时热处理。

（3）要求无虫、无树皮，含水率 ≤20%，处理后 21 天内有效离岸。

（4）玻璃、陶瓷制品包装：用普通或特种玻璃、陶瓷制成的包装。其特点是不易渗漏、密封性好，主要有玻璃瓶、玻璃罐、陶瓷瓶、陶瓷缸和陶瓷坛等，适用于酒、饮料、酱菜等有液体的食品及化工原料、试剂和危险品的包装。

（5）塑料制品包装：以各种塑料为材料制成的包装。其优点是轻巧、方便、防潮，主要有塑料盒、塑料瓶、塑料袋、塑料软管、全塑箱和钙塑桶等，适用于日用消费品、食品、医药、纺织、服装和小五金等物资的包装。

3. 根据包装在流通中的作用分类

（1）外包装（又称运输包装）：外包装是指物资最外层的包装，常指运输、装卸、搬运时直接接触的大包装，如纸箱、木桶、集装化包装等。

（2）中包装：中包装是指将若干个包装或单体物资组合成小整体包装，属内层包装。

（3）个包装（又称销售包装）：个包装是指以一个单体物资为一个包装单位的小包装，其目的是方便销售和消费。

例如：某种感冒冲剂装于塑料袋（即个包装），每 18 袋装于一个纸盒（即中包装），每 50 个纸盒装于一个瓦楞纸箱（即外包装）。

小知识

集装化包装

集装化包装也称集合包装，是指用一定包装物将若干个包装聚集在一起，构成适合成组作业要求的货物包装。

例如：将包装件或产品堆码在托盘上，通过捆扎、包裹或胶粘等方法加以固定，形成一个运输单元。恰当地使用集合包装，可达到提高装卸、储存作业效率，加快车辆周转，保证运输质量，降低运输费用的目的。

三、物资包装容器

1. 包装袋

（1）集装袋：这是一种大容积的运输包装袋，盛装重量在 1t 以上，如图 7-2 所示。集装袋多用聚丙烯、聚乙烯等聚酯纤维编织而成。其顶部一般装有金属吊架或吊环等，便于普通铲车或起重机的吊装、搬运。卸货时可打开袋底的卸货物孔，即行卸货，非常方便。

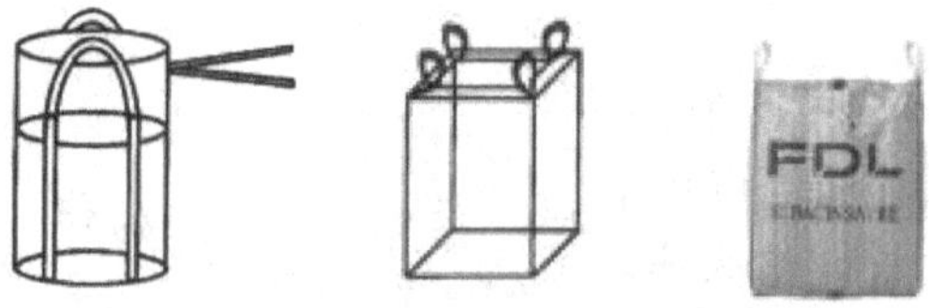

图 7-2　集装袋

（2）一般运输包装袋：这类包装袋的盛装重量为 50～100kg，大部分是由植物纤维或合成树脂纤维编织而成的织物袋，或者是多层材料包装袋，如麻袋、草袋和水泥袋等。

（3）小型包装袋（或称普通包装袋）：这类包装袋盛装重量较少，通常用单层材料或双层材料制成。

2. 包装箱

包装箱是一种刚性或半刚性容器，常为长方体箱型，容量一般大于 10L，通常用纸板、木材、金属、硬质塑料或复合材料等制成。常用的包装箱有瓦楞纸箱、木箱等。

（1）瓦楞纸箱：用瓦楞纸板制成的箱型容器，如图 7-3 所示。

（2）木箱：主要有木板箱、框板箱和框架箱 3 种，如图 7-4 所示。

图 7-3　瓦楞纸箱

图 7-4　木箱

3. 包装盒

图 7-5　包装盒

包装盒是一种刚性或半刚性容器，呈规则几何形状，其容量较小，一般小于 10L，通常用纸板、金属、硬质塑料以及复合材料等制成，如图 7-5 所示。

包装盒一般有两种类型：①固定包装盒，即包装盒外形固定，在使用过程中不能折叠变形，有盒体、盒盖等组成部分。②折叠包装盒，即盒体在未盛装物资时，可以折叠变形，一般由纸板或以纸板为基材的复合材料制成，是一种成本较低的包装容器。

其他常见的包装容器还有瓶（如玻璃瓶、塑料瓶）、罐，选用的原则是便于填装待包装的物资，便于搬运、陈列、销售、促销，便于使用者取用内装物资等。

能力培养与训练

1. 实训步骤

（1）学生到大型货仓超市准备进行商品包装的调查。

（2）每组 5 名学生为一个单元完成某一类商品包装的调查。

（3）以小组为单位进行调查总结。

（4）以小组为单位完成市场调查报告。每小组要求写清楚所调查大类商品的包装属性，如包装用途（运输包装或销售包装）、流通包装（外包装、中包装或个包装）、包装材料（纸制品包装、木制品包装、金属制品包装、玻璃陶瓷制品包装和塑料制品包装等）。调查报告中，可适当附加一些图片资料。

2. 实训注意事项

学生外出进行市场调查，必须听从指挥，遵守纪律，并注意交通安全。

3. 实训评价

物资包装认知能力评价评分表见表 7-1。

表 7-1　物资包装认知能力评价评分表

学习任务	物资包装认知能力				
学习地点		日期			
评分标准	具体内容	分值/分	师评	互评	总分
	组员分工合作，在规定时间内完成市场调查报告	30			
	调查资料准确，数据正确	20			
	市场调查报告内容完整、充实	30			
	调查报告图文并茂	10			
	报告有一定的学习借鉴价值，书写工整、无误	10			
合计		100			

注：考评满分为 100 分，60～69 分为及格；70～79 分为中；80～89 分为良好；90 分以上为优秀。

任务二 物资包装标志识别及条码认知能力训练

任务情境

在某实训基地的物资仓库，学生们见到货物包装上都有标志、图示，有不同的条码，于是开始辨识这些标志。

任务目标

熟悉包装标识的含义及要求，提高对物资包装标识的识别能力；熟悉条码的意义，能够正确地使用条码。

任务准备

（1）学生安排：每5人为一组，互相练习，直到达到标准。

（2）工具准备：

1）多种物资（如食品、家用电器、化妆品、饮料和进口产品）的外包装和内包装。

2）包装储运标志一套、危险品包装标志一套。

（3）教师带队，现场指导。

（4）训练时间安排：6学时。

知识储备

一、物资包装标志

物资包装标志是指印刷、粘贴和书写在物资包装上，以文字、符号和图形等形式标明的标记，用以指明包装内物品的特征和收发事项，以及在运输、装卸、交接、保管和配送等物流过程中的安全要求。包装标志主要有物资包装识别标志、物资包装储运标志、危险货物包装标志。

1. 物资包装识别标志

（1）收发货标志：收发货标志是指在运输包装的一定位置上书写或拴挂，供收发货人识别货物的标志。它主要包括物资的品名、规格、型号、数量、重量、体积、生产日期、生产厂家、有效期限、收发货单位、地点、运单号和件数等。

（2）运输标志：由承运部门书写，主要标明货组、确定配载顺序的标志，包括运单号码、货物总件数、收发货方名称和地址等。

2. 物资包装储运标志（也称包装储运标志）

根据货物性质，在包装的一定位置上，以简单醒目的图案和文字显示货物在运输、搬运、装卸、储存、堆码和开启时应注意的事项。该标志一般由生产厂家在货物出厂前标打；

如改换包装，标志则由改换包装单位标打。

（1）包装储运标志的图形：我国国家标准《包装储运图示标志》（GB/T 191—2008）对标志的名称、图形、尺寸、颜色和使用方法等做了明确规定，适用于各种货物的运输包装。

包装储运标志的名称和图示标志共有 17 种，其名称和图形见附录 C。

（2）包装储运标志的颜色：标志颜色应为黑色。如果包装的颜色使得黑色标志显得不清晰，则应在印刷面上用适当的对比色，最好以白色作为图示标志的底色。

应避免采用易于同危险品标志相混淆的颜色。除非另有规定，一般应避免采用红色、橙色或黄色。

包装储运标志的尺寸一般有 4 种，见表 7-2。如遇特大或特小的运输包装件，标志的尺寸可以比表中的规定适当扩大或缩小。

表 7-2　包装储运标志的尺寸

尺 寸 号 别	长/mm	宽/mm
1	70	50
2	140	100
3	210	150
4	280	200

（3）包装储运标志的使用方法：

1）标志的打印。可采用印刷、粘贴、拴挂、钉附及喷涂等方法打印标志。印刷时，外框线及标志名称都要印上；喷涂时，外框线及标志名称可省略。

2）标志的数目和位置。一个包装件上使用相同标志的数目，应根据包装件的尺寸和形状来决定。

标志在各种包装件上的粘贴位置有以下几种。

① 箱类包装，位于包装端面或侧面。

② 袋类包装，位于包装明显处。

③ 桶类包装，位于桶身或桶盖。

④ 集装单元货物，位于 4 个侧面。

3）标志的文字书写。标志的文字部分应与底边平行。

4）标志的使用应按如下规定进行。

① 标志 1“易碎物品”应标在包装件所有 4 个侧面的左上角处（见附录 C 标志 1 的使用示例）。

② 标志 3“向上”应标在与标志 1 相同的位置上（见附录 C 标志 3 示例 a 所示）。当标志 1 和标志 3 同时使用时，标志 3 应更接近包装箱角（见附录 C 标志 3 示例 b 所示）。

③ 标志 7“重心”应尽可能标在包装件所有 6 个面的重心位置上，否则至少也应标在包装件 4 个侧、端面的重心位置上（见附录 C 标志 7 的使用示例）。

④ 标志 11“由此夹起”只能用于可夹持的包装件，标志应标在包装件的两个相对面上，以确保作业时标志能在叉车司机的视线范围内。

⑤ 标志 16“由此吊起”至少贴在包装件的两个相对面上（见附录 C 标志 16 的使用示例）。

想一想

危险品货物包装标志中最常见的颜色有哪些？

3. 危险货物包装标志（也称包装警告性标志）

危险货物包装标志指根据各类危险货物的特性，在运输包装表面上粘贴、拴挂、钉附特定的图示标记，必要时还可加上文字说明，这些图示标记以不同颜色的图案和文字，表明危险货物的类别和性质，以便物流过程各环节有关人员严格按要求作业，采取防护措施，保证安全。我国国家标准《危险货物包装标志》（GB 190—2009）对标志的类别、名称、尺寸、图案、颜色和使用方法等都做了明确规定。

（1）危险货物标志的图形：危险货物包装标志分为 9 类 29 种，20 个名称，其图形分别标示了 9 类危险货物的主要特性（见书后插页）。

（2）危险货物标志的颜色（见书后插页）。

（3）危险货物标志的尺寸：标志的尺寸一般分为 4 种，见表 7-3。如遇特大或特小的运输包装件，标志的尺寸可以比表中的规定尺寸适当扩大或缩小。

表 7-3 危险品标志的尺寸

尺寸号别	长/mm	宽/mm
1	50	50
2	100	100
3	150	150
4	250	250

4. 危险货物标志的使用说明

每种危险品包装件应按其类别粘贴相应的标志。但如果某种物质或物品还有属于其他类别的危险性质，包装上除了粘贴该类标志作为主标志以外，还应粘贴表明其他危险性的标志作为副标志，副标志图形的下角不应标有危险货物的类项号。

储运各种危险货物性质的区分及其应标打的标志，应按我国国家标准《危险货物分类和品名编号》（GB 6944—2012）、《危险货物品名表》（GB 12268—2012）及有关国家运输主管部门规定的危险货物安全运输管理的具体办法执行，出口货物的标志应按我国执行的有关国际公约（规则）办理。

小知识

危险货物包装

危险货物包装是根据货物特性和运输、装卸、储存的要求，按国家有关危险货物包装标准的规定，对危险货物施加的包装。危险货物包装的基本要求包括以下几个方面。

（1）包装所用材质应与所装危险货物的性质相适应。

（2）包装应具有相应的强度，能经受运输过程中正常的冲击、震动、挤压和摩擦。

（3）包装的封口应与所装危险货物的性质相适应。

（4）内外包装之间应适当衬垫，使起缓冲、吸附和缓解作用。

（5）包装应能承受一定范围内温度和湿度的变化，以适应不同地区的使用。

（6）包装的件重、规格和型式应能适应运输要求。

（7）包装的外表应有国家标准规定的危险货物标志和包装储运标志。

汽车运输危险货物包装，按《汽车运输危险货物规则》（JT 617—2004）包装表推荐的包装号及包装类型选择包装。

二、条码技术

所谓条码，是指由一组规则排列、宽度不同、黑白相间、平行相邻的线条组成并有相对应字符组成的表示一定信息（如产品名称、规格和价格等）的物品标识。这种标识印在商品上（如包装盒、标签或商品本身），是商品在国内国际市场流通的统一标识，相当于人的“身份证”，如图 7-6 所示。

图 7-6　条码示例

条码技术是一种自动识别技术，是在计算机技术与信息技术基础上发展起来的一门集编码、印刷、识别、数据采集和处理于一体的技术。具体来说，条码技术是利用光电扫描设备识读条码符号，并快速、准确地将数据采集到计算机进行处理，从而实现自动识别，达到自动化管理的目的。该技术起始于 20 世纪 70 年代，在国际上已被广泛应用于零售业、制造业和物流业，是实现物资进出库、仓储、销售自动化管理的有效手段，为商贸活动和物资管理提供了极大的便利。

> **小知识**
>
> **条码线条及空的含义**
>
> 条，是条码中反射率较低的部分，即黑色或彩色条纹部分；空，是条码中反射率较高的部分，即白色或无色条纹部分。

> **小知识**
>
> **条码的使用功能**
>
> （1）自动进行阅读识别。只要用扫描阅读器扫过条码的标签，计算机就可以自动进行阅读识别，确定商品的代码，然后找定价、做累计等，进行汇总结算，输出总金额，具有快速、准确的特点。
>
> （2）能对商品销售的信息进行分类、汇总和分析，有利于经营管理活动的顺利进行。
>
> （3）可以通过计算机网络及时将销售信息反馈给生产单位，缩小产、供、销之间信息传递的时空差。

1．条码体系

（1）商品条码：商品条码是以直接面向消费者的物品为对象、以单个物品为单位使用的条码。通常印在销售包装上，以便识别单品，用于销售现场的扫描结账。商品条码包括 13 位标准码（EAN13）和 8 位缩短码（EAN8）两种。

1）标准版商品条码（EAN13）。它由前缀码、厂商识别代码、物资项目识别代码、校验码共计 13 位数字组成，通常用于一般物资。

【例 1】标准版商品条码字符“6922507800683”，其代码组合如图 7-7 所示。

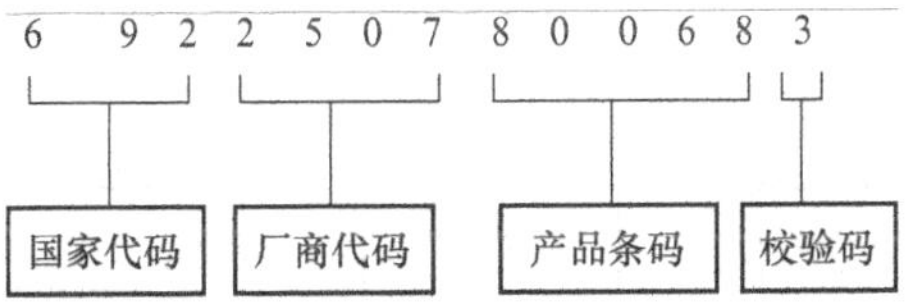

图 7-7　标准码（EAN13）的构成

小知识

EAN的含义

EAN是欧洲物品编码的缩写，也是国际物品编码协会的简称。参加协会的成员国（或地区），称为EAN成员国（或地区），并分别规定了EAN条码的代码。EAN条码是通用商品条码。其标准编码由12位数字的产品代码和一位校验码组成，12位数字中前3位为前缀码，中间4位为厂商代码，代表一个企业，后5位为产品代码。

2）缩短版商品条码（EAN8）。由前缀码、物资项目识别代码、校验码共计8位数字组成。当印刷面积超过物资包装表面面积或者标签可印刷面积的1/4时，可申请使用缩短版商品条码。

【例2】缩短版商品条码字符“69256789”，其代码组合如图7-8所示。

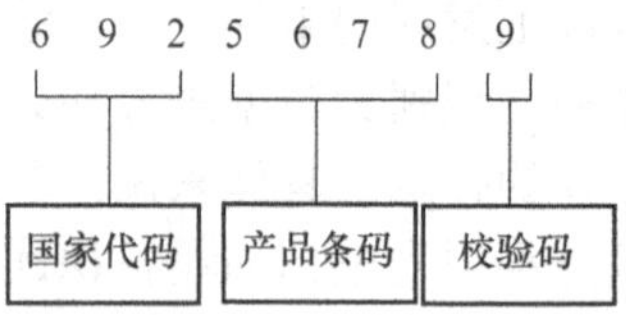

图7-8 缩短码（EAN8）的构成

商品条码的代码组合表达了商品的有关信息。例如：条码字符“6902952880041”表示中国贵州茅台酒厂生产的酒精度为53%、净含量为500mL的白酒。其中“690”代表中国；“2952”代表贵州茅台酒厂；“88004”代表酒精度为53%、净含量为500mL的白酒；“1”代表核对数。

小知识

我国的条码代号

1991年4月，我国正式加入国际物品编码协会，分配给我国的国别号码为“690”“691”“692”“693”系列。

印刷商品条码的适宜位置，要考虑扫描是否方便、物资形象是否会被破坏、印刷的难度是否会增加等因素。

想一想

条码字符为“6922507800683”的商品是湖南省克明面业有限公司出品的高筋银丝挂面（净含量500g），各条码字符分别代表什么含义？

（2）物流条码：物流条码是用在物资运输、装卸、仓储和配送等物流过程中的识别符号，是以集合包装物资为单位使用的条码。物流条码通常印在包装外箱上，目的是识别物资种类及数量，也可用于货仓批发销售现场的扫描结账。当同一物资的包装数量不同或同一包装中有不同的物资组合时，就必须加上物流标识码以便识别。物流条码包括14位标准码（DUN14码）、16位扩大码（DUN16）以及加长码。

1）标准版物流条码（DUN14）。它由物流标识码、商品条码、校验码共计14位数字组成。

【例3】标准版物流条码字符“16922507800686”，其代码组合如图7-9所示。

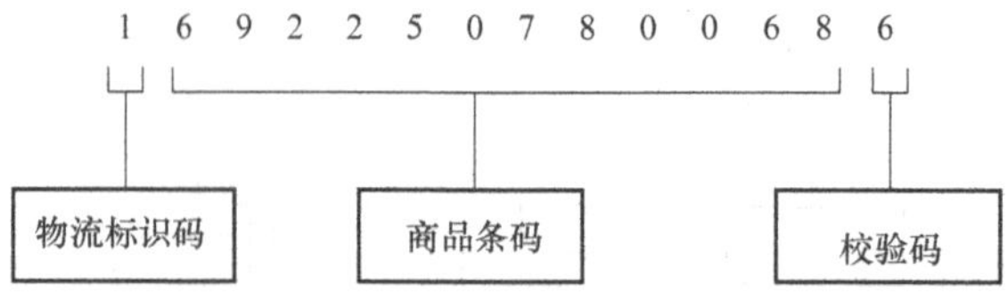

图7-9 标准码（DUN14）的构成

2）扩大版物流条码（DUN16）。它由备用码、物流标识码、商品条码、校验码共计 16 位数字组成。

【例 4】扩大版物流条码字符“0106922507800686”，其代码组合如图 7-10 所示。

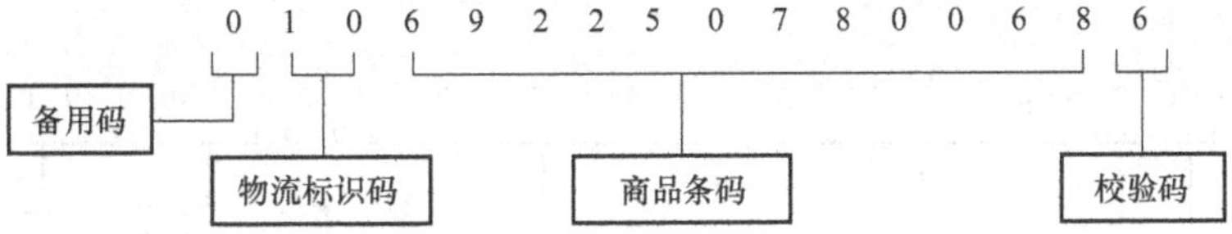

图 7-10 扩大码（DUN16）的构成

3）加长版物流条码。若有以重量计算的物资，在用标准码或扩大码不足以标识物资时，可另外用 6 位加长码来补足。

【例 5】物流条码加长码字符“042173”，其代码组合如图 7-11 所示。

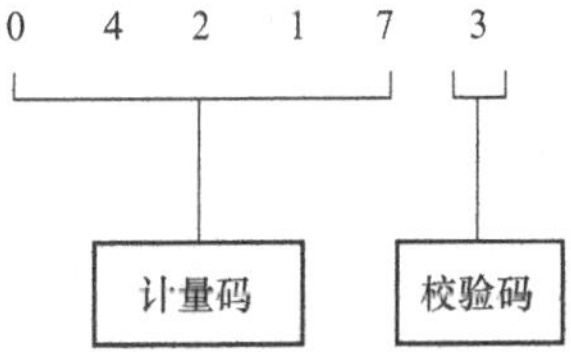

图 7-11 加长码组合

物流条码的代码组合表达了有关物流的信息。例如：条码字符“2690295288004l”表示该包装容器内装有我国贵州茅台酒厂生产的酒精度为 53%度、净含量为 500mL 的白酒 24 瓶。其中，“2”表示 1 个集合包装含单个商品数，即每箱 24 瓶酒；“690”代表我国；“2952”代表贵州茅台酒厂；“88004”代表酒精度为 53%、净含量为 500mL 的白酒；“1”代表核对数。

物流条码的适宜位置，是在运输包装的 4 个立面或相邻两面上都印制或粘贴条码以方便扫描，在自动化的仓储和配送作业中尤其重要。

小知识

各代码来源

国家代码：3 位数，由国际物品编码协会分配给各成员国或地区。

厂商代码：4 位数，在我国，由中国物品编码中心分配给各申请厂商。

产品代码：5 位数，可由各申请厂商自由设定。

校验码：1 位数，按算法求得，用以防止扫描阅读错误。

（3）EAN128 码：商品条码与物流标识码都属于不携带信息的标识码。在物流配送过程中，有时需要将生产日期、有效日期、运输包装序号、重量、体积、尺寸、送出地址和送达地址等重要信息条码化，以便扫描输入，这时可用 EAN128 码。EAN128 码可携带大量的信息，广泛应用于生产物流控制、仓储管理、车辆调配和货物追踪等。

【例 6】EAN128 码字符“00354123451234567892420l000”，其代码组合如图 7-12 所示。

在图 7-12 中，应用识别码 00 表示其后为运输包装序号；包装形式码 3 表示无定义的包装；应用识别码 420 表示其后为配送邮政码。

（4）商品条码与物流标识码的比较。

1）商品条码与物流标识码的联系。

【例 7】以商品条码字符“6922507800683”和物流标识码字符“16922507800686”对

比，如图 7-13 所示。

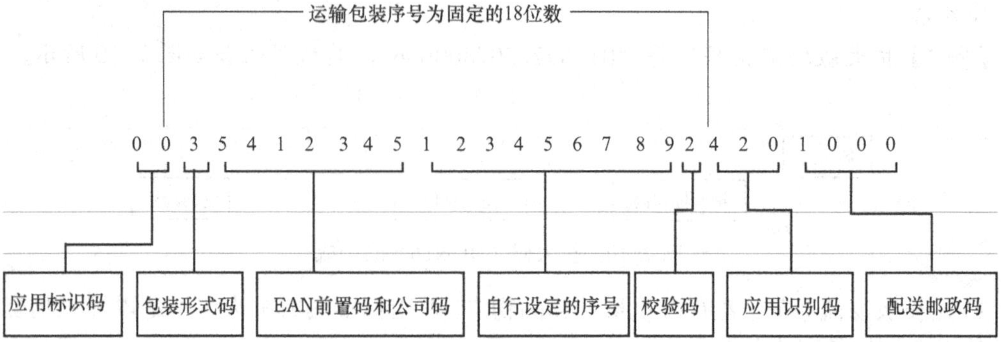

图 7-12　EAN128 构成

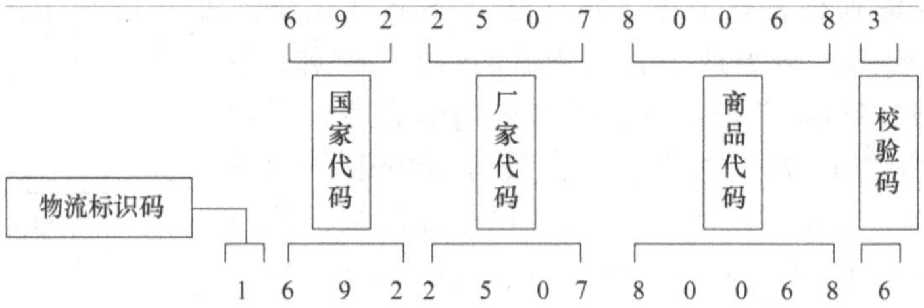

图 7-13　商品条码与物流标识码的关系

2）商品条码与物流标识码的区别，见表 7-4。

表 7-4　商品条码与物流标识码的区别

条码名称	应用对象	数字构成	包装形式	应用领域
商品条码	向消费者销售的物资	13 位数字	单个物资包装	POS 系统、补充订货管理等
物流标识码	物流过程中的物资	14 位数字	集合包装	出入库管理、运输保管等

2. 条码的识别仪器

条码的识别仪器是条码阅读器，它是由扫描仪和译码器组成的。

（1）扫描仪：条码扫描仪是条码识别的主要仪器。它是利用光电转换技术设计的，采用照亮条码符号来测量反光，然后将模拟形式的光波资料转换成数字形式传给译码器译码，最后将信息输入计算机处理的一种仪器。条码扫描仪有两种：掌上型扫描仪、固定式扫描仪。

1）掌上型扫描仪操作灵活、方便，可以阅读固定物资和手持物资的条码，如图 7-14 所示。

2）固定式扫描仪常用以阅读传送带上物资的条码，有时也用以阅读手持物资的条码，如图 7-15 所示。

图 7-14　掌上型扫描仪

图 7-15　固定式扫描仪

固定式扫描仪按光源特性和光电转换方式的不同，可分为以下 3 种。

① 接触笔是一种顶端带光孔的笔状设备，当接触笔与商品条码成 30°，并以适当的速

度移动时，即能阅读条码，是价格最便宜的条码扫描仪，如图 7-16 所示。

②CCD 扫描仪是用固定光束，将距离 15cm 内的条码符号的图像反射给光敏组件的一种扫描设备。新颖的 CCD 扫描仪不仅可阅读一维条码，而且还可阅读二维条码，价格适中，如图 7-17 所示。

③激光扫描仪是用迅速移动的镜体将激光二极管发出的光束，散射成水平光弧的一种扫描仪。其优点是准确率高、视野大、景深长（平均为 15～30cm），因而可阅读歪斜的条码。因此其价格也比较昂贵，如图 7-18 所示。

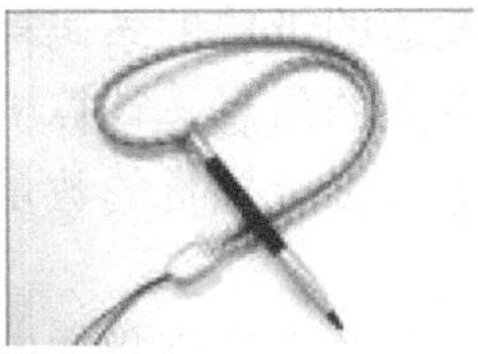

图 7-16 接触笔

图 7-17 CCD 扫描仪

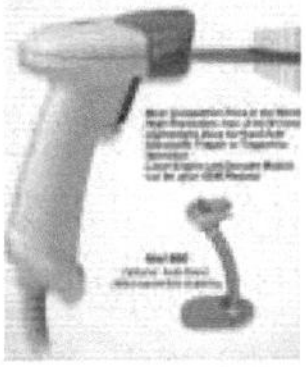

图 7-18 激光扫描仪

仓储作业中，通常采用固定式激光扫描仪和便携式 CCD 扫描仪；而在室外作业时，则常使用便携式 CCD 扫描仪。

（2）译码器：译码器主要的功能是将扫描仪输出的光波信号译制成上位计算机能够接受的资料信息，然后由打印机打印出信息清单的内容。

3. 条码的印制

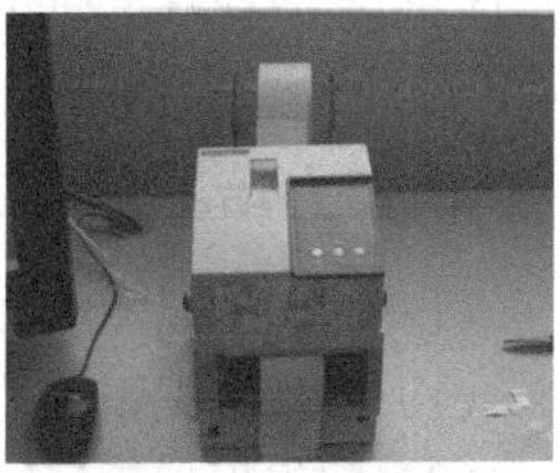

图 7-19 条码印刷机

印制条码的工具通常有条码印刷机（见图 7-19）、激光列表机或手持打标机。采用何种印制工具需视不同的用途采用不同的专业印刷机，以获得理想的结果。一般除常用的印刷机外，各类条码印制装置几乎全是与计算机连线，由计算机控制直接列印于自粘贴纸上或特定格式的条码。

小知识

一维条码和二维条码

一维条码是在一维空间承载信息（字符）；二维条码可以在二维空间中承载信息。

（1）从信息量来说，一维条码只能承载少量的数码；二维条码可以直接承载数字化信息。

（2）从适应性来说，一维条码应用了校正概念；二维条码应用了纠错概念，具有更强的抗干扰能力。

（3）从技术含量上说，二维条码大大高于一维条码。

（4）从识读设备的造价上说，二维条码识读设备的造价目前高于一维条码识读设备的造价。

（5）从用途上说，一维条码只能作为一个数据库代码应用，只能是信息采集应用；二维条码不仅可以作为信息采集，而且可以作为信息识别和信息传递的应用。

4. 条码技术与仓储自动化

传统的仓储管理主要是手工作业，管理工具以手工表单、账簿为主，难以及时、动态地反映物资的进出及库存情况，而且出错率高，容易出现账物不符、货位不清、错发错送等现象，仓储管理效率低下。

在现代的仓储管理中，计算机与条码被广泛地采用。除物流识别码和商品条码外，还有货位条码、装卸台条码、运输车条码等。在仓储作业流程中，几乎所有的环节诸如收货、存放、配货、补货和出货等都可应用条码技术，从而可以快速、准确地记录每一种物资信息，可以将采集到的各种数据进行实时处理，准确、及时地反映库存物资的状态，实现对物资的自动识别、自动寻址、自动结算等，使仓储管理高度自动化和信息化。

5. 物流条码的应用实例——配送中心作业

（1）配送中心收货区，工人用手持式扫描器分别识别运单上和货物上的条码，确认匹配无误后进行下一步处理，有的需入库，有的则要直接送到发货区。

（2）配送中心拣货区，拣货员手持计算机打印出来的需要发运的纸箱的条码标签，在空箱上贴上条码标签，然后用手持式扫描器识读。根据条码标签上的信息，计算机随即发出拣货指令，即货架上相应货位的指示灯开启，表明此处需要拣货以及拣货的数量。拣货员随即根据指示灯的标识完成该货位的拣货作业。

（3）配送中心的分拣运输区，每个分拣点装有一台条码扫描器，当装满货物的纸箱经封箱后运到该区，运经分拣点，则由分拣点的条码扫描器对箱上的条码进行自动识别，然后自动分拣到标有不同运达地点的运输机上，从而实现发送物资的自动分拣。

能力培养与训练

1. 实训步骤

（1）学生根据指定的储运包装标志图示，解释其含义。

（2）学生根据指定的危险货物包装标志图示，解释其含义。

（3）学生根据指定的物资包装，找出其收发货标志及运输标志。

（4）学生根据指定的条码字符，判断是商品条码还是物流识别码。

（5）学生根据指定的货物名称及相应的条码字符，分析其字符所代表的含义。

2. 实训注意事项

（1）听从教师指导、点评。

（2）训练前需做好充分准备，训练地点可以在校内实训室，也可在课室进行。

3. 实训评价

物资包装标志识别及条码认知能力评价评分表见表 7-5。

表 7-5 物资包装标志识别及条码认知能力评价评分表

学习任务	物资包装标志识别及条码认知能力					
学习地点			日期			
评分标准	具体内容		分值/分	师评	互评	总分
	物资包装储运标志图形的识别	准确说出 5 个储运标志图形的含义	20			
	危险货物包装标志图形的识别	准确说出 5 个危险货物标志图形的含义	20			
	区别物资包装识别标志和指示标志	准确区别出 2 个物资包装标志	20			
	区分商品条码和物流识别码	正确区别出 4 个条码	20			
	分析条码字符所代表的含义	能正确说出各条码字符所代表的含义	20			
合计			100			

注：考评满分为 100 分，60～69 分为及格；70～79 分为中；80～89 分为良好；90 分以上为优秀。

4．实训练习

（1）练习认识储运包装标志、危险货物包装标志、物资收发货标志及运输标志。

（2）教师提供3组以上不同产品的商品条码与物流识别码，供学生分析条码的组合方式及不同条码的区别。

5．实训活动建议

建议教师安排学生前往物流公司认识各种包装标志和物流识别码，也可前往超市认识商品条码。

任务三　仓库物资包装作业能力训练

任务情境

新亚物流配送中心，有多台打包机、封口机、真空包装机、收缩包装机等常见包装机械摆放在流通加工现场。学生们在教师的示范指导下练习操作这些包装机械。

任务目标

通过训练，使学生能够应用常见的、简单的包装技术于实际的仓储保管作业过程中。

任务准备

（1）学生安排：每5人为一组，每组选定一名组长。

（2）工具准备：不同材料的防震垫，若干台打包机、封口机、真空包装机、收缩包装机等常见包装机械。

（3）教师带队，现场指导。

（4）训练时间安排：4学时。

知识储备

一、物资包装技术

物资在物流过程中的质量变化，与环境条件如日光、温度和湿度等往往有较大的关系，为了减少质量变化的机会与程度，需采用相应的科学的包装技术和包装方法。常用的包装技术有防霉腐、防湿、防虫害、防锈蚀、防震和危险品等包装技术。

1．防霉腐包装技术

物资在流通过程中要经过许多环节，各环节都有被霉腐微生物污染的可能，如果周围有适宜的环境条件，物资就会发生霉腐，故应对物资进行防霉腐包装。防霉腐包装技术常见的有以下几种。

（1）化学药剂防霉腐包装技术：化学药剂防霉腐包装技术主要是使用防霉腐化学药剂将待包装物资、包装材料进行适当处理的技术。有的将防霉腐化学药剂直接加在某个生产工序中，有的是将其喷洒或涂抹在物资的表面，有的则需浸泡再予包装等。食物使用的防霉腐化学药剂必须选用无毒防霉腐化学药剂。

（2）气相防霉腐包装技术：气相防霉腐包装技术是使用具有挥发性的防霉腐化学药剂，利用其挥发产生的气体直接与霉腐微生物接触，杀死或抑制霉腐微生物的生长，以达到物资防霉腐的目的。使用该方法需要包装材料和包装容器透气率小、密封性好。

（3）低温冷藏防霉腐包装技术：低温冷藏防霉腐包装技术，是通过控制物资本身温度，使其低于霉腐微生物生长繁殖的最低界限，待温度恢复后，物资仍可保持其原有的品质，从而达到防霉腐的目的。

（4）充气防霉腐包装技术：充气防霉腐包装技术是通过在容器中改变气体的组成成分，降低氧气的浓度，抑制微生物的呼吸活动，来达到防霉腐和保鲜的目的。目前通常采用二氧化碳气体（CO_2）或氮气（N_2）等气体来置换氧气，并且包装材料必须是对气体或水蒸气有一定阻透性的气密性材料，以保持包装内的气体浓度。

（5）真空防霉腐包装技术：真空防霉腐包装是将物品装入气密性容器后，在容器封口之前抽成真空，使密封后的容器内基本没有空气的一种包装方法。它适用于肉类物资、谷物加工物资及某些容易腐烂变质的物资。

（6）其他防霉腐包装技术：干燥包装技术是指通过降低密封包装内的水分与物资本身的水分，使霉腐微生物得不到生长繁殖所需水分而达到防霉腐的目的。

收缩包装技术通过使用收缩薄膜包裹物品，然后对薄膜适当加热处理，使薄膜收缩而紧贴于物品的包装方法。

此外，高温灭菌、电辐射、紫外线等包装技术都可达到防霉腐的目的。

2. 防湿包装技术

空气湿度的变化是引起物资质量发生变化的重要因素。防湿包装就是采用具有一定隔绝水蒸气能力的防湿材料对物资进行包封，隔绝外界湿度变化对产品的影响。

防湿包装通常有如下两类：①为了防止包装容器内的含水物资失去水分，采用具有一定透湿率的防湿包装材料进行包装，以保证物资的性能稳定。②为了防止包装容器内的物资增加水分，在包装容器内装入一定量的干燥剂吸收包装内的水分和吸收从包装外渗透进来的水分，以确保物资质量的稳定。

3. 防虫害包装技术

在物流过程中，对一些易虫蛀和易被虫咬的物资应进行防虫害的包装。

防虫害包装技术是将包装材料进行防虫剂、杀虫剂处理，或在包装容器中加入杀虫剂或驱虫剂，以保护内装物资免受虫类侵害。真空、充气等包装技术也能使害虫无生存环境，从而起到防虫害的作用。

4. 防锈蚀包装技术

锈蚀对金属材料和制品具有严重的破坏作用。据试验，钢材如果锈蚀 1%，它的强度就要降低 5%～10%，薄钢板更容易因锈蚀穿孔而失去使用价值，因此，金属制品采用防锈蚀包装技术是非常重要的。其主要方法有以下几种。

（1）防锈油防锈蚀包装技术：空气中的氧气、水蒸气及其他有害气体等作用于金属表面引起化学作用即产生了锈蚀。用防锈油封装金属制品，当油层具有一定厚度、连续性好且涂层完整时，可以防止金属表面与空气直接接触，达到防止金属被大气锈蚀的目的。

（2）气相防锈包装技术：通过气相缓蚀剂（挥发性缓蚀剂）在密封包装容器中对金属制品进行防锈处理的技术。气相缓蚀剂在常温下具有挥发性，在很短的时间内挥发或升华出的缓蚀气体能充满整个包装容器内的每个角落和缝隙，同时吸附在金属制品的表面，从而起到抑制大气对金属锈蚀的作用。

在采用防锈包装技术前，应首先将待包装的金属制品表面进行清洗处理以除掉表面的锈迹。

5. 防震包装技术

物资在任何环境中都会受到力的作用和影响。防震包装就是为减缓力的冲击和振动，保护其内装物不受损坏所采取的具备一定防护措施的包装。防震包装主要有以下 3 种。

（1）全面防震包装方法：内装物和外包装之间全部用防震材料填满进行防震的包装方法。

（2）部分防震包装方法：使用泡沫塑料防震垫、充气型塑料薄膜防震垫和橡胶弹簧等，在物资或内包装的拐角或局部地方使用防震材料进行衬垫的包装方法。它适用于整体性好的物资和有内包装容器的物资。

（3）悬浮式防震包装方法：采用坚固的包装容器，把物资用带子、绳子、吊环和弹簧等物吊在外包装内，不与内壁接触的包装方法。它适用于某些贵重易损的物资。

6. 危险品包装技术

危险品的种类很多，根据其危险性质分为 11 大类，即爆炸性物资、氧化剂、压缩气体、液化气体、自燃物资、遇水燃烧物资、易燃液体、易燃固体、毒害品、腐蚀性物资和放射性物资。有些物资同时具有两种以上的危险性质。危险品包装就是根据危险品的特点，按照有关法令、标准和规定专门设计的包装。在其包装上，尤其是运输包装上必须标明不同类型和性质的危险货物标志。

对有毒物资的包装要明显地标明有毒的标志。防毒的主要措施是包装严密不漏、不透气。

对有腐蚀性的物资，要注意避免物资和包装容器的材质发生化学变化。金属类的包装容器，要在容器内壁涂上涂料，防止腐蚀性物资对包装容器的腐蚀。

对自燃物资如黄磷的包装，宜将其装入壁厚不小于 1mm 的铁桶中，桶内壁需涂耐酸保护层，桶内盛水，并使水面浸没物资，桶口严密封闭，每桶净重不超过 50kg。对遇水燃烧的物资，要用坚固的铁桶包装，桶内充入氮气，若桶内不充氮气，则应装置放气活塞。

对于易燃物资如过氧化氢，有强烈的氧化性，遇有微量不纯物或受热，即急剧分解引起爆炸。对易爆物资可用塑料桶包装，然后将塑料桶装入铁桶或木箱中，每件净重不超过 50kg，并装置自动放气的安全阀，当桶内达到一定的气体压力时，能自动放气。

7. 特种包装技术

（1）充气包装。充气包装是采用二氧化碳气体或氮气等不活泼气体置换包装容器中空气的一种包装技术方法，因此也称为气体置换包装。这种包装方法是根据好氧性微生物需氧代谢的特性，在密封的包装容器中改变气体的组成成分，降低氧气的浓度，抑制微生物的生理活动、酶的活性和鲜活商品的呼吸强度，达到防霉、防腐和保鲜的目的。

（2）真空包装。真空包装是将物品装入气密性容器后，在容器封口之前抽真空，使密封后的容器内基本没有空气的一种包装方法。

一般的肉类商品、谷物加工商品以及某些容易氧化变质的商品都可以采用真空包装，真空包装不但可以避免或减少脂肪氧化，而且可以抑制某些霉菌和细菌的生长。同时在对其进行加热杀菌时，由于容器内部气体已排除，因此加速了热量的传导，提高了高温杀菌效率，也避免了加热杀菌时由于气体的膨胀而使包装容器破裂。

（3）收缩包装。收缩包装就是用收缩薄膜裹包物品（或内包装件），然后对薄膜进行适当加热处理，使薄膜收缩而紧贴于物品（或内包装件）的包装技术方法。

收缩薄膜是一种经过特殊拉伸和冷却处理的聚乙烯薄膜，由于薄膜在定向拉伸时产生残余收缩应力，这种应力受到一定热量后便会消除，从而使其横向和纵向均发生急剧收缩，同时使薄膜的厚度增加，收缩率通常为30%～70%，收缩力在冷却阶段达到最大值，并能长期保持。

（4）拉伸包装。拉伸包装是20世纪70年代开始采用的一种新包装技术，它是由收缩包装发展而来的。拉伸包装是依靠机械装置在常温下将弹性薄膜围绕被包装件拉伸、紧裹，并在其末端进行封合的一种包装方法。由于拉伸包装不需进行加热，所以消耗的能源只有收缩包装的1/20。拉伸包装可以捆包单件物品，也可用于托盘包装之类的集合包装。

（5）脱氧包装。脱氧包装是继真空包装和充气包装之后出现的一种新型除氧包装方法。脱氧包装是在密封的包装容器中，使用能与氧气起化学作用的脱氧剂与之反应，从而除去包装容器中的氧气，以达到保护内装物的目的。脱氧包装方法适用于某些对氧气特别敏感的物品，适用于那些即使有微量氧气也会促使品质变坏的食品包装中。

二、物资包装机械

使用包装机械进行产品包装，可以提高包装工作效率，保证包装质量，准确计量，美化外观，可以完成手工操作不能做到的充气、真空与热成型等，有利于降低成本，对促进产品生产与流通有积极的推动作用。

1. 填充包装类机械

（1）装箱机械：以纸箱为主，在包装过程中边包覆产品，边黏合接口，如图7-20所示。

（2）装盒机械：通过机械取出预制纸盒坯，自动打开装入产品后，使纸坯折盒或上胶黏合。装盒机械一般包括纸盒供给、产品输送、装填、折盒和成品输出等，有的还附设打印、印刷、封口和检测机构等，如图7-21所示。

图7-20 装箱机械

图7-21 装盒机械

（3）装袋机械：其主要结构包括张袋装置、计量装置、填充装置和封袋装置。张袋装置主要是将包装袋口打开，以接受从漏斗里填充进入的物料。计量装置有计重和计容积两种。填充装置一般包含料槽和漏斗。封袋装置要根据包装材料的不同性能特点，采用不同的封口装置，如纸袋和纺织纤维等，可采取缝封、订封和粘封等形式，塑料薄膜袋则主要采取热封和粘封的方式，如图 7-22 所示。

（4）灌装机械：用来灌装液体、半液体、固液混合制品，如图 7-23 所示。所用容器主要有桶、罐、瓶和软管等。

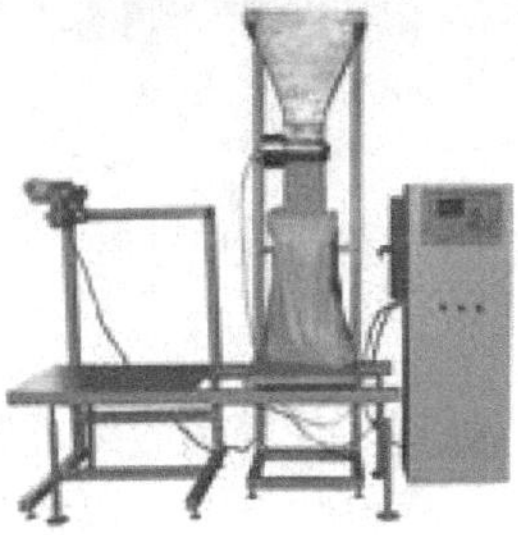

图 7-22 装袋机械

图 7-23 灌装机械

（5）填充机械：用来把干燥粉状、颗粒状、块状产品填充在盒、瓶、罐等容器中，如图 7-24 所示。有直接填充机和制袋填充机两种：前者是利用预先成型的容器进行填充；后者是既要完成袋容器的成型，又要将产品填充入容器内。

图 7-24 填充机械

2. 裹包和捆扎机械

裹包和捆扎机械以及加标机械不同于填充机械，它们是直接使用包装来包装产品，而填充机械则是用容器来包装的。

（1）裹包机械：又称为挠性材料裹包机械，主要包装材料为纸、蜡纸、牛皮纸或用纸、铝箔、塑料薄膜组成的复合材料，如图 7-25 所示。

（2）捆扎机械：利用纸、塑料、纺织纤维或金属的绳、带对包封物资进行捆扎的机械。捆扎机械类型繁多，大小各异。有人工操作的钢带打包机、塑料带打包机，还有各种类型的半自动、全自动的捆扎机械，如图 7-26 所示。

（3）封条机械：封条是一种封箱贴条机械，多采用机械气动和电气控制来完成封贴工序，既可用于装箱机流水线的生产使用，又可作为人工装箱后的封箱、贴封条的单机使用，如图 7-27 所示。

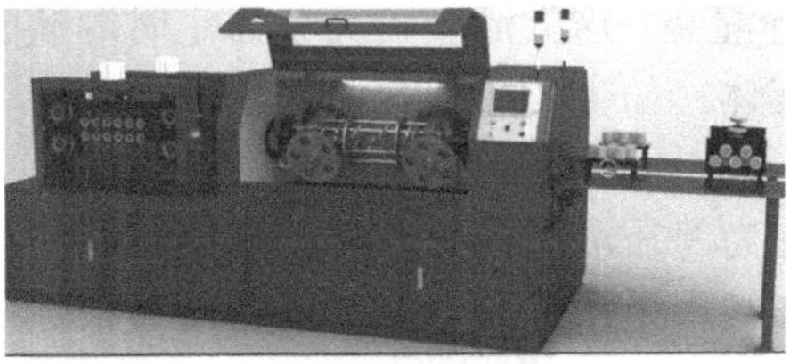

图 7-25 裹包机械

图 7-26 捆扎机械

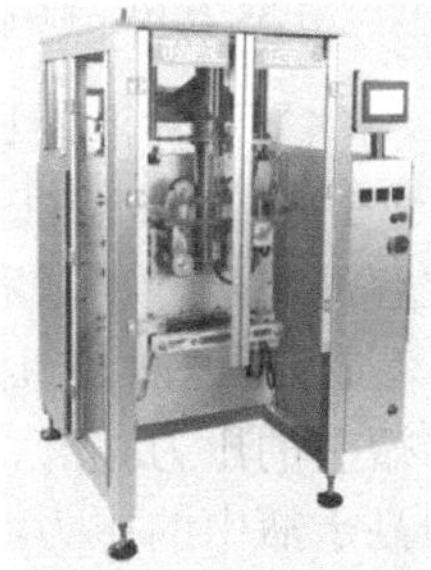

图 7-27 封条机械

（4）加标机械：主要用于在容器上加贴标签，如图 7-28 所示。

（5）封口机械：用于各种包装容器的封口，如图 7-29 所示。

图 7-28 加标机械

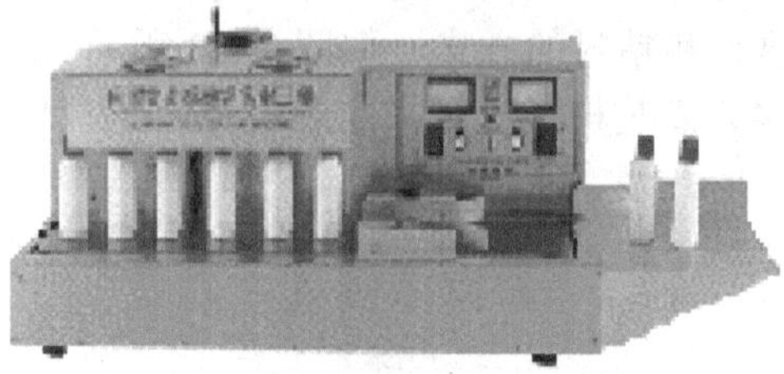

图 7-29 封口机械

3. 特种包装机械

（1）收缩包装机械：通过该机械，对薄膜进行适当加热处理，使薄膜收缩而紧裹物资。这种包装的特点是适合各种形状产品的包装，特别是不规则的产品包装。它可以简化包装过程，并有紧贴透明、富有弹性、内置物不松动和整洁卫生等良好的包装效果，同时还可以使包装体积变小，成本降低，便于进行集装包装。收缩包装机的收缩膜由上下两个卷筒张紧，产品由机械部件推向薄膜，在薄膜包裹产品后，由封口部件将薄膜的 3 面封合，随后由输送带输送，通过加热装置紧裹产品，冷却形成收缩包装，如图 7-30 所示。

（2）热成型包装机械：又称为吸塑包装机械，根据成型工艺的不同，可分为泡罩式包装机、贴体包装机、热压成型填充机和真空包装机等，如图 7-31 所示。这种包装具有透明美观、防潮、隔气、防渗透等方面的优点，应用范围十分广泛。

（3）拉伸包装机械：通过机械装置在常温下将弹性塑料薄膜围绕着待包装产品拉伸、裹紧，并在末端进行封合的一种包装机械，如图 7-32 所示。这种包装机械所用的包装塑料为聚乙烯薄膜，通常是为集装在托盘上成堆的包装而设计的。

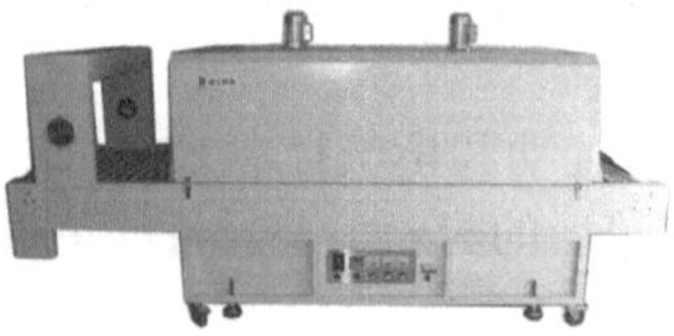

图 7-30 收缩包装机械

图 7-31 热成型包装机械

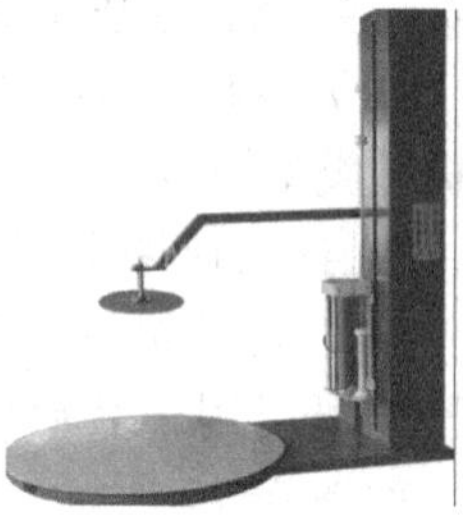

图 7-32 拉伸包装机械

（4）液体灌装机：按灌装原理，灌装机分为常压灌装机、压力灌装机和真空灌装机。

1）常压灌装机：它在大气压力下靠液体自重进行灌装。这类灌装机又分为定时灌装和定容灌装两种，只适用于灌装低黏度、不含气体的液体，如牛奶、葡萄酒等。

2）压力灌装机：它在高于大气压力下进行灌装，可分为两种：一种是贮液缸内的压力与瓶中的压力相等，靠液体自重流入瓶中而灌装，称为等压灌装；另一种是贮液缸内的压力高于瓶中的压力，液体靠压差流入瓶内，高速生产线多采用这种方法。压力灌装机适用于含气体的液体灌装，如啤酒、汽水、香槟酒等。

3）真空灌装机：在瓶中的压力低于大气压力下进行灌装。这种灌装机结构简单，效率较高，对物料的黏度适应范围较广，如油类、糖浆、果酒等均可适用。

（5）真空充氮包装机：集抽真空、充氮气、热封为一体的半自动多功能包装机械，工作程序由 PLC 编程系统自动控制，可根据不同的包装材料和容积单独调节各工作环节时间，也可单独使用其中某一单独环节，如图 7-33 所示。整机由除油除水空气过滤系统、空气分离制氮系统、抽真空系统、储气供气系统、热封系统、PLC 编程控制系统、升降式工作室及机架、机壳组成。真空充氮包装将食品装入包装袋，抽出包装袋内的空气达到预定的真空度后，再充入氮、二氧化碳、氧等气体，然后完成封口工序。

图 7-33　真空充氮包装机

4. 其他包装机械

如干燥机、上蜡机、上塞机、旋盖机和包装组合机等。

能力培养与训练

1. 实训步骤

（1）学生根据给定的包装容器、内装物、不同的防震垫等进行内装物的试包装。

（2）学生将包装好的物品放在打包机上，练习打包。

（3）学生将装好内装物的塑料包装利用封口机进行封口。

（4）学生将装好内装物的薄膜包装通过收缩包装机械进行处理，形成收缩包装。

（5）学生将装好内装物的塑料包装通过真空包装机械进行处理，形成真空包装。

2. 实训注意事项

（1）训练使用的常见包装机械种类视设备条件而定。

（2）训练时严格按操作规程作业，注意安全。

（3）教师示范、指导和点评，各组学生轮换练习。

3. 实训评价

仓库物资包装作业能力评价评分表见表 7-6。

表 7-6　仓库物资包装作业能力评价评分表

学习任务	仓库物资包装作业能力				
学习地点		日期			
评分标准	具体内容	分值/分	师评	互评	总分
	对指定物品选择适宜的包装物及防震垫	20			
	在规定时间内正确使用打包机	20			
	在规定时间内正确使用封口机	20			
	在规定时间内正确使用收缩包装机	20			
	在规定时间内正确使用真空包装机	20			
合计		100			

注：考评满分为 100 分，60～69 分为及格；70～79 分为中；80～89 分为良好；90 分以上为优秀。

4. 实训活动建议

参观物流配送中心的流通加工现场，或生产制造企业的包装作业现场。

第八单元　仓库设备使用维护技能 8

仓库设备主要包括托盘、货架、简单起重机械、叉车和堆垛机等，是实现仓储行为的必备硬件。其中，叉车是仓库装卸搬运设备中应用最广泛的一种，本单元着重介绍有关叉车的结构、性能、维护常识及叉车的驾驶训练。

任务一　仓库设备认知调研训练

任务情境

某日上午，教师带领学生来到一家知名物流企业，在企业相关管理人员的带领下，同学们参观了该企业的仓库区域，重点对各种仓库设备进行了观察和记录，并在企业专业人员的指导下，体验了部分仓库设备的使用。

任务目标

学生能够根据仓库场地条件、仓库业务性质和规模、物资储存要求等因素，较熟练地识别各种仓库设备及其使用特点。

任务准备

（1）全班分为 5 组，每 10 人为一组，每组选定一名组长。
（2）每位同学带上笔、笔记本、相机等记录工具。
（3）教师带队，现场指导。
（4）训练时间安排：4 学时。

知识储备

一、托盘

托盘是物流过程中承载货物的集装单元化工具之一，是与搬运装卸机械配套使用的重要的集装器具。常用的托盘包括平托盘、柱式托盘、箱式托盘、网箱托盘和轮式托盘等。按托盘材质的不同，有木制托盘、塑制托盘、钢制托盘、竹制托盘和塑木复合托盘等。

1. 平托盘

平托盘是在承载面和支撑面间夹以纵梁，构成可集装物料，可使用叉车或搬运车等进行作业的货盘。托盘通常都是指平托盘。按作业机械和用途的不同，其结构种类如图 8-1 所示。

图 8-1　常用平托盘

2. 柱式托盘

柱式托盘是在平托盘的基础上发展起来的，其特点是在不压货物的情况下可进行码垛（一般为 4 层，见图 8-2a），多用于包装物料、棒料管材等的集装。见图 8-2b 所示的柱式托盘还可以变成可移动的货架、货位；不用时，可以叠套存放，节约空间。

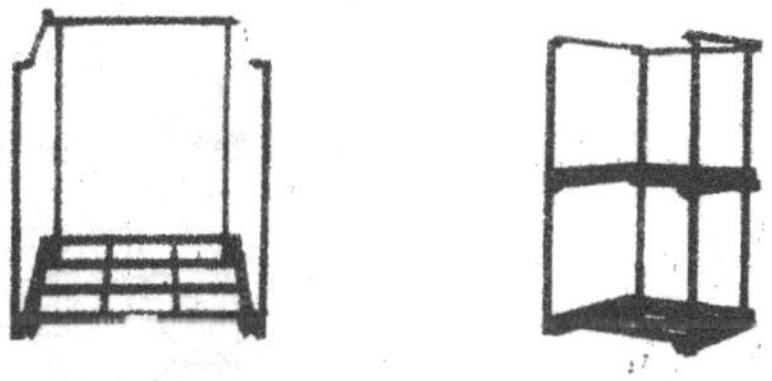

a）　b）

图 8-2　柱式托盘

3. 箱式托盘

箱式托盘是在平托盘的基础上发展起来的，多用于散件或散状物料的集装，金属箱式托盘还用于热加工车间集装热料。箱式托盘一般下部可叉装，上部可吊装，并可进行码垛（一般为 4 层）。箱式托盘的形式如图 8-3 所示。

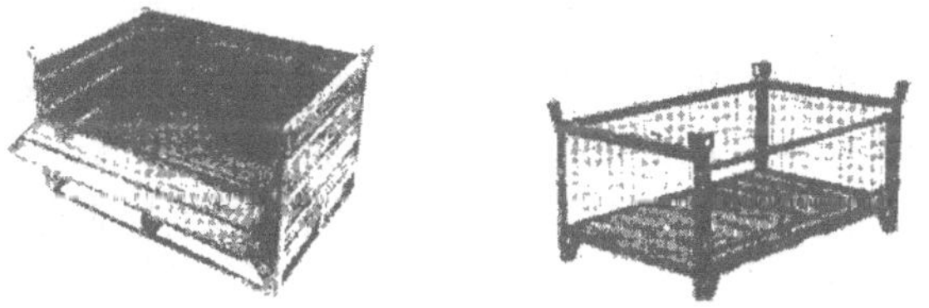

图 8-3　箱式托盘

4. 网箱托盘

网箱托盘用于存放形状不规则的物料。可使用托盘搬运车、叉车、起重机等作业；可相互堆叠 4 层；空箱可折叠。网箱托盘的形式如图 8-4 所示。

5. 轮式托盘

轮式托盘也称物流台车，是在箱式托盘、柱式托盘或网箱托盘的底部装上脚轮而成，既便于机械化搬运，又宜于短距离的人力移动。它适用于企业工序间的物流搬运；也可在工厂或配送中心装载货物运到商店，直接作为商品货架的一部分。轮式托盘的形式如图 8-5 所示。

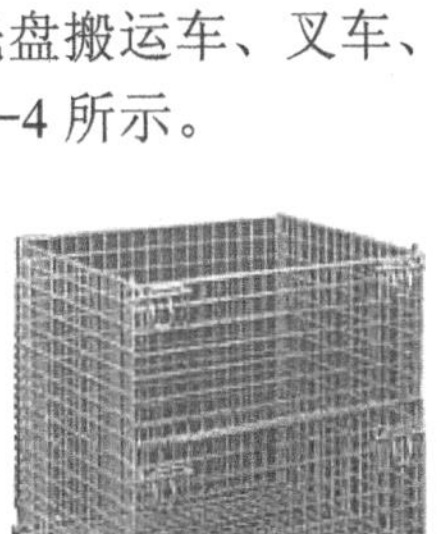

图 8-4　网箱托盘

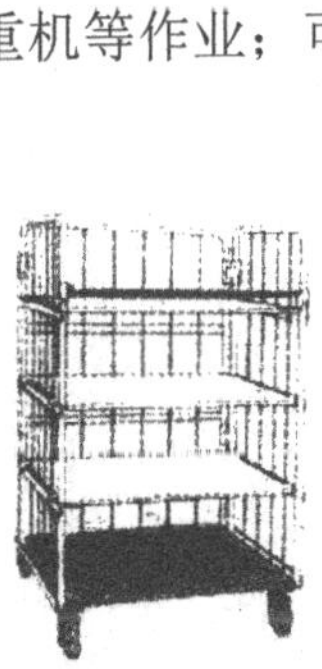

图 8-5　轮式托盘

二、货架

货架是由立柱片、横梁和斜撑等构件组成，用于存放货物的结构件。根据货架的使用范围不同，货架大致可分为：托盘式货架、轻型货架、屏挂式货架、重力式货架、悬臂式货架、旋转式货架、阁楼式货架、组合式货架、贯通（驰入）式货架、滑动式货架、自动货柜、移动货架、图书货架、超市货架等。

1. 托盘式货架

托盘式货架又称工业货架，一般采用叉车等装卸设备作业，是以托盘单元方式来保管货物的货架，是机械化、自动化货架仓库的主要组成部分。这种货架多是装配式结构，即立柱、主柱片、横梁等之间采用螺栓或插接组成，具有刚性好、自重轻、层高可自由调节的特点。其适合规模化生产，且成本低，运输和安装便利，目前已成为工业企业各类货架仓库的主流。

采用这种货架存取方便，拣取效率高，但储存密度较低，需要较多的通道，如图8-6所示。

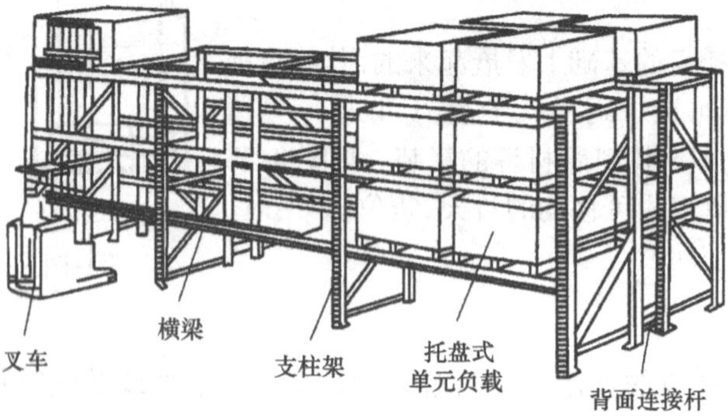

图8-6 托盘式货架

2. 轻型货架

轻型货架是相对于“托盘货架”而言的，一般采用人力（不用叉车等）直接将货物（不采用托盘单元）存取于货架内，因此货物的高度、深度较小，货架每层的载重量较轻。

其特点是结构简洁、自重轻、装配方便，广泛应用于工厂企业、商店、办公室和厨房等，如图8-7所示。

3. 屏挂式货架

屏挂式货架适用于多品种或多规格的各种小型零件的贮存，如图8-8所示。

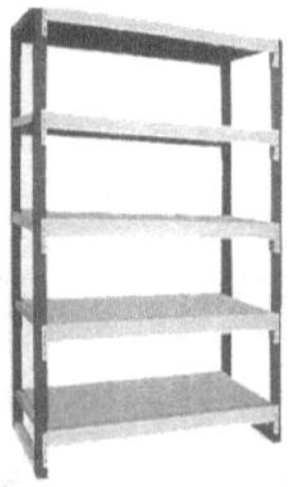

图8-7 轻型货架

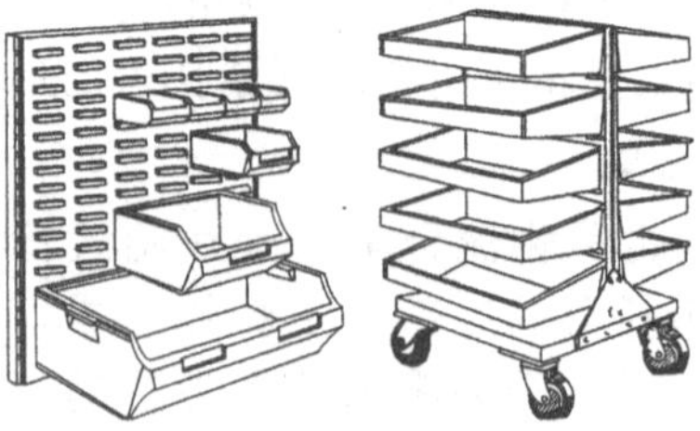

图8-8 屏挂式货架

a）固定式 b）移动式

4. 重力式货架

重力式货架是指在货架每层的通道上，都安装着有一定坡度的、带有轨道的导轨，入库的单元货物在重力的作用下，由入库端流向出库端。该货架可自动实行货物的先进先出，适用于储存数量多、品种少、周转快的货物。

使用该货架的仓库，排与排之间没有作业通道，大大提高了仓库面积利用率。但使用时应注意，同一排、同一层上的货物最好为相同的货物或一次同时入库和出库的货物。此外，当通道较长时，在导轨上应设置制动滚道，以防止终端加速度太大，如图 8-9 所示。

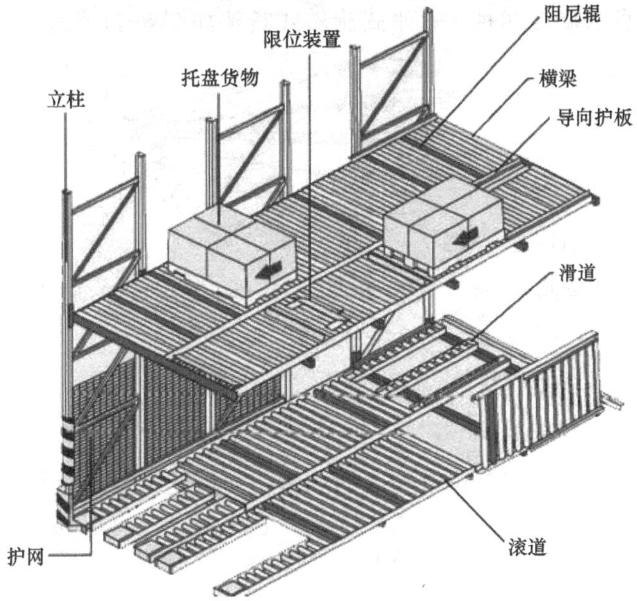

图 8-9　重力式货架

5. 悬臂式货架

悬臂式货架是指货架前端没有立柱，货物被存放在固定于后立柱的悬臂梁上。其适用于管材、型钢、铝型材、塑钢材等长条状物品的存放，一般与具有长大货物侧向装卸功能的侧面叉车、巷道堆垛机等配套使用，如图 8-10 所示。

重力式货架工作的原理是什么？

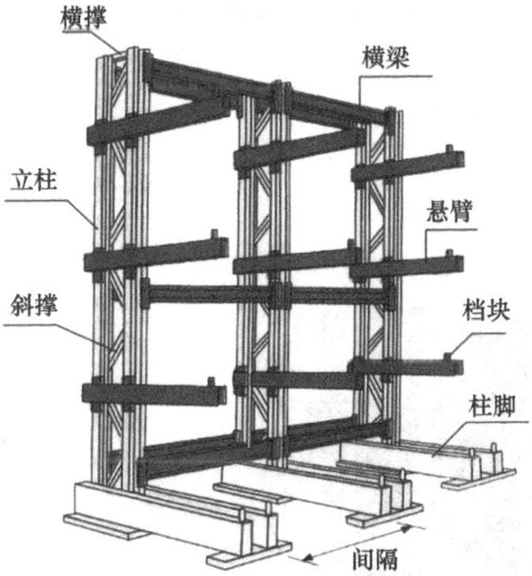

图 8-10　悬臂式货架

6. 旋转式货架

旋转式货架设有电力驱动装置。当要存入货物时，计算机快速检索并寻找储位，货格会自动以最近的距离旋转到拣货点停止，将货物存入货格。当要取货时，把货物所在的货格编号输入计算机，该货格自动旋转到拣货点停止，将货物从货格中取出。旋转式货架一般有水平式旋转和垂直式旋转两种。水平式旋转式货架如图 8-11 所示。

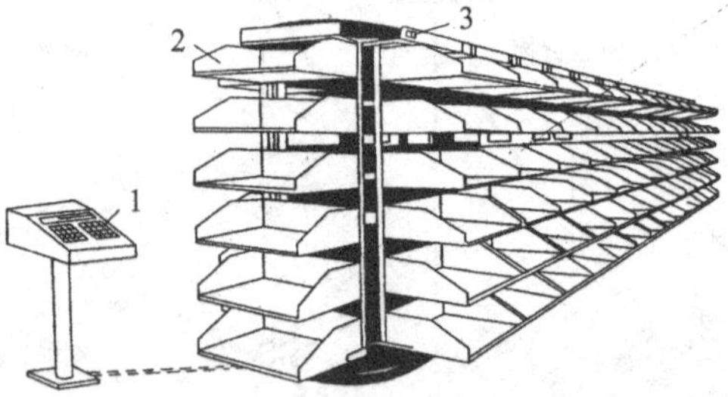

图 8-11 水平式旋转式货架

1—操作盘 2—货格 3—货门编号

7. 阁楼式货架

阁楼式货架的底层货架不但是保管物品的场所，而且是上层建筑承重梁的支撑（柱），使承重梁的跨距大大减小，建筑费用也大大降低。它适用于现有旧仓库的技术改造，提高仓库的空间利用率。其显著特点是可充分利用仓库的高度空间，如图 8-12 所示。

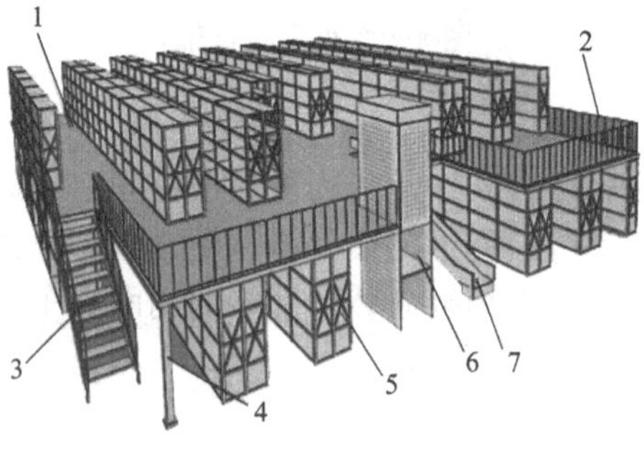

图 8-12 阁楼式货架

1—楼板 2—护栏 3—楼梯 4—立柱 5—斜拉 6—提升机 7—滑道

8. 组合式货架

组合式货架可根据货物的大小而调整货架的尺寸，如图 8-13 所示。

图 8-13 组合式货架

9. 贯通（驰入）式货架

贯通式货架是可供叉车（或带货叉的无人搬运车）驶入、存取单元托盘货物的货架，如图 8-14 所示。由于叉车的作业通道与货物保管场所合一，仓库面积利用率大大提高。但同一通道内的货物品种必须相同或同一通道内的货物必须一次完成出入库作业。

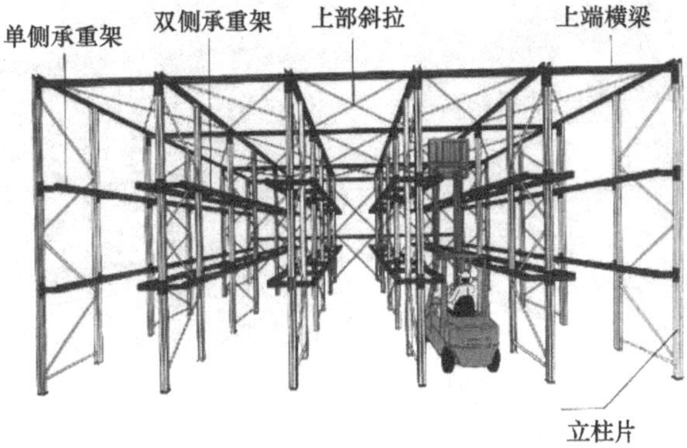

图 8-14　贯通（驰入）式货架

10. 滑动式货架

滑动式货架各层的承载面为抽屉式的可滑动的货板，可利用车间钢绳起重机等将重物吊进吊出，省去叉车占用的通道，在狭小空间内实现管理存放重物，如图 8-15 所示。例如：冲压车间存放模具，加工车间存放机床动力头等，也可存放长大物料。

图 8-15　滑动式货架

11. 自动货柜

自动货柜的存储货架是全封闭的，保护所存储货物不受光线、灰尘侵害，同时可以做到防尘、防静电等多项要求，如图 8-16 所示。其广泛应用于工业及办公。例如：可存放电子元器件、刀具、零备件、加工件、工具、手术器械、药品、资料和档案等。全自动化操作，充分利用空间，大大节省了时间。

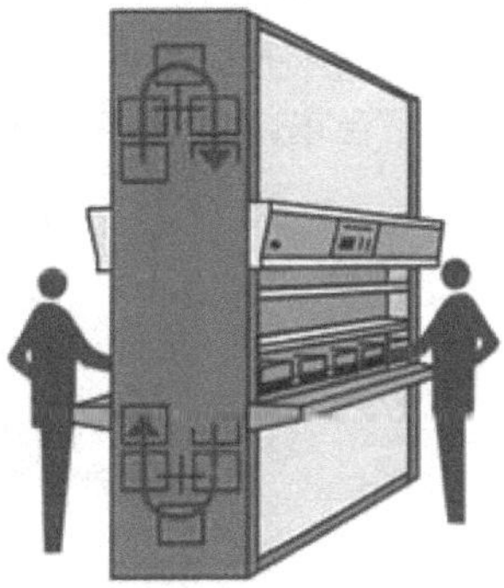

图 8-16　自动货柜

12. 移动货架

移动货架是指在货架的底部安装有运行车轮，可在地面上运行的货架。其适用于库存品种多、出入库频率较低的仓库；或库存频率较高，但可按巷道顺序出入库的仓库。因为只需要一个作业通道，可大大提高仓库面积的利用率，如图 8-17 所示。其广泛应用于办公室存放文档，图书馆存放档案文献，金融部门存放票据，工厂车间、仓库存放工具、物料等。按驱动方式不同可分为人力推动式、摇把驱动式和电动式。

图 8-17 移动货架

三、常用手动装卸搬运设备

1. 手推车

常用手推车的类型如图 8-18 所示。

图 8-18 常用手推车

2. 二轮杠杆式手推车

二轮杠杆式手推车是最古老的、最实用的人力搬运车，它轻巧、灵活、转向方便，但因靠体力来装卸、保持平衡和移动，所以仅适合装载较轻、搬运距离较短的场合。

为适合现代装卸搬运的需要，目前还采用自重轻的型钢和铝型材作为车体；阻力小的耐磨的车轮；还有可折叠、便携的车体。二轮杠杆式手推车如图 8-19 所示。

3. 手动液压升降平台车

手动液压升降平台车是采用手压或脚踏为动力，通过液压驱动使载重平台做升降运动的手推平台车，可调整货物作业时的高度差，降低操作人员的劳动强度，如图 8-20 所示。

图 8-19 二轮杠杆式手推车

图 8-20 手动液压升降平台车

4. 手拉液压托盘搬运车

手拉液压托盘搬运车采用液压起升系统，用手可方便地操纵起升、下降和行走控制杆，是货物搬运的辅助工具，使用起来轻便、安全，如图 8-21 所示。

5. 手推液压堆高车

手推液压堆高车是利用人力推拉运行的简易式插腿式叉车。其起升机构有手摇机械式、手动液压式和电动液压式三种，适用于工厂车间、仓库内效率要求不高，但需要有一定堆垛、装卸高度的场合，如图 8-22 所示。

图 8-21　手拉液压托盘搬运车

图 8-22　手推液压堆高车

四、简单起重机械

简单起重机械包括手拉葫芦、手扳葫芦、电动环链葫芦和升降机等，如图 8-23 所示。

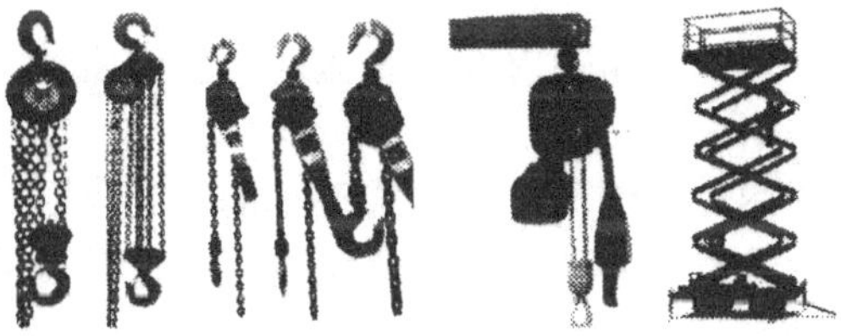

a)　b)　c)　d)

图 8-23　各种简单起重机械

a）手拉葫芦　b）手扳葫芦　c）电动环链葫芦　d）升降机

五、常用搬运装卸设备——叉车

叉车又称叉式装卸车、铲车，如图 8-24 所示，主要用于件货的装卸搬运，可将货物提升和下降，进行堆垛、拆垛、装卸和短距离水平运输。在配备其他取物装置以后，也可用于散货和多种规格品种货物的装卸作业，被广泛用于厂矿企业、港口、货场和仓库。

图 8-24　叉车

1. 根据结构和用途不同，叉车可分为平衡重式、插腿式、前移式、侧面式以及其他特种叉车等

（1）平衡重式叉车：如图 8-25 所示。在平衡重式叉车前方有叉和门架，而在车体尾部设有平衡重的装卸作业车辆，称为平衡重式叉车。平衡重式叉车是叉车中应用最广泛的一种，约占叉车总数的 80%。它的特点是货叉伸出在车身的正前方，货物重心落在车轮轮廓之外。为了平衡货物重量产生的倾覆力矩，保持叉车的纵向稳定性，在车体尾部配有平衡重。平衡重式叉车只有前后移动才能装卸货物。

（2）插腿式叉车：如图 8-26 所示。插腿式叉车的特点是叉车前方带有小轮子的支腿能与货叉一起伸入货板叉货，然后由货叉提升货物。由于货物重心位于前后轮所包围的底面之内，因此叉车的稳定性好。一般采用蓄电池作能源，起重量在 2t 以下。

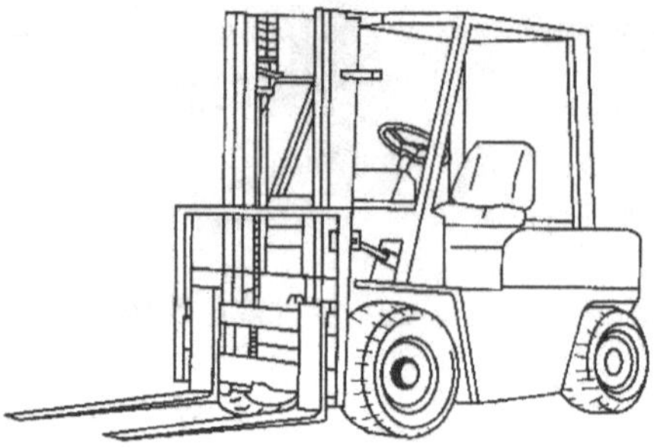
图 8-25 平衡重式叉车

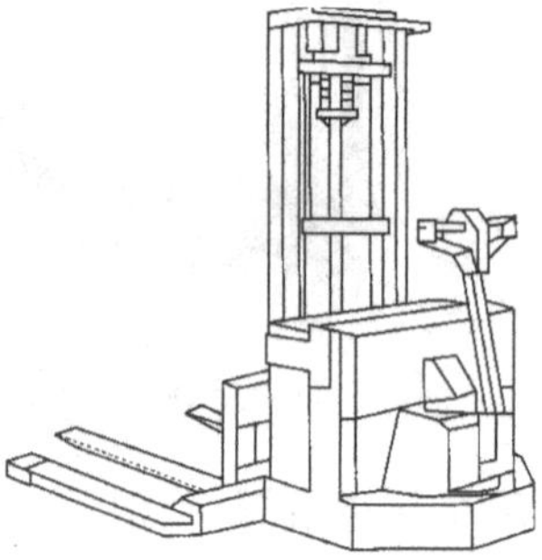
图 8-26 插腿式叉车

插腿式叉车适合在狭窄的通道和室内堆垛、搬运，但速度低，行走轮直径小，对地面要求较高。

（3）前移式叉车：如图 8-27 所示。前移式叉车的货叉可沿叉车纵向前后移动。取货时，货叉伸出，叉卸货物后或带货移动时，货叉又退回接近车体的位置，因此叉车行驶时的稳定性好。

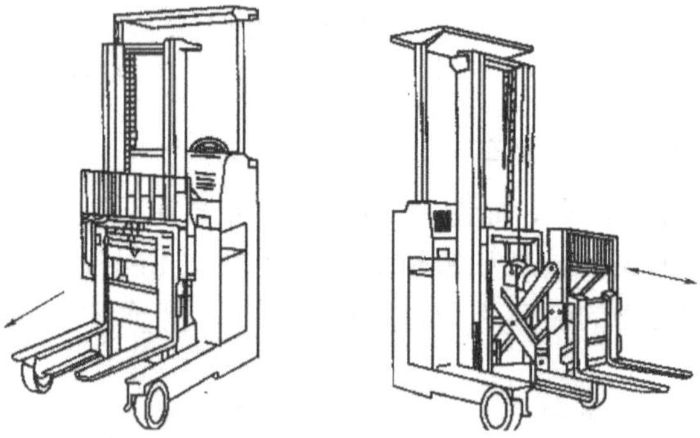
a） b）

图 8-27 前移式叉车

a）门架前移式 b）叉架前移式

前移式叉车分门架前移式和叉架前移式两种，一般由蓄电池提供动力，起重量在 3t 以下。其优点是车身小、重量轻、转弯半径小、机动性好、不需在货堆间留空。但其行驶速度低，主要用于室内搬运作业。

（4）侧面式叉车：如图 8-28 所示。侧面式叉车主要用于搬运长大件货物。门架和货叉位于车体中部的一侧，不仅可以上下运动，还可以前后伸缩。叉货时，先将千斤顶顶着地，门架向外推出，叉取货物后，货叉升起，门架后退，然后下降货叉，货物即自动放置在叉车一侧的前后车台上。将千斤顶收起后，叉车即可行驶。

由于货物沿叉车纵向放置，可减少长大货物对道路宽度的要求。同时，货物重心位于车轮支承底面之内，叉车行驶时稳定性好、速度高。侧叉式叉车多以柴油机驱动，起重量为 2.5～54.5t。

（5）三节门架叉车：如图 8-29 所示。普通叉车的门架是由内外门架两节组成的。当要求叉车的起升高度很大时，可采用三节门架叉车。其特点是：当门架全伸时，起升高度比两节门架的大，适用于高层货物的装卸堆垛作业，起升高度可达 7～8m。

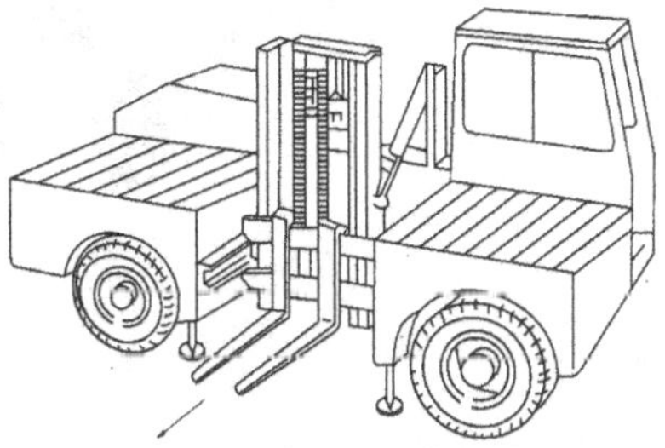

图 8-28　侧面式叉车

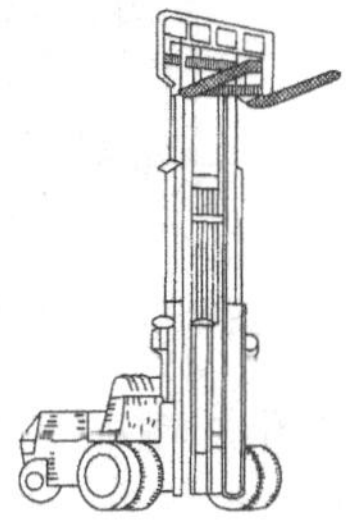

图 8-29　三节门架叉车

（6）正面集装箱叉车：如图 8-30 所示。正面集装箱叉车是集装箱码头和堆场常用的一种装卸机械，既可采用货叉插入集装箱底部叉槽内举升搬运集装箱，也可在门架上装设一个顶吊架，借助旋锁件与集装箱连接，从顶部起吊集装箱。

由于使用正面集装箱叉车的通道宽度需超过集装箱的长度，占用通道的面积大，且集装箱只能成两列堆放，会影响场地利用。因此，该种集装箱主要用于堆垛空集装箱等辅助性作业，也可在集装箱吞吐量不大并进行短距离搬运作业的综合性码头和堆场进行装卸。

（7）侧面集装箱叉车：如图 8-31 所示。侧面集装箱叉车可将门架和货叉移出，完成集装箱装卸作业后收回。可将集装箱放置在货台上进行搬运，还可装设顶部起吊属具，用以装卸集装箱。侧面叉车要求的通道宽度比正面叉车的要小得多。

图 8-30　正面集装箱叉车

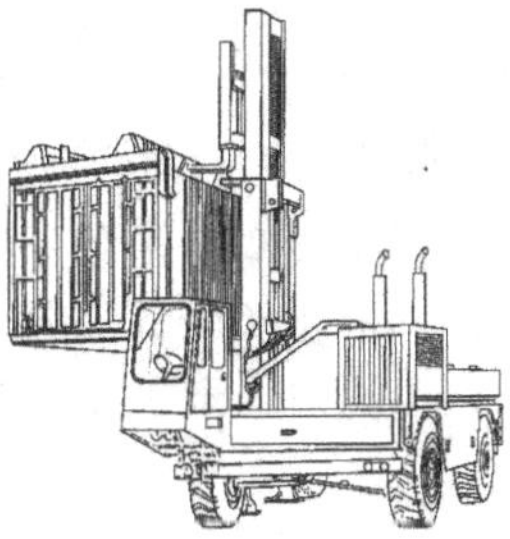

图 8-31　侧面集装箱叉车

2. 根据动力装置不同，叉车分为内燃式叉车和电瓶式叉车

（1）内燃式叉车：如图 8-32 所示。内燃式叉车是以内燃机为动力的平衡重式叉车，简称内燃叉车。内燃叉车机动性好，是应用最广泛的叉车；功率大，尤其是重、大吨位的叉车。

内燃叉车按动力可分为柴油机、汽油机、液化石油气叉车；按传动可分为机械传动、液力传动、静压传动式叉车。

（2）电瓶式叉车：如图 8-33 所示。电瓶式叉车是以电瓶为动力的平衡重式叉车，简称电瓶叉车。它具有易于操作、无废气污染的特点，适合在室内作业。随着环保要求的不断提高，对电瓶叉车的需求量也有较快的增长，尤其是中、小吨位的叉车。

图 8-32　内燃式叉车

图 8-33　电瓶式叉车

内燃式叉车和电瓶式叉车的性能比较见表 8-1。

表 8-1　内燃式叉车和电瓶式叉车的性能比较

动力形式	内燃式叉车			电瓶式叉车
	柴油机	汽油机	液化石油气	蓄电池
作业效率	高	高	较高	较低
启动性能	差	较好	较好	好
行驶速度	高	高	高	低
合理作业距离	长	长	较长	较短
运营费用	低	较高	较低	高
环保性能	最差	较差	较好	好
噪声	大	较大	较大	小
使用范围	大中搬运量 室外作业	中小搬运量 室内外作业	中小搬运量 室内外作业	中小搬运量 室内外作业

3. 叉车属具

叉车属具是指叉车上配备的用来取货的各种装置。为适应各种货物装卸作业的需要，各类叉车都配有多种形式的属具，附加或替代叉车的货叉装卸装置，以扩大叉车对特定物料的装卸范围，达到一机多用、扩大叉车使用范围的目的。叉车属具包含货叉、货斗、吊架和串杆等，如图 8-34 所示。

图 8-34　叉车属具

六、堆垛机

堆垛机是整个自动化立体仓库的核心设备，通过手动操作、半自动操作或全自动操作实现在自动化立体仓库存取货物。它由机架（上横梁、下横梁、立柱）、水平行走机构、提升机构、载货台、货叉及电气控制系统构成。

1. 巷道式堆垛机

巷道式堆垛机是自动化立体仓库内主要的作业机械，称为“高层贮藏之王”，是随着立体仓库的出现而发展起来的专用起重机，如图 8-35 所示。通过在高层货架的巷道内来回穿梭运行，将位于巷道口的货物存入货格；或取出货格内的货物运送到巷道口。

图 8-35　巷道式堆垛机

巷道式堆垛机的起重量一般在 2t 以下，有的达 4～5t，使用这种设备的仓库最高达 40m 之高，大多数在 10～25m。

2. 桥式堆垛机

桥式堆垛机作为仓库作业机械用于高层货架仓库存取作业，同时也适用于无货架堆垛，如图 8-36 所示。其起重量一般在 0.5～5t，最高可达到 10～20t。这种起重机一般都是中、小跨度，如跨度在 22.5m 以下并主要用于高度在 12m 以下的仓库。桥式堆垛机由于桥架笨重，因而运行速度受到很大的限制，它仅适用于出入库频率不高或存放长形原材料和笨重货物的仓库。

图 8-36　桥式堆垛机

3. 拣选式电动堆垛机

拣选式电动堆垛机的特点是堆垛机上装有司机室，在堆垛机上的操作人员从货架内的托盘单元或货物单元中取少量货物，进行出库作业，如图 8-37 所示。一般为手动或半自动控制。其适用于一般的立体仓库或普通平房仓库中，在货架上存取货物及搬运、堆垛作业。

该堆垛机车身窄、转弯半径小、机动性强，适用于狭窄场所作业，结构简单，价格便宜，行走和升降均采用蓄电池供电，随机带充电机。可在平台上也可在地面或踏板上进行控制。起升高度为 2～3m，起重量为 200～400kg。

图 8-37 拣选式电动堆垛机

能力培养与训练

1．实训步骤

（1）教师组织学生到一家物流企业调研。

（2）每组学生为一个单位，记录所了解到的该企业仓库区域使用的技术设备名称、构造、使用特点、注意事项等方面的要求。

（3）以小组为单位整理调研记录，总结出各种仓库设备的特点和使用注意事项，并进行书面调查总结。在调查总结中，可适当附加一些单据或图片等能支持总结论点的资料。

2．实训注意事项

学生外出进行企业调研，必须听从指挥，遵守纪律，注意交通安全，并需表现出良好的礼貌礼节，维护学校形象。

3．实训评价

仓库设备认知调研能力评价评分表见表 8-2。

表 8-2 仓库设备认知调研能力评价评分表

学习任务	仓库设备认知调研能力				
学习地点		日期			
评分标准	具体内容	分值/分	师评	互评	总分
	调研记录整理及时、内容全面	30			
	总结各种仓库设备的特点和使用注意事项准确性高	30			
	书面调查总结内容完整，单据或图片等资源丰富	30			
	调查过程纪律表现良好，着装、仪态、礼节合乎要求	10			
合计		100			

注：考评满分为 100 分，60～69 分为及格；70～79 分为中；80～89 分为良好；90 分以上为优秀。

4．实训活动建议

进行调研准备时，注意选取仓库设备丰富的企业。出发前，应让学生明确任务，并对前往调研的企业有大致的了解。

任务二　叉车操作训练

任务情境

配送中心到货，由于整托货物的重量超出了货架额定重量，请叉车司机对仓库现有货物下架并进行合理移库和调库，并将当天整托到货放置于货架底层。

任务目标

熟悉叉车结构，掌握叉车日常维护的基本技能。掌握叉车驾驶技能包括起步、进退、走“工”字桩、“8”字桩（按线行驶）的基本技能。

任务准备

（1）学生每 8 人为一组，每组选定一名组长。

（2）车辆的准备：实训前备好 8 人/台叉车。清洁叉车车容，进行车况检修，达到安全生产要求。电瓶充足电，燃油、机油、冷却水和轮胎气压按规定准备好。

（3）场地的准备：每台叉车独立规划一个场地，使之能安全运行。每个场地占地面积约 100m^2，场内用黄色油漆画两个桩位：一个“8”字路线加车库桩位，一个“工”字路线叉货桩位。

（4）一台叉车配一名实习教师。

（5）训练时间安排：24 学时。

知识储备

一、叉车操作训练前的准备工作

1. 认识叉车结构

叉车通常可分为发动机、底盘、工作装置、车身和电气设备五大部分。

（1）发动机。发动机的作用是供给叉车运行机构和起重机构所需的动力。叉车大部分采用柴油发动机，如图 8-38、图 8-39 所示。

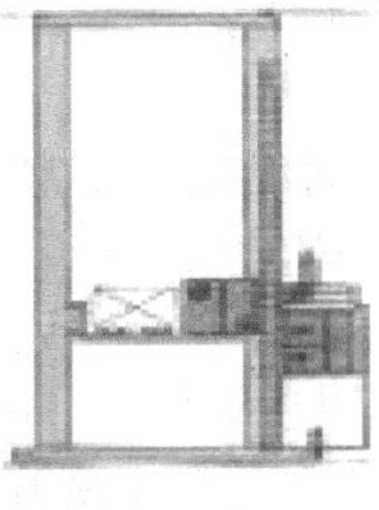

图 8-38　拣选式电动堆垛机

图 8-39　叉车操作

（2）底盘。底盘的作用是支承整个车体并接受发动机产生的动力，从而使叉车正常行驶。它主要由传动系统、转向系统、行驶系统和制动系统四大系统组成。

（3）工作装置。工作装置的作用是装卸货物。它由实现货物取放和升降的起重架、支承或夹取货物的属具以及液压系统三大部分组成。

（4）车身。车身的作用是安置驾驶员，并对叉车各部分的机件起保护作用。

（5）电气设备。电气设备包括供叉车使用的电源，发动机的起动、点火装置以及叉车的照明、信号、仪表等装置。

2. 叉车车辆维护

要使叉车工作正常、可靠，发挥其潜在能力，对叉车要实施经常性维护。

（1）日常维护。每班工作后需要对叉车进行日常维护。

1）清洗叉车上的污垢、泥土和垢埃，重点部位是：货叉架及门架滑道、发电机、起动机、蓄电池电极叉柱、散热器、空气滤清器。

2）检查各部位的紧固情况，重点部位是：货叉架支承、起重链拉紧螺钉、车轮螺钉、车轮固定销、制动器、转向器螺钉。

3）检查行车制动器、转向器的可靠性和灵活性。

4）检查渗漏情况，重点部位是：各管接头、柴油箱、制动泵、升降液压缸、倾斜液压缸、散热器、水泵、发动机油底壳、变矩器、变速器、驱动桥、主减速器、液压转向器、转向液压缸。

5）清除机油滤清器沉淀物。

（2）一级技术保养。累计工作 100h 后（一班工作制相当于 2 周），需要对叉车进行一级技术保养。

一级技术保养按照“日常维护”项目进行，并增添下列工作：

1）检查气缸压力或真空度。

2）检查与调整气门间隙。

3）检查节温器工作是否正常。

4）检查多路换向阀、升降液压缸、倾斜液压缸、转向液压缸及齿轮泵工作是否正常。

5）检查变速器的换档工作是否正常。

6）检查与调整驻车、行车制动器的制动片与制动鼓之间的间隙。

7）更换油底壳内机油，检查曲轴箱通风接管是否完好，清洗机油滤清器和柴油滤清器滤芯。

8）检查发电机及起动机安装是否牢固，插头是否清洁牢固，检查电刷和换向器有无磨损。

9）检查风扇传动带的松紧程度。

10）检查车轮安装是否牢固，轮胎气压是否符合要求，并清除胎面嵌入的杂物。

11）由于进行保养工作而拆散零部件，当重新装配后要进行叉车路试。

① 不同程度下的制动性能，应无跑偏、蛇行情况。在陡坡上，驻车制动杆拉紧后，能可靠停车。

② 倾听发动机在加速、减速、重载或空载等情况下运转时有无不正常声响。

③ 路试一段里程后，应检查制动器、变速器、前桥壳、齿轮泵处有无过热现象。

④ 货叉架升降速度是否正常，有无颤抖。

12）检查柴油箱油进口过滤网有否堵塞破损，并清洗或更换滤网。

（3）二级技术保养。累计工作 500h 后（一班工作制相当于一个季度），需要对叉车进行二级技术保养。

二级技术保养除按一级技术保养各项目外，还应增添下列工作：

1）清洗各油箱、过滤网及管路，并检查有无腐蚀、撞裂情况，清洗后不得用带有纤维的纱头、布料抹擦。

2）清洗变矩器、变速器，检查零件磨损情况，更换新油。

3）检查传动轴轴承，视需要调换万向节十字轴方向。

4）检查驱动桥各部紧固情况及有无漏油现象，疏通气孔。拆检主减速器、差速器、轮边减速器，调整轴承轴向间隙，添加或更换润滑油。

5）拆检、调整和润滑前后轮毂，进行半轴换位。

6）清洗制动器，调整制动鼓和制动蹄摩擦片间的间隙。

7）清洗转向器，检查转向盘的自由转动量。

8）拆卸及清洗齿轮泵，注意检查齿轮、壳体及轴承的磨损情况。

9）拆卸多路阀，检查阀杆与阀体的间隙，如无必要时勿拆开安全阀。

10）检查转向节有无损伤和裂纹，检查转向桥主销与转向节的配合情况，拆检纵横拉杆和转向臂各接头的磨损情况。

11）卸轮胎，对轮辋除锈刷漆，检查内外胎和垫带，换位并按规定充气。

12）检查驻车制动机件的连接紧固情况，调整驻车制动杆和制动踏板的工作行程。

13）检查蓄电池电解液比重，如与要求不符，必须拆下充电。

14）清洗散热器。

15）检查货架、车架有无变形，拆洗滚轮，检查各附件固定是否可靠，必要时补添焊牢。

16）拆检起升液压缸、倾斜液压缸及转向液压缸，更换磨损的密封件。

17）检查各仪表感应器、熔丝及各种开关，必要时进行调整。

（4）全车润滑。新叉车或长期停止工作的叉车，在开始使用的两周内，对于应该进行润滑的轴承，在加油润滑时，利用新油将陈油全部挤出，并润滑两次以上，同时应注意下列几点：

1）润滑前应清除油盖、油塞和油嘴上面的污垢，以免污垢落入机构内部。

2）用油脂枪压注润滑剂时，应压注到各部件的零件结合处，直到挤出润滑剂为止。

3）在夏季或冬季应更换季节性润滑剂（如机油等）。

二、叉车操作训练步骤

叉车操作是特殊工种作业，必须持证上岗。操作训练步骤主要分为以下 3 步：

（1）起步、直线行驶（进退）。

（2）叉车“8”字桩训练（按线行驶）。

（3）叉车“工”字桩训练。

三、叉车驾驶训练的安全操作规程

叉车驾驶训练是一种带有危险性的生产作业。为了车辆和人员的安全，需严格遵守安全操作规程。

（1）驾驶员须了解车辆的构造和性能，熟悉操作方法和保养要求，经过专业培训，并经有关部门考核合格，发给合格证，方准单独操作。严禁无证驾驶，实习驾驶员须有持证驾驶员随车教练，不能单独操作。

（2）严禁酒后驾驶，行驶中不得吸烟、饮食。

（3）在车辆发动前，应严格进行出车前检查，确认完好，方可发动，严禁带病出车。

（4）起步时要查看周围有无人员和障碍物，然后鸣笛起步。在厂区内行驶时不得超过

10km/h，倒车或进出库房时要边驾驶边观望，注意左右，时速不宜超过 3km/h，防止碰擦墙角和人员，必要时应有人指挥。

（5）叉车不得对着人叉货，叉货时要空档拉驻车制动器进行作业，货物上不得站、坐他人。

（6）除驾驶室内，车辆的其他部分严禁载人。

（7）听从指挥，按照规定的顺序练车，正确驾驶车辆。

（8）作业完毕或休息时，应将车辆停放在较平坦或安全的地点，但不得妨碍交通，影响他人作业。

（9）除操练人员和教练员外，任何人不得进入训练场地。

（10）在训练时间内，教练员不得离开场地，需要暂时离开的，要有其他教练员顶替或停止训练。

能力培养与训练

1. 实训步骤

（1）叉车结构认识及车辆维护能力训练。

1）认识叉车的主要零部件。

2）根据日常维护的内容对叉车进行检查。

3）根据检查结果进行维护。看是否需要添加燃油、机油和冷却水，是否需要给轮胎加气，是否需要调整传动带松紧度，是否需要调紧外露螺栓松紧度等。

（2）起步、直线行驶（进退）能力训练。

1）训练把握转向盘、离合器踏板、制动踏板的操作方法。

2）训练起步、停车的操作方法。

（3）叉车“8”字桩（按线行驶）能力训练。

1）出入车库。

2）前进“8”字，后退“8”字。

3）时间要求：从原车库出发，完成“8”字进退，回到原车库，规定在 4min 内完成。

（4）叉车“工”字桩能力训练。

1）练习叉货。

2）搬货过桩。

3）时间要求：在 3min 内完成全过程。

2. 实训注意事项

（1）教学人员配套：教练员要持有叉车驾驶资格证及教练证。

（2）车辆的配套：8 人/车。

（3）场地的配套：要有一个单独的、地面有标准训练画线的场地。

（4）货板的配套：每台车要有两个货板。

3. 实训评价

叉车结构认识及维护能力评价评分表见表 8-3。

表 8-3　叉车结构认识及维护能力评价评分表

学习任务	叉车结构认识及维护能力				
学习地点		日期			
评分标准	具体内容	分值/分	师评	互评	总分
	能够正确说出叉车主要零部件的名称	25			
	正确检查燃油存量、机油存量、冷却水存量	25			
	正确检查轮胎气压、传动带松紧度	25			
	正确检查外露螺栓松紧度等	25			
合计		100			

注：考评满分为 100 分，60～69 分为及格；70～79 分为中；80～89 分为良好；90 分以上为优秀。

叉车起步、直线行驶（进退）能力评价评分表见表 8-4。

表 8-4　叉车起步、直线行驶（进退）能力评价评分表

学习任务	起步、直线行驶（进退）				
学习地点		日期			
评分标准	具体内容	分值/分	师评	互评	总分
	熟练掌握转向盘、离合器踏板、制动踏板的操作方法	30			
	熟练掌握起步、停车的操作要领	30			
	熟练驾驶车辆直线行走（进退）	40			
合计		100			

注：考评满分为 100 分，60～69 分为及格；70～79 分为中；80～89 分为良好；90 分以上为优秀。

叉车“8”字桩（按线行驶）、“工”字桩能力训练评价评分表见表 8-5 和表 8-6。

表 8-5　叉车“8”字桩（按线行驶）能力训练评价评分表

学习任务	“8”字桩训练				
学习地点		日期			
评分标准	具体内容	分值/分	师评	互评	总分
	按规定线路行驶	30			
	轮胎不压线	40			
	在规定时间内完成	30			
合计		100			

注：考评满分为 100 分，60～69 分为及格；70～79 分为中；80～89 分为良好；90 分以上为优秀。

表 8-6　“工”字桩能力训练评价评分表

学习任务	“工”字桩训练				
学习地点		日期			
评分标准	具体内容	分值/分	师评	互评	总分
	按规定线路行驶	30			
	轮胎不压线	40			
	在规定时间内完成	30			
合计		100			

注：考评满分为 100 分，60～69 分为及格；70～79 分为中；80～89 分为良好；90 分以上为优秀。

4．实训活动建议

（1）该项技能训练需要单独安排时间进行。

（2）电瓶式叉车和堆垛机已被日益广泛采用。建议有条件的学校进行电瓶式叉车和堆垛机操作技能训练。

第九单元　仓库安全管理作业

所谓仓库安全管理，是指要确保仓库物资的安全和仓库作业人员的安全。稍有疏忽，可能会带来巨大的损失。仓库安全管理作业技能训练主要包括仓库消防安全、安全作业、劳动保护、防盗等方面的技能训练。

本单元内容包括消防基本知识、消防器材的使用、仓库安全作业和防盗的基本知识。仓库安全作业包括机械安全作业、危险品安全作业、电气设备安全作业和7S管理等。

任务一　仓库消防器材使用业务能力训练

任务情境

鸿基物流公司纸制品仓库及服装仓库起火，员工迅速去取消防器材准备灭火。

任务目标

通过训练，让学生掌握正确选择消防器材和使用消防器材的技能。

任务准备

（1）学生每5人为一组，每组选定一名组长。

（2）泡沫灭火器、二氧化碳灭火器、干粉灭火器、1211灭火器各5个；消防水带1条、水枪1支；铁桶5个，打火机5个；纸类燃烧物、浸柴油的棉纱若干。

（3）教师带队，现场指导。

（4）训练时间安排：4学时。

知识储备

一、火灾的种类

火灾分为5类，根据类别的不同应使用相应的灭火器材。

（1）一类火灾：普通固体可燃物质，如木材、棉毛、麻和纸类等燃烧引起的火灾。针对这类火灾，水是最好的灭火剂，此外，还可用泡沫、干粉和卤代烷灭火器进行灭火。

（2）二类火灾：易燃液体或液化固体，如油类、溶剂、石油制品和涂料等物品所引发的火灾。针对这类火灾，通常使用二氧化碳、干粉、卤代烷和泡沫等灭火器进行灭火。

（3）三类火灾：可燃烧气体，如煤气、天然气和甲烷等燃烧引起的火灾。针对这类火灾，可用二氧化碳、干粉和卤代烷等灭火器进行灭火。

（4）四类火灾：可燃的活泼金属，如钾、钠、镁和磷等金属燃烧引起的火灾，可用干沙式铸铁粉末，也可用不同的专用灭火剂进行灭火。

（5）五类火灾：带电物体燃烧引起的火灾，可用二氧化碳、干粉和卤代烷灭火器进行灭火，禁止用水。

二、灭火的方法

1. 隔离法

隔离法指将已经燃烧起来的物料与周围环境和其他可燃物隔离，或将周围其他可燃物移开，将其限制在一定的范围内，火势会因缺少可燃物而停止，不至于蔓延扩大而造成更大的损失。

采取隔离灭火法的具体措施有：将火源附近的可燃、易燃、易爆和助燃物质，从燃烧区内转移到安全地点；关闭阀门，阻止气体、液体流入燃烧区；排出生产装置、设备容器内的可燃气体或液体；设法阻拦流散的易燃、可燃液体或扩散的可燃气体；拆除与火源相毗连的易燃建筑结构，构成防止火势蔓延的空间地带；用水流封闭或用爆炸等方法扑救油气井喷火灾；采用泥土、黄沙筑堤等方法，阻止流淌的可燃液体流向燃烧点。

2. 窒息法

窒息法的原理是阻止空气流向燃烧区或已燃烧的物体，使燃烧区或燃烧物周围空气中氧的含量降至最低。这样，可以使燃烧区或燃烧物由于得不到足够的氧气而无法继续燃烧，从而达到灭火的目的。这种灭火方法适于扑救一些封闭式的空间和生产设备装置的火灾。在火场上运用窒息的方法扑灭火灾时，可采用石棉布、浸湿的棉被、湿帆布等不燃或难燃材料，覆盖燃烧物或封闭孔洞；将水蒸气、惰性气体（如二氧化碳、氮气等）充入燃烧区域内；利用建筑物上原有的门、窗以及生产设备上的部件封闭燃烧区，阻止新鲜空气进入。

3. 冷却法

冷却法指降低燃烧物或燃烧区的温度，使燃烧物的温度迅速降至燃点以下，这样燃烧物或燃烧区将无法继续燃烧。这是扑救火灾最常用的方法。冷却的方法主要是采取喷水或喷射二氧化碳等其他灭火剂的方法，将燃烧物的温度降到燃点以下。灭火剂在灭火过程中不参与燃烧过程中的化学反应，属于物理灭火法。在火场上，除用冷却法直接扑灭火灾外，在必要的情况下，可用水冷却尚未燃烧的物质，防止其温度达到燃点而起火。还可用水冷却建筑构件、生产装置或容器设备等，以防止它们受热而结构变形，扩大受灾害范围。

4. 化学抑制法

化学抑制法指将灭火剂喷入燃烧区，灭火剂参与到燃烧反应中，通过抑制燃烧反应进而中断燃烧链的正常传递，从而使燃烧反应停止。

采用这种方法可使用的灭火剂有干粉和卤代烷灭火剂及替代产品。灭火时，一定要将足够数量的灭火剂准确地喷在燃烧区内，使灭火剂参与和阻断燃烧反应。否则将起不到抑制燃烧反应的作用，达不到灭火的目的。同时还要采取必要的冷却降温措施，以防复燃。

采用哪种灭火方法实施灭火，应根据燃烧物质的性质、燃烧特点和火场的具体情况，以及消防技术装备的性能进行选择。有些火灾往往需要同时使用几种灭火方法。这就要注意掌握灭火时机，做好协同配合，充分发挥各种灭火剂的效能，迅速有效地扑灭火灾。

小知识

灭火常识

（1）发现火灾，应迅速拨打火警电话119。报警时要讲清起火的详细地址、起火部位、着火物质、火势大小、报警人姓名及电话号码，并派人到路口迎候消防车。

（2）燃气罐着火，要用浸湿的被褥、衣物等捂盖灭火，并迅速关闭阀门。

（3）电器或线路着火，要先切断电源，再用干粉或气体灭火器灭火，不可直接泼水灭火，以防触电或电器爆炸伤人。

（4）救火时不要贸然开门窗，以免空气对流，加速火势蔓延。

三、常见的消防设备及使用方法

常见的消防设备有灭火器、消防水带、水桶和沙池等。

1. 灭火器

灭火器的种类，如图9-1所示。

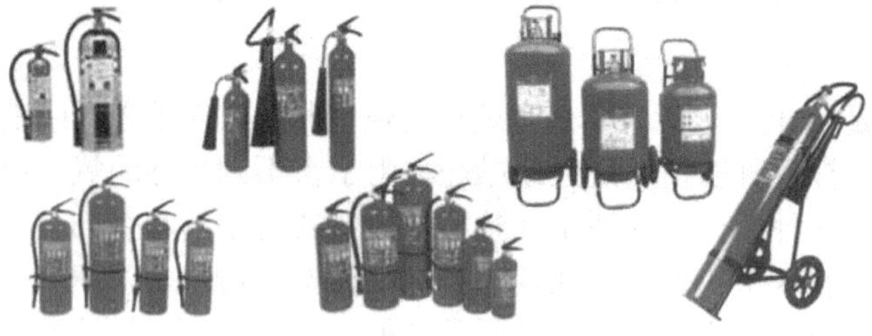

图9-1 灭火器

（1）泡沫灭火器。

1）泡沫灭火的原理。用泡沫来覆盖燃烧物质的表面，以阻止可燃气体的蒸发和空气的进入；泡沫能够吸收热量，使可燃物质表面冷却；泡沫中的水分蒸发成蒸气，可稀释空气中氧气的浓度。

2）适用火灾类型。泡沫最适宜于扑灭油类的火灾，如汽油、柴油和煤油所引起的火灾；也适用于扑救木材、纤维和橡胶等固体可燃物所引起的火灾。因泡沫有导电作用，故不宜扑灭电器引起的火灾。

3）使用方法。

① 右手握着压把，左手托住灭火器底部，轻轻取下灭火器。

② 右手提着灭火器来到现场。

③ 右手捂住喷嘴，左手执筒底边缘。

④ 把灭火器颠倒过来呈垂直状态，用劲上下晃动几下，然后放开喷嘴。

⑤ 右手抓筒耳，左手抓筒底边缘，把喷嘴朝向燃烧区，站在离火源3m的地方兜围喷射，并不断前进，直到把火扑灭。

⑥ 灭火后，把灭火器卧放地上，喷嘴朝下。

（2）二氧化碳灭火器。

1）二氧化碳灭火的原理。二氧化碳是一种惰性气体，不助燃，能置换空气中的氧气来达到窒息火焰的目的，并有较强的冷却作用。空气中二氧化碳的含量若达到30%左右，就会形成一个无失火危险的环境，并可在30～40s内将火熄灭。二氧化碳具有不导电、不腐蚀、无余渣、不会损坏物品、可长期保存而不会变质、随时可用的特点。

2）适用火灾类型。二氧化碳主要适用于各种易燃、可燃液体和气体引发的火灾，还可扑救仪器仪表、图书档案、工艺器皿和低压电器设备等引起的火灾，以及进行办公地点、封闭仓室的灭火。

3）使用方法。

①用右手握着压把。

②用右手提着灭火器来到现场。

③除掉铅封。

④拔掉保险销。

⑤站在距火源2m的地方，左手握住喷管，右手用力压几下压把。

⑥对着火焰根部喷射，并不断推前，直到把火焰扑灭。

（3）干粉灭火器。

1）干粉灭火的原理。利用二氧化碳或氮气做动力，将干粉从喷嘴内喷出，形成一股雾状粉流，射向燃烧物质以灭火。它的优点是不导电、无毒、不腐蚀，有一定的冷却作用。其缺点是干粉用后留有残渣，且会因振动而结实，因潮湿而黏结。

2）适用火灾类型。普通干粉又称BC干粉，用于扑救液体和气体火灾，对固体火灾则不适用。多用干粉又称ABC干粉，可用于扑救固体、液体和气体火灾，对于扑灭三类（气体）火灾特别有效。

3）使用方法。

①右手握着压把，左手托住灭火器底部，轻轻取下灭火器。

②把灭火器摇动数次，使瓶内干粉松散。

③除掉铅封，拔下保险销。

④左手握着喷管，右手提着压把。

⑤在距火焰2m的地方，对准火焰根部，右手用力压几下压把，左手拿着喷管左右摆动，喷射粉剂覆盖整个燃烧区。

⑥在灭火过程中，应始终保持直立状态，不得横卧或颠倒使用。

（4）1211灭火器。

1）1211灭火原理。1211是一种甲烷的卤代物，具有较好的热稳定性和化学惰性，久贮不变质，毒性很小，对钢、铜和铝等常用金属的腐蚀作用小，且由于灭火时是液化气体，所以灭火后不留痕迹，不污染物品，灭火效率高，绝缘性能良好。但由于它对大气臭氧层有破坏作用，在非必须使用场所一律不准配置1211灭火器。

2）适用火灾类型。它适用于电器设备、各种装饰物、精密仪器、文物、图书和档案等贵重物品的火灾扑救。

3）使用方法。

①右手握着压把，左手托住灭火器底部，轻轻取下灭火器。

想一想

储存液化气体的仓库，应配备什么样的灭火器？

② 右手提着灭火器来到现场。

③ 除掉铅封。

④ 拔掉保险销。

⑤ 左手握着喷管，右手提着压把。

⑥ 在距火焰 2m 的地方，右手用力压几下压把，左手拿着喷管左右摆动，使喷射出的粉剂覆盖整个燃烧区。

小知识

灭火器上字母的含义

我国国家标准规定，灭火器型号应以汉语拼音大写字母和阿拉伯数字标于筒体，如“MF2”等，其中第一个字母 M 代表灭火器，第二个字母 F 代表灭火剂的类型，后面的阿拉伯数字 2 代表灭火剂的重量或容积，一般单位为千克或升。

各字母代表的含义是：F——干粉灭火剂，FL——磷铵干粉灭火剂，T——二氧化碳灭火剂，Y——卤代烷灭火剂，P——泡沫灭火剂，QP——轻水泡沫灭火剂，SQ——清水灭火剂。

2. 消防水带（见图 9-2）

图 9-2 消防水带

（1）消防水带的灭火原理：水能吸收大量的热，降低燃烧的温度，是一种良好的冷却剂。水灭火主要用于一类火灾，除了电器火灾，油和轻于水的、不溶于水的液体、硫酸、硝酸和盐酸外，其他火灾都可以用水扑灭，例如：纸类、纺织品、木材、粮食和煤炭等普通物资火灾的扑救。

用水灭火的优点是方便、水资源丰富且价廉，但水易导电和损坏货物，故水不宜扑救电器、精密仪器、贵重文物等的火灾。

（2）使用消防水带的注意事项：

1）消防水带只用于消防输水，不可移作别用。

2）消防水带用后要晾干才可储存。

3）消防水带接上消防栓后，水带不可有扭结。

4）每一个消防水带应配一支水枪和必要的接头。

能力培养与训练

1. 实训步骤

（1）根据老师给定模拟的火源情况选择合适的灭火方法。

（2）正确选择扑灭纸制品火灾的灭火器种类，并操作灭火器进行模拟灭火。

（3）正确选择扑灭服装火灾的灭火器种类，并操作灭火器进行模拟灭火。

（4）使用消防水带灭火。

1）打开消防柜，取出消防水带，完全展开消防水带（不允许水带有扭结），用接头将水带的一端与消防水栓连接，将水枪固定在水带的另一端。

2）在铁桶内放置一些纸类，并点燃。

3）一人接通消防水栓的开关，一人打开水枪开关，对准模拟火焰灭火。

2. 实训练习

使用灭火器进行实地灭火训练：

1）在铁桶内放置浸了柴油的棉纱，并点燃。

2）分别使用泡沫灭火器、二氧化碳灭火器、干粉灭火器和 1211 灭火器模拟灭火。

3. 实训注意事项

（1）实地灭火训练应在室外露天进行。

（2）点火时要注意安全，可用打火机先点燃一卷纸条，再将纸条扔入铁桶内点燃桶内物品。避免用打火机直接点燃桶内物品，以避免火焰上窜灼伤点火者。点火最好由指导教师操作。

（3）铁桶周围 3m 以内不要站人（除灭火者外）。

（4）在灭火训练现场，必须有指导教师在场。

（5）训练完毕，彻底清理现场，不能留下火患。

4. 实训评价

消防器材使用能力评价评分表见表 9-1。

表 9-1　消防器材使用能力评价评分表

学习任务	消防器材使用				
学习地点		日期			
评分标准	具体内容	分值/分	师评	互评	总分
	能根据火源情况，判断应该使用何种灭火器材	30			
	正确操作泡沫灭火器	10			
	正确操作二氧化碳灭火器	10			
	正确操作干粉灭火器	10			
	正确操作 1211 灭火器	10			
	正确操作消防水带	20			
	遵守安全操作规定	10			
合计		100			

注：考评满分为 100 分，60～69 分为及格；70～79 分为中；80～89 分为良好；90 分以上为优秀。

5. 实训活动建议

（1）若条件允许，可选择多种灭火器材进行训练。

（2）若不具备实物训练的条件，可使用过期消防器材进行演示，配合多媒体演示，也可取得一定的教学效果。

任务二

仓库防火检查业务能力训练

任务情境

南方物流公司在消防安全检查月活动中，对仓库的消防情况进行了一次全面的检查。检查发现：仓库的走火通道上停放了5辆员工上下班的摩托车，有两个灭火器的内容物过期，有一个灭火器喷嘴脱落，还有一个消防栓没有水带，一个消防水带少了一个接头。该公司马上对此进行了整改。

任务目标

通过训练，让学生掌握仓库防火检查业务的技能，正确找出火灾隐患，并采用恰当的措施消除隐患。

任务准备

（1）学生每5人为一组，每组选定一名组长。

（2）器具准备：浸油棉纱数团（用于设置消防隐患）；齐全有效的灭火器数个，内容物过期的灭火器数个；消防水带两套。

（3）教师带队，现场指导。

（4）训练时间安排：4学时。

知识储备

一、燃烧的条件

（1）可燃物质：不论是固体、液体还是气体，凡能与空气中的氧或其他氧化剂起剧烈反应的物质，一般都可称为可燃物质。

（2）助燃物质：凡能帮助燃烧和支持燃烧的物质都可称为助燃物质，如氧气、空气和其他氧化剂。

（3）火源：凡能引起可燃物质燃烧的能源都叫火源。

以上3个条件必须同时具备，燃烧才能发生。缺少其中任何一个条件，燃烧都不能发生。一切防火措施，都是为了防止燃烧的3个条件同时出现。一切灭火措施都是为了最大限度地破坏已经产生的燃烧条件。

二、引起仓库火灾的火源

1. 直接火源

（1）明火：明火是指露在外面的火焰，如火柴、打火机的火焰，香烟头火，火星，摩擦、撞击的火花，燃红的电热丝等。

（2）电火花：当电路开启、切断或电气保险丝熔断以及电线短路时容易产生电火花。

（3）雷击：雷击是瞬时间的高压放电，能引起被命中的可燃物质燃烧。

2. 间接火源

（1）加热自燃起火：由于外部热源的作用，把可燃物质加热到燃烧的温度从而起火。例如由于摩擦撞击的作用而发热起火，尤其是危险品之间的摩擦撞击极易起火；又如某些化学反应放热，使靠近它的可燃物起火等。

（2）本身自燃起火：本身自燃起火是指在无明火、无外来热源的条件下，物质本身自行发热，燃烧起火。例如黄磷能在常温下与空气剧烈氧化和分解，引起自燃；金属钠、钾等与水接触时，能自燃起火。

三、防火措施

1. 仓库防火措施

1）健全防火组织和消防制度。各个库房、料棚和货场要有专人负责消防。

2）灭火设施要齐备。灭火器、水源和消防沙包要随时处于良好的使用状态。

3）定期对全体职工进行消防培训。人人熟悉消防知识和灭火工具的使用。

4）库内严禁使用明火。

5）经常检查库内的电器设备和线路，并及时维修。

2. 库存危险品防火要点

（1）防止明火引起的火灾。禁止把火种带入库区，严禁在库区、货区吸烟。当金属容器进行焊接时，必须在库房外指定的安全地带操作。

（2）防止摩擦和冲击引起的火灾。在搬运装有易燃、易爆危险品的金属容器时，严禁滚、摔或拖拉，以防止商品之间的相互撞击、摩擦发生火花；同时不得使用能够产生火花的工具开启容器；进入库房内的任何工作人员，都不能穿带铁钉的鞋，以防铁钉与地面摩擦产生火花。

（3）防止电器设备引起的火灾。装卸搬运易燃、易爆的危险品所使用的电瓶车、电动吊车、电动叉车以及库房内电源线路和其他电器设备，必须采用防爆式，并在工作结束后立即切断电源。

（4）防止化学能引起的火灾。浸油的纱布、抹布等不得放置在库房内，以防自燃。

（5）防止日光聚集引起的火灾。用玻璃容器盛装的可燃、易燃液体，在露天搬运和储放时，应防止太阳聚光而引起的燃烧；易燃、易爆商品的库房窗玻璃应涂以浅色油漆，防止日光照射商品；装有压缩或液化气体的钢瓶、装有低沸点易燃液体的铁桶容器、易燃易爆的商品以及受热容易蒸发汽化的商品，都不得暴晒。

四、仓库消防设置

1. 灭火器

（1）灭火器的配置。

1）灭火器配置数量。仓库配置灭火器时，应按每 $100m^2$ 配置一个计算，每栋库房不得少于 2 个。

2）灭火器存放位置。灭火器应悬挂在仓库外面的墙上，离地面高度不超过 1.5m，并要远离取暖设备，防止阳光直射。灭火器可存放于灭火器箱内，达到被保护和美观的目的。

3）灭火器配置种类。只有不同的场所配置不同的灭火器，才能发挥灭火器最大的灭火效能和经济效益。不同场所选用灭火器配置种类如下。

①精密仪器和贵重设备场所。灭火剂的残渍会损坏设备，忌用水和干粉灭火剂，应选用气体灭火器。

②贵重书籍和档案资料场所。为了避免水渍损失，忌用水灭火，应选用干粉灭火器或气体灭火器。

③电器设备场所。热胀冷缩可能引起设备破裂，故忌用水灭火，应选用绝缘性能较好的气体灭火器或干粉灭火器。

④高温设备场所。热胀冷缩可能引起设备破裂，故忌用水灭火，应选用干粉灭火器或气体灭火器。

⑤化学危险物品场所。有些灭火剂可能与某些化学物品起化学反应，有导致火灾扩大的可能，故应选用与化学物品不起化学反应的灭火器。

⑥可燃气体场所。有可能出现气体泄漏而引起的火灾，应选用扑灭可燃气体灭火效果较好的干粉、二氧化碳等灭火器。

（2）灭火器的检查保养。

1）半年检查一次灭火器，1～2 年更换一次灭火器。

2）灭火器的喷嘴要经常疏通，或套以纸罩，以防尘土、污物的堵塞，大型灭火器的皮管要经常检查，以防止昆虫和污物的侵入。

3）放置在露天的灭火器应避免暴晒、雨淋，灭火器不能挂在高温的地方，以防灭火剂和水分的自然蒸发。

4）为防止灭火器内结冰，当气温低于 5℃时，应用棉絮或其他保暖材料覆盖，但要露出喷嘴。

（3）灭火器的报废年限。灭火器是有使用期限的，超出使用期限失去效应的灭火器没有灭火作用。从出厂日期算起，达到如下年限的必须报废。

1）手提式化学泡沫灭火器——5 年。

2）手提式酸碱灭火器——5 年。

3）手提式清水灭火器——6 年。

4）手提式干粉灭火器（贮气瓶式）——8 年。

5）手提贮压式干粉灭火器——10 年。

6）手提式 1211 灭火器——10 年。

7）手提式二氧化碳灭火器——12 年。

8）推车式化学泡沫灭火器——8 年。

9）推车式干粉灭火器（贮气瓶式）——10 年。

10）推车贮压式干粉灭火器——12 年。

11）推车式 1211 灭火器——10 年。

12）推车式二氧化碳灭火器——12 年。

报废的灭火器或贮气瓶，必须在筒身或瓶体上打孔，并且用不干胶贴上“报废”的明显标志。标志内容如下：“报废”二字，字体最小为 25mm×25mm；报废年、月；维修单位名称；检验员签章。灭火器每年至少应进行一次维护检查。

2. 消防水桶

消防水桶应做成尖底，漆以红色，按仓库面积每 $50m^2$ 至少配备一个，一般独立的库房至少配备 4 个，挂在出入口外墙明显处，如图 9-3 所示。无论有无消防水道，在每个仓库附近，要配置一定数量的大水桶。在储存液体燃料的仓库附近，必须配沙子，用木箱式桶盛装，容器漆以红色。

3. 消火栓箱

消火栓箱是由箱体、室内消火栓、水带、水枪及电器设备等消防器材组成的箱状固定消防装置，具有给水、灭火、控制和报警等功能，如图 9-4 所示。它适用于室内消防系统的厂房、库房、高层建筑和民用住宅等。

图 9-3 消防水桶

图 9-4 消火栓箱

4. 防火墙

在设计仓库时应考虑防火墙的设计。其厚度要考虑到发生火灾时的烘烤时间，其高度应超出屋顶。

5. 防火隔离带

在库房、料棚和货场内留出足够的防火隔离带，且防火带内严禁临时存放可燃物料。

6. 防火门

防火门是用耐火材料制成的，万一某一库房起火，扑救不及，可关闭该库房的防火密封门，以防火势蔓延到另一库房，如图 9-5 所示。

7. 消防应急灯

消防应急灯包括消防应急照明灯（见图 9-6）、消防应急疏散灯和消防应急标志灯。消防应急灯通常具备三大功能系统：①消防工作照明功能系统。一般设置在发电配电房、消防泵房、消防控制中心和通信中心等重要场所，其应急工作时间不应低于 90min，并满足正常工作照度要求。②消防疏散功能系统。一般设置于公共走道及竖向楼梯间，其应急工作时间不应低于 90min。③应急疏散标识功能系统。一般安装于商场、影院等人员密集的大型公共场所的公共走道及竖向楼梯中，通常位于地面或距地面 1m 以下，其应急工作时间不低于 90min。

8. 消防应急包

消防应急包包含几种常用的灭火和逃生用具。通常有应急包箱 1 个、灭火器 1 个、自救呼吸器（防毒面罩）1 具、防水探照灯 1 个、逃生绳 1 条、不锈钢挂钩 1 个、腰斧 1 把。还可根据需要配置。

图 9-5　防火门

图 9-6　消防应急照明灯

9. 安全出口

安全出口是指供人员安全疏散用的房间门、楼梯或直通室外地平面的门。

10. 电及电器设备安全装置

电器设备要配备过载保护、自动开关；高压线路经过的地方，必须有安全设施和警告标识；电工操作时要严格遵守安全操作规程，防止触电和人身伤亡事故；高大建筑物和危险品库房要设有避雷装置，以避免雷击引起火灾。

能力培养与训练

1. 实训步骤

（1）检查仓库消防安全，找出消防隐患。

（2）检查仓库的消防设施是否齐全有效。

（3）根据检查情况对仓库的消防工作提出整改意见。

2. 实训注意事项

巡查时要注意安全，要戴安全帽，穿密封的运动鞋或布鞋，不能穿凉鞋或拖鞋。

3. 实训评价

仓库防火检查能力评价评分表见表 9-2。

表 9-2　仓库防火检查能力评价评分表

学习任务	仓库防火检查能力				
学习地点		日期			
评分标准	具体内容	分值/分	师评	互评	总分
	能够查出仓库内的消防隐患	35			
	正确检查仓库的消防设施是否齐全有效	35			
	能够根据检查情况对仓库的消防工作提出整改意见	30			
合计		100			

注：考评满分为 100 分，60～69 分为及格；70～79 分为中；80～89 分为良好；90 分以上为优秀。

4. 实训活动建议

该训练可以安排在仓库实地进行，也可以安排在实训室设置情景进行，实地训练条件暂不具备的可以通过录像进行训练。

任务三

仓库防盗能力训练

任务情境

2017 年 3 月 28 日，鸿基公司员工下班后，因疏于防范失窃了一批汽车零配件，损失金额达数十万元。事后，公司有关部门对仓库防盗设施进行了全面的检查，并完善了相关制度。

任务目标

通过训练，让学生了解仓库防盗的基本知识、工作制度以及相关表格的填写。

任务准备

（1）学生每 5 人为一组，每组选定一名组长。

（2）门卫放行登记表每组 1 张、仓库巡查表每人 1 张、值班交接班表每人 1 张。

（3）教师带队，现场指导。

（4）训练时间安排：2 学时。

知识储备

仓库必须健全各项安全制度，配备必要的防盗设施。

一、健全安全保卫制度

1. 门卫制度

（1）检查进、出仓库的车辆、人员及物资。

（2）凭进、出仓库的有效凭证放行。

（3）门卫室内，不准搞娱乐活动，非值班门卫人员不得长期滞留门卫室，以免分散值班人员精力。

（4）外来车辆入库停宿，必须经主管领导批准。

（5）门卫室及周围不准寄放任何物品，以保证出入畅通。

（6）门卫值班人员对出入本库的物品，应严格进行清点登记，并收妥有关凭证或证明。

2. 执勤制度

（1）建立值班制度，必须保证每天 24h 均有人值班。

（2）仓库应组织巡逻，巡逻的时间和路线不要固定。

（3）加强夜间值班和夜间巡逻。

（4）巡逻人员应主动与值班人员协调一致，发现问题时，立即采取门卫堵卡和内部清查双管齐下的措施，及时查处。

（5）巡逻人员要认真履行职责，对巡逻结果应做好书面记录，内容有：巡逻的时间、线路、目标，发现的问题及处理结果等。

（6）重要的仓库及危险品仓库还须配备武装警卫人员。

3. 交接班制度

（1）值班人员必须遵照规定的轮班表值班，不得擅自调班或离岗。

（2）接班人应提前15min到岗，如接班人员没到岗，交接人员须坚守岗位，并报有关领导，当发生故障或正处理、责任不清时，禁止交接。

（3）交接人员必须按要求填写好交接记录，并做到认真、准确、整齐无缺。

（4）交接班的内容一律以所填写的交接班记录和现场交接清楚为准。凡应交代的事项均由交班者负责；凡没有接清楚的事项，则由接班者负责；双方如果都未履行交接手续内容，双方都应负责。

二、配备必要的防盗设施

（1）配备符合安全要求的、合格的门、窗和锁。

（2）若条件许可，尽量安装防盗监视、自动报警等设备。

三、仓库安全作业管理

1. 健全各种安全管理制度并严格执行

（1）安全生产责任制度。

（2）安全操作规程。

（3）例行检查制度。

（4）工伤事故报告制度等。

2. 加强劳动安全保护

（1）遵守劳动法，保证员工有足够的休息时间。

（2）提供合适和足够的劳动保护用品，如工作鞋、安全帽、手套和工作服等。

3. 加强对员工的安全培训

（1）通过学习和宣传，加强员工的安全意识。

（2）通过培训，确保员工熟练掌握本岗位的安全操作技能和规范。

（3）通过培训，确保员工熟练掌握灭火器材的使用。

4. 机械作业安全

（1）操作各种仓储机械操作如叉车、起重机等，必须持证上岗。

（2）吊运物的下方严禁任何人站立。

（3）各种仓储机械必须定期检修，消除安全隐患。

5. 危险品作业安全

（1）根据不同的危险特性，穿戴相应的防护装备，如防护眼镜、防毒面罩、防护服、防护手套和防护鞋等。

（2）在进行危险品作业时，要轻吊轻放，防止撞击、摩擦和

> **想一想**
>
> 什么是危险品？

震动；桶装液体物品在卸车下垛时，不宜用跳板直接滚动溜放，应在车、垛之下垫以轮胎或其他松软物，予以缓冲，严格按照包装标识的要求操作。当包装破漏损坏时，须移至安全地带整修复原，当危险品洒落地面、车上时，应及时清除。

（3）在操作危险品时，不得饮食、吸烟。工作完毕后根据危险品性质和工作情况，及时洗手、洗脸、漱口或淋浴。当操作毒害品时，必须保持现场空气流通，如果发现头晕等中毒现象，应立即到新鲜的空气中休息，脱去防护用具，清洗皮肤沾染部分，重者送医院诊治。

能力培养与训练

1. 实训步骤

（1）巡查仓库，检查门、窗和锁是否符合要求（事先设置一些防盗隐患，如某一个窗户没关好，某一道门没锁好等）。

（2）填写门卫放行登记表，见表 9-3。

表 9-3　门卫放行登记表

日期	提货单位	提货内容摘要	提货人签名	备注

（3）填写仓库巡查表，见表 9-4。

表 9-4　仓库巡查表

日期	区域	巡查情况	检查人	备注

（4）填写交接班记录表，见表 9-5。

表 9-5　交接班记录表

交接班记录
交班人员（签名）：　　　　接班人员（签名）：　　　　日期： （以下由交班人员填写） 1. 值班期间巡查情况   2. 值班期间防盗设备情况

2. 实训评价

仓库防盗能力评价评分表，见表9-6。

表9-6 仓库防盗能力评价评分表

学习任务	仓库防盗能力				
学习地点		日期			
评分标准	具体内容	分值/分	师评	互评	总分
	能发现仓库防盗隐患并提出整改措施	25			
	正确填写门卫放行登记表	25			
	正确填写仓库巡查表	25			
	正确填写交接班记录表	25			
合计		100			

注：考评满分为100分，60～69分为及格；70～79分为中；80～89分为良好；90分以上为优秀。

任务四

仓库7S管理能力训练

任务情境

基鸿公司仓库主管发现仓库内仪容不整的工作人员随处可见；搬运设备、工具等摆放随意，甚至挡住通道；不合格品散乱堆码；设备维修频繁，为此，决定在仓库全面实施7S管理制度，要求仓库全体工作人员严格执行仓库7S管理。

任务目标

通过训练，让学生了解7S管理的基本知识，能够根据7S管理要求执行仓库7S管理。

任务准备

（1）学生每5人为一组，每组选定一名组长。

（2）每小组带好清扫工具，以小组为单位执行。

（3）教师带队，现场指导。

（4）训练时间安排：4学时。

知识储备

一、7S基础知识

1. 7S的起源

7S起源于日本。1955年，管理宣传口号为“安全始于整理，终于整理整顿”。当时只推行了5S中的前两个S，仅为了确保作业空间和安全。后因生产和品质控制的需要又逐步提出了3S，也就是清扫、清洁、修养。1986年，日本有关5S的著作逐渐增多，从而对整个现场管理模式起到了冲击的作用，并由此掀起了 5S 的热潮。7S 是在 5S 的基础上完善而来的，在 5S 的基础上加上了“安全”和“节约”。

2. 7S 的含义

7S 是对领导决策能力的检验，是对干部管理能力的检验，是对员工执行力的检验，是锻炼人格、养成好习惯、把不良习惯变成好习惯的工具。

7S 是日文 SEIRI（整理）、SEITON（整顿）、SEISO（清扫）、SEIKETSU（清洁）、SHITSUKE（素养）、SECURITY（安全）、SAVE（节约）这七个单词的首字母组合，所以统称为“7S”。

3. 7S 的内容

（1）整理（SEIRI）——将工作场所的任何物品区分为有必要的和没有必要的，除了有必要的留下来，其他的都消除掉。

（2）整顿（SEITON）——把留下来的必要物品依规定位置摆放，放置整齐并加以标识。

（3）清扫（SEISO）——将工作场所内看得见与看不见的地方清扫干净，保持工作场所干净、亮丽。

（4）清洁（SEIKETSU）——将整理、整顿、清扫进行到底，并且制度化，经常保持环境外在美观的状态。

（5）素养（SHITSUKE）——每位成员养成良好的习惯，并依照规则做事，培养积极主动的精神（也称习惯性）。

（6）安全（SECURITY）——重视成员安全教育，每时每刻都有安全第一的观念，防患于未然。

（7）节约（SAVE）——减少浪费，降低成本。

小知识

7S 记忆口诀

整理：要与不要，一留一弃；整顿：科学布局，取用快捷；
清扫：清除垃圾，美化环境；清洁：形成制度，贯彻到底；
素养：养成习惯，以人为本；安全：安全操作，生命第一；
节约：减少浪费，降低成本。

二、7S 推进重点

1. 整理

（1）目的。

1）改善和增加“空间”。

2）减少作业现场磕磕碰碰事件，以保障安全。

3）清理无用物品，减少误用现象。

（2）区分必需品与非必需品的方法——使用频率确定法，见表 9-7。

表 9-7 区分物品使用频率

使用程度	使用频率	处理方法
低（非必需品）	一年都没有使用过的物品	废弃/变卖
	一年或两个月以上使用一次的物品	暂时存放仓库
中（必需品）	一个月使用一次的物品	工作现场集中摆放
	一个星期使用一次的物品	
高（必须品）	三天使用一次的物品	放在工作现场或随身携带
	一天使用一次的物品	
	每小时都要使用的物品	

（3）处理非必需品的方法——分析法（见图 9-7）。

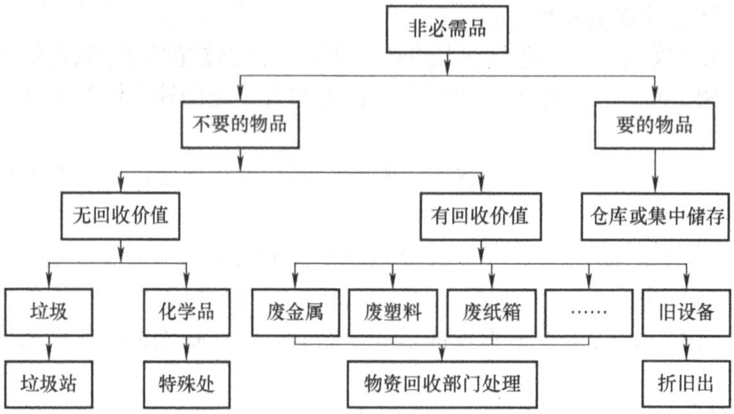

图 9-7 处理非必需品的方法

（4）整理的推进步骤。

第一步：现场检查。

第二步：区分必需品与非必需品。

第三步：清理非必需品。

第四步：非必需品的处理。

第五步：每天循环整理。

2. 整顿

（1）目的。

1）确保工作场所有序化。

2）减少物品寻找时间。

3）确保工作场所一目了然。

（2）整顿的推进重点。

1）彻底地进行整理。

2）确定放置场所。

3）规定放置方法。

4）进行标示设计。

> 小知识
>
> **整顿关键活动**
>
> 分类、定位。
>
> 标示、归位。

（3）整顿推进的步骤。
1）分析现状。
2）物品分类。
3）区域规划。
4）进行标示设计。
5）决定储存方法。
6）整顿实施。

3. 清扫

（1）目的。
1）保持现场干净整洁，创造良好的工作环境，提升士气。
2）保证拿出来的东西立即就能使用。
（2）清扫推进的重点。
1）领导以身作则。
2）全员参与，责任到人（事事有人管）。
3）与机器设备的点检保养工作相结合。
4）寻根究底杜绝一切污染源并建立清扫基准。
5）扫漏、扫异、扫怪。
6）关注“死角”，彻底清扫。
（3）清扫推进的步骤。
1）准备工作。
2）从工作岗位扫除一切垃圾灰尘。
3）清扫点检机器设备。
4）整修在清扫中发现有问题的地方。
5）查明污垢的发生源。
6）实行区域责任制。
7）制定相关清扫基准。

4. 清洁

（1）目的。
1）通过制度化、标准化维持前面3S管理的效果，培养良好的工作习惯。
2）形成卓越的企业文化，提升企业形象。
（2）清洁推进的重点。
1）贯彻7S管理意识，寻找有效的激励方法。
2）坚持不懈。
3）彻底贯彻前3S管理。
4）推行“透明管理”制度。
5）推行形式多样的考核检查。
6）使制度标准化。
7）持续系统的培训。

想一想

在进行7S管理时可以使用哪些方法推进整理、整顿、清扫、清洁的实施？

（3）清洁推进的步骤。
1）维持前3S管理的效果。
2）落实制度化、标准化的过程。
3）不定期检查频率的确定和落实，不断改善并养成习惯。

5. 素养

（1）目的。
1）促使人人有礼貌、重礼节，进而形成优良的风气，创造和谐的团队精神。
2）让每一个员工，从上到下，都能够严格遵守规章制度，培养有良好素质的人才。
3）创造一个充满良好风气的工作场所。
（2）素养活动的内容。
1）遵守公司的规章制度。
2）对待工作认真负责，态度诚恳。
3）在语言和行动上从不伤害他人。
4）体谅他人的难处。
5）注意日常礼貌、问候。
6）多用感谢赞赏的语言。
7）坦诚倾听他人意见。
（3）素养推进的步骤。
1）学习公司的规章制度。
2）理解规章制度。
3）努力遵守规章制度。
4）成为他人榜样。
5）具备良好的素养。

6. 安全

（1）目的。
1）保障员工安全。
2）保证生产系统的正常运行。
3）建立系统的安全管理体制。
4）减少经济损失。
（2）安全实施要领。
1）建立系统的安全管理体制。
2）重视员工的培训教育。
3）实行现场巡视，排除隐患。
4）创造明快、有序、安全的作业环境。
（3）安全管理的步骤。
1）制定现场安全作业基准。
2）规定员工的着装要求。
3）不定期检查。
4）应急措施。

5）日常作业管理。

7. 节约

（1）目的。减少企业的人力、成本、空间、时间、库存、物料消耗等。

（2）措施。

1）全体开展节能降耗活动。

2）采购时注意质量价格比等。

能力培养与训练

1. 实训步骤

（1）整理仓库，区分需要的和不需要的物品，并对不需要的物品进行处理。

（2）对必要的物品进行分门别类，定位置存放并加以标示。

（3）清除仓库的脏污，并保持工作场所干净亮丽。

2. 实训评价

仓库 7S 管理能力评价评分表，见表 9-8。

表 9-8　仓库 7S 管理能力评价评分表

学习任务	仓库 7S 管理能力				
学习地点		日期			
评分标准	具体内容	分值/分	师评	互评	总分
	能区分仓库中必要和不必要物品	25			
	能够对不必要物品进行相应的处理	25			
	能对必要物品进行分类，定点放置并加以标示	25			
	能够清扫仓库并保持	25			
合计		100			

注：考评满分为 100 分，60～69 分为及格；70～79 分为中；80～89 分为良好；90 分以上为优秀。

3. 实训活动建议

7S 管理是一个长期坚持的过程，7S 中的清洁、素养、安全执行情况考核可在后续的课程中进行。若实训场地有限，可以分组讨论、汇报展示后，选择其中一种方案执行。

第十单元　物资出库作业

仓库根据购销业务部门或存货单位开出的物资出库凭证（提货单、调拨单），按其所列物资编号、名称、规格、型号和数量等项目组织物资出库，向提货单位发货等一系列工作就是物资出库业务。

物资出库的主要任务是：所发放的物资必须准确、及时、保质保量地发给收货单位，包装必须完整、牢固，标识正确清楚，核对必须仔细。物资出库是仓储业务过程的最后阶段。

物资出库的过程，如图 10-1 所示。

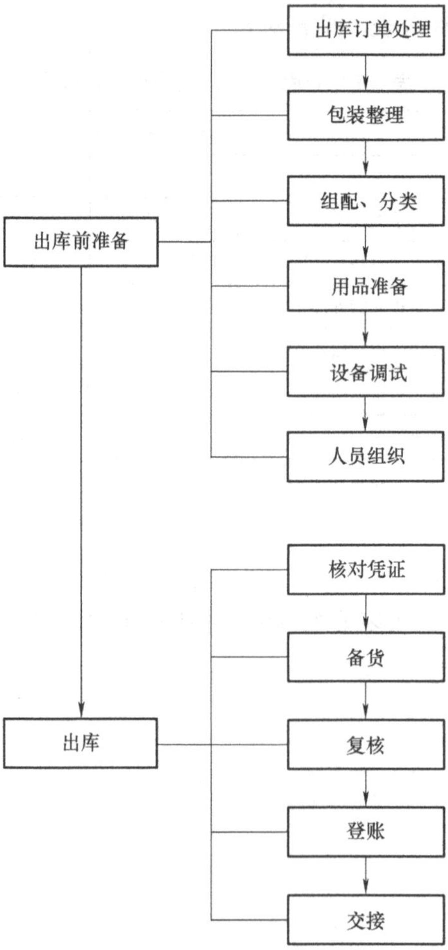

图 10-1　物资出库步骤图

任务一 物资出库准备业务能力训练

任务情境

2016年10月5日，新亚物流有限公司的二号仓库接到连华大型连锁超市的一份出库通知单，客户将于第二天早上自提此批货物，新亚物流有限公司在接到连华超市以传真形式传来的提货单（见表10-1）后，马上组织人员进行商品出库的准备工作。

表10-1 出库通知单

提货单位：连华超市　　　　提货时间：2016年10月5日

序号	货物编码	货物名称	规格型号	单位	数量	备注
1	2012001	海尔彩色电视机	34in	台	500	
2	2012002	华菱电冰箱	242L	台	300	
3	2012003	嘉士利饼干	500g/包	箱	400	
4	2012004	康师傅快食面	150g/碗	箱	1 000	碗装
5	2012005	可口可乐饮料	355mL/瓶	箱	600	
6	2012006	雀巢饮用水	550mL/瓶	箱	400	
7	2012007	美汁源果粒橙	450mL/瓶	箱	800	
8	2012008	立白彩奇洗衣粉	1.7kg/包	包	500	

审核：　　　　记账：　　　　提货人：　　　　制单：

任务目标

严格按照物资出库的要求，准确熟练地做好物资出库前的各项准备工作。

任务准备

（1）学生每5人为一组，每组选定一名组长。
（2）以组为单位完成物资出库准备工作的策划方案。
（3）教师带队，现场指导。
（4）训练时间安排：2学时。

知识储备

一、物资出库的基本要求

1. 严格贯彻“先进先出，推陈出新”的原则

根据物资入库时间的先后，先入库的物资先出库，以确保物资储存的质量。易霉易腐、机

能容易发生退化或老化的物资先出库，接近失效期的物资先出库，变质失效的物资不准出库。

2. 出库凭证和手续必须符合要求

出库凭证的格式不尽相同，但是不论采用何种格式都必须真实、有效。出库凭证不符合要求的，仓库不得擅自发货。特殊情况发货必须符合仓库有关规定。

3. 严格遵守仓库有关出库的各项规章制度

（1）物资出库必须遵守各项规章制度，照章办事。发出物资必须与提货单、领料单或调拨通知单上所列的名称、规格、型号、单价和数量相符合。

（2）未验收的物资以及有问题的物资不得发放出库。

（3）物资入库检验与出库检验的方法应保持一致，以避免人为的库存盈亏。

（4）超过提货单有效期尚未办理提货手续，不得发货。

4. 提高服务品质，满足用户需要

物资出库要求做到及时、准确、保值、保量，防止差错事故的发生。工作尽量一次完成，提高作业效率。为用户提货创造各种便利条件，协助用户解决实际问题。

5. 贯彻“三不”“三核”“五检查”的原则

（1）“三不”，即未接单据不翻账、未经审单不备货、未经复核不出库。

（2）“三核”，即在发货时，要核实凭证、核对账卡、核对实物。

（3）“五检查”，即对单据和实物要进行品名检查、规格检查、包装检查、件数检查、重量检查。

二、物资出库的方式

1. 代办托运

仓库接受客户的委托，先根据客户所开的出库凭证办理出库手续，再通过运输部门把物资发运到需方指定的地方。

代办托运的操作方式：由业务部门事先将发货凭证送到运输部门，运输部门经过制单托运，经运输部门批票或派车派船之后，运输部门委托搬运部门，或使用自有车辆向仓库办理提货手续。

这种物资出库方式常用于内、外贸储运公司所属的仓库和产地以及口岸批发企业所属仓库，是仓库推行优质服务的措施之一。它适用于大宗、长距离的货物运输。

代办拖运方式的特点：代办代提、整批发出，与承运部门直接办理物资交接手续。

2. 送货上门

（1）仓库直接把出库凭证所开列的物资送到收货单位所指定的地方。这种方式多为内、外贸储运公司所属的仓库、大型连锁超市公司配货中心（仓库）和产地、口岸批发企业所属仓库采用。

（2）货主自行给用户送货。这种送货方式的特点：事先来单备货，做好待运准备；承运单位派车到库提货，运送到收货单位，办理交接手续。

3. 客户自提

自提方式是指收货单位或受收货单位委托，持货主开具出库凭证并自备运输工具到仓库直接提货。仓库根据出库凭证发货，交接手续应在仓库内当即办理完毕。这种出库方式被产销地批发企业所属的仓库和储存工业原材料工具等商品的仓库广泛采用。

自提方式的特点：提单下仓，随到随发。自提自运，当面点交划清物资（货物）的责任。

4. 过户、转仓和取样

过户是一种就地划拨的形式。物资虽未出库，但是所有权已从原有货主转移到新的货主。仓库必须根据原有货主开出的正式过户凭证，才能办理过户手续。

货主单位为了业务方便或改变物资储存条件，需要将某批库存商品从甲仓库转移到乙仓库，这就是转仓的出库方式。仓库也必须根据货主单位开出的正式转仓单，才能办理转仓手续。

取样是货主单位根据对物资质量检验、样品陈列等的需要，到仓库领取货样的一种方式，仓库必须根据正式取样凭证才能发给样品，并做好账务记录。

三、物资出库前准备工作的步骤（见图 10-2）

1. 出库订单处理

随着信息技术的发展，出库作业向无纸化发展。无纸化出库作业首先要在物流综合业务平台中新建出库订单，再利用手持终端完成拣货、下架、搬运的操作。

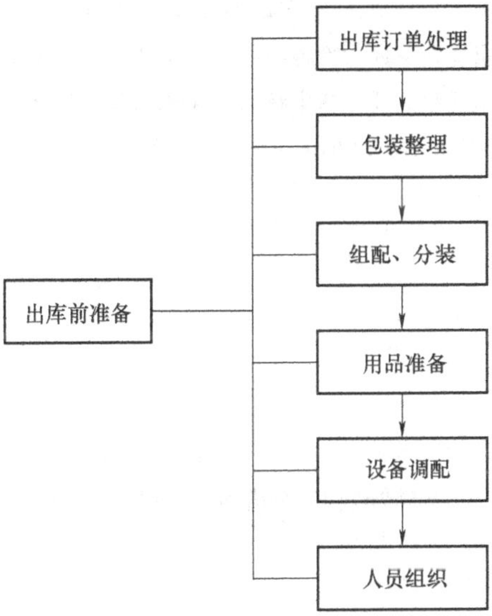

图 10-2　物资出库前准备的步骤

2. 包装整理

物资经多次装卸、堆码、翻仓和拆检，会使部分包装受损。不适宜运输要求的，仓库必须视情况事先进行整理、加固或改换包装。

3. 组配、分装

根据货主需要，有些物资需要拆零后出库，仓库应事先为此做好准备，备足零散物资，以免因临时拆零而延误发货时间；有些物资则需要进行拼箱，为此，应做好挑选、分类、整理和配套等准备工作。

4. 用品准备

对从事装、拼箱或改装业务的仓库，在发货前应根据性质和运输部门的要求，准备各种包装材料及相应的衬垫物，以及刷写包装标识的用具、标签、颜料、钉箱和打包等工具。

5. 设备调配

当物资出库时，应留出必要的理货场地，并准备必要的装卸搬运设备，以便运输人员的提货发运或装箱送箱，及时装载货物，加快发送速度。

6. 人员组织

发货作业是一项涉及人员较多、处理时间较紧、工作量较大的工作，进行合理的人员组织和机械协调安排是完成发货的必要保证。

由于出库作业比较复杂，工作量也较大，事先对出库作业加以合理组织，安排好作业人员和机械，保证各个环节的紧密衔接，是十分必要的。

小知识

保证物资出库准确

（1）要有正式的物资出库凭证为依据，不能以白条发货或欠条代单。

（2）物资出库前应做好准备，并按一定的操作程序进行。

（3）要加强复核工作。从审核出库凭证到最后物资点交，环环复核，做到单货相符、批次不乱、准确点交，避免差错。

能力培养与训练

1. 实训步骤

（1）出库订单处理，打印出库单，移交给仓库管理员。
（2）仓库管理员安排人员选择好发货的货区、货位。
（3）检查出库商品，拆除货垛苫盖物。
（4）安排好出库商品的堆放场地。
（5）安排好人力和机械设备。
（6）准备好包装材料。

2. 实训注意事项

（1）熟悉每个角色的工作职责，严格按训练步骤进行。
（2）一丝不苟，认真做好每个环节的工作。
（3）严格审核出库凭证。
（4）物资出库准备工作方案书要详细、完整。

3. 实训评价

物资出库前准备能力评价评分表，见表10-2。

表 10-2　物资出库前准备能力评价评分表

学习任务	物资出库前准备能力				
学习地点		日期			
评分标准	具体内容	分值/分	师评	互评	总分
	出库订单处理正确	10			
	选择好发货的货区、货位	20			
	安排出库商品的堆放场地	20			
	认真检查出库商品	20			
	妥善安排好人力和机械设备	20			
	准备好包装材料	10			
合计		100			

注：考评满分为 100 分，60～69 分为及格；70～79 分为中；80～89 分为良好；90 分以上为优秀。

4. 实训活动建议

建议学生到企业的仓库进行参观和实习。

任务二　物资出库业务能力训练

任务情境

接任务一【任务情境】。新亚物流有限公司对该批出库商品准备完毕后，连华大型连锁超市的客户按时带着提货单来到公司请求提货，新亚物流有限公司组织人员进行商品出库工作。

任务目标

熟练掌握商品出库作业的一般程序，并能够正确处理商品出库过程中的异常情况和商品出库后的有关问题。

任务准备

（1）学生每 5 人为一组，每组选定一名组长。

（2）以组为单位制定物资出库的工作过程。

（3）教师带队，现场指导。

（4）训练时间安排：4 学时。

知识储备

物资出库的步骤，如图 10-3 所示。

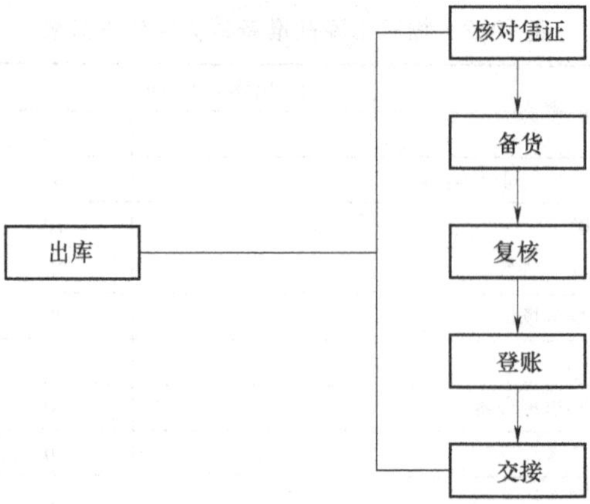

图10-3 物资出库的步骤

一、核对出库凭证

仓库在接到出库凭证后，仓库管理人员要对其进行审核。

（1）审核货主开出的提货单的合法性和真实性。

（2）核对商品的品名、型号、规格、单价和数量。

（3）核对收货单位、到站、开户银行和账号。

凡在证件核对过程中，发现物资名称、规格型号不对的，印鉴不齐全、数量有涂改、手续不符合要求的，均不能发货出库。

二、备货

1. 配货

仓库保管员对商品出库凭证复核无误后，按其所列项目内容和凭证上的批注，与编号的货位对货，核实后进行配货。

（1）销卡：大多数仓库的货卡是悬挂在货垛上的，但也有采用集中保管的，在物资出库时应先销卡、后付货。

（2）理单：根据出库单的货位，按出库单顺序排列，以便迅速找位付货。

（3）核对：在按照货位找到应付货物时，要“以单对卡，以卡对货”，进行单、卡、货三核对。

（4）点数：要仔细点清应付的数量，避免差错。

（5）批注地区代号：在多批物资同时发货需要理货时，为方便下道作业环节，保管员在物资的外包装上还必须批注地区代号。

（6）签单：应付物资按单付讫后，保管员逐笔在出库凭证上签名和批注结存数，前者以明责任，后者供账务员（业务会计）登账时进行账目实数的核对。

2. 理货

理货是针对实行送货制的出库物资，将物资按地区代号搬运到备货区，再进行核对、置唛、复核和待运装车等。

（1）核对：理货员根据货物场地的大小、车辆到库的班次，对到场物资按照车辆配载、地区到站编配分堆，然后对场地分堆的商品进行单货核对，核对工作必须逐车、逐批地进行，以确保单货数量、品唛及去向完全相符。

（2）置唛：做好理货工作，必须准确置唛。实行送货制的出库商品，为方便收货方的收转，理货员必须在应发物资的外包装上刷置“收货单位”简称。置唛应在物资外包装的两头，字迹清楚，不错不漏；复用旧包装，必须除去原有标识；如需粘贴标签，必须粘贴牢固，便于收货方收转。

小知识

备货时的注意事项

（1）按出库凭证所列的项目和数量进行，不得随意变更。

（2）备货计量一般根据商品入库验收单上的数量，不用再重新过磅，对被拆散、零星商品的备货应重新过磅。

（3）备好的货物应放在相应的区域，等待出库。

（4）出库商品应附有质量说明书、抄件、磅码单和装箱单等。

（3）待运装车：在车辆到库装载待运物资时，理货员要亲自在现场监督装载全过程。要按地区到站逐批装车，防止错装、漏装，对于实际装车件数，必须与随车人员一起点交清楚，再将送货通知单和随货同行单证交付随车人员一起送达车站或码头。

三、复核

为避免物资出错，备料后应进行复核，复核的主要内容包括以下几个方面：

（1）物资名称、规格、型号、批次、数量、单价等项目是否同出库凭证所列的内容一致。

（2）机械设备的配件是否齐全，所附证件是否齐备。

（3）外观质量、包装是否完好。

四、包装

为保证物资在装卸搬运途中不受损坏，物资的包装一定要符合以下几个方面的要求：

（1）根据商品的外形特点，选择适宜的包装材料，包装尺寸要便于商品的装卸和搬运。

（2）物资包装要符合运输的要求。

1）包装应牢固，怕潮的商品应垫一层防潮纸，易碎的物资应垫软质衬垫物。

2）包装外要有明显标识标明对装卸搬运的要求，危险品必须严格按规定进行包装，并在包装外部标明危险品的有关标志。在利用旧包装时，应彻底除去原有标识，以免造成标识混乱，导致差错。

3）不同运价的商品应尽量不要包装在一起，以免增加运输成本。

（3）严禁性能抵触、互相影响的商品混合包装。

小知识

商品包装标识刷唛的要求

（1）严格执行国家有关规定。

（2）标识必须简明清晰，易于辨认。

（3）包装上涂刷标识的部位要适当。

（4）制作包装标识应选用固着性能良好的涂料。

（4）包装的容器应与被包装商品体积相适应。

（5）要节约使用包装材料，注意节约代用，修旧利废。

五、刷唛

包装完毕后，在包装上写明收货单位、到站、发货号、本批商品的总包装件数、发货单位等，并在相应的位置印刷或粘贴条码标签。

六、登账

在仓库发货业务中，有先登账后付货和先付货后登账两种做法。

1. 先登账后付货

采用这种方式，核单和登账的环节连在一起，由记账员一次连续完成。

根据出库单登账，除了必须认真核单之外，还可根据仓储账页，在出库单上批注账面结存数，配合保管员付货后核对余数；对于移动货位物资，需随即更正货位，以方便保管员按位找货。这种登账方法，可以配合保管员的付货工作，起到预先把关的作用。

2. 先付货后登账

采用这种方式，在保管员付货后，还要经过复核、放行才能登账。

这种方式要求记账员必须做好出库单、出门证的全面控制和回笼销号工作，防止单证遗失。按照账目日清日结的原则，在登账时，记账员应逐单核对保管员批注的结存数，如与账面结存数不符，应立即通知保管员，查明原因。发现回笼单证中有关人员未签章的，应将原单退回，补办签章手续，再做账务记载。这种登账方法，虽然保管员付货前缺少预先把关的机会，但对于发货频繁、出库单较多的仓库，对提高仓库服务质量、缩短零星客户提货等候时间、充分发挥运输能力等方面来说是可行的。

七、清点交接

出库物资经复核、包装后，要向提货员点交，具体点交的内容主要有以下几个方面：

（1）将出库物资及随行证件向提货人员当面点交。

（2）对重要物资的技术要求、使用方法和注意事项交代清楚。

（3）物资移交清楚后，提货人员应在出库凭证上签名；保管员应做好出库记录。

八、清理

在物资出库后，要对仓库进行清理，具体工作主要有以下几个方面：

（1）清理现场，根据储存规划要求，对货物进行并垛、挪位，腾出新货位，以备新来货物使用。

（2）清扫发货现场，保持清洁整齐。

（3）清查发货设备和工具有无丢失、损坏。

（4）物资发货完毕，要整理物资出入库情况、保管保养情况及盈亏数据等，然后记入档案，妥善保管，以备查用。

九、出库过程中异常情况的处理

1. 出库凭证（提货单）异常

（1）凡出库凭证超过提货期限，用户前来提货，必须先办理手续，按规定缴足逾期仓储保管费后方可发货。任何非正式凭证都不能作为发货凭证。提货时，用户发现规格开错，保管员不得自行调换规格发货。

（2）凡发现出库凭证有疑点，以及发现出库凭证有假冒、复制和涂改等情况，应及时与仓库保卫部门以及出具出库单的单位或部门联系，妥善进行处理。

（3）物资进库未验收，或者期货未进库的出库凭证，一般暂缓发货，并通知货主，待货到并验收后再发货，提货期顺延。

（4）如果发现出库凭证规格开错或印鉴不符，保管员不得自行调换规格发货，必须通过制票员开票方可重新发货。

（5）如果客户因各种原因将出库凭证遗失，客户应及时与仓库发货员和账务人员联系挂失；如果挂失时货已被提走，保管员不承担责任，但要协助货主单位找回商品；如果货还没有提走，经保管员和账务员查实后，做好挂失登记，将原凭证作废，缓期发货。保管员必须时刻警惕，如再有人持作废凭证要求发货，应立即与保卫部门联系处理。

2. 提货数与实存数不符

若出现提货数量与物资实存数不符的情况，一般是实存数小于提货数。造成这种问题的原因主要有以下几个：

（1）如属于入库时记错账，则可以采用“报出报入法”进行调整。

（2）如属于仓库保管员串发、错发而引起的问题，应由仓库方面负责解决库存数与提货数间的差数。

（3）如属于货主单位漏记账而多开提货数，应由货主单位出具新的提货单，重新组织提货和发货。

（4）如果因为仓储过程中产生损耗，需要考虑该损耗是否在合理的范围内，并与货主单位协商解决。合理范围内的损耗，应由货主单位承担；超过合理范围之外的损耗，则由仓储部门负责赔偿。

当遇到提货数量大于实际物资库存数量时，无论是何种原因造成的，都需要和仓库主管部门以及货主单位及时取得联系后再做处理。

3. 串发货和错发货

串发货和错发货主要是指发货人员由于对物资种类规格不熟悉，或者由于工作中的疏漏，把错误规格和数量的物资发出库的情况。

如果物资尚未离库，应立即组织人力，重新发货。如果物资已经离开仓库，保管员应及时向主管部门和货主通报串发货和错发货的品名、规格、数量、提货单位等情况，会同货主单位和运输单位共同协商解决。一般在无直接经济损失的情况下由货主单位重新按实际发货数冲单（票）解决。如果已造成直接经济损失，应按赔偿损失单据冲转调整保管账。

小知识

什么是“报出报入法”？

报出报入法是指先按库存账面数开具物资出库单销账，然后按照实际库存数重新入库登账，并在入库单上签明情况。

案例：错发货导致高额罚款

2017 年，某物流公司仓库由于备货时不够仔细，导致错发商品，将货主计划近期只在 B 地区销售的品种发送至异地，从而打乱了货主的整个营销策略，使货主的预期目标未能实现。根据合同中的有关条款，该物流公司将赔付高达 10 万元的罚款，后经与货主多次协商，对方做出了较大让步。这次事件促使该物流公司仓储部在出库复核环节加强了管理力度。

十、出库后异常问题的处理

（1）在发货出库后，若有用户反映规格混串、数量不符等问题，如确属保管员发货差错，应予纠正、致歉；如不属保管员差错，应耐心向用户解释清楚，请用户另行查找。

凡属易碎物资，发货后用户要求调换的，应以礼相待，婉言谢绝。如果用户要求帮助解决易碎配件，要协助其联系解决。

（2）凡属用户原因，型号规格开错，制票员同意退货，保管员应按入库验收程序重新验收入库。如属包装或产品损坏，保管员不予退货。待修好后，按有关入库质量要求重新入库。

想一想

退货一般按照什么程序进行？

（3）凡属产品的内在质量问题，用户要求退货和换货的，应由质检部门出具检查证明、试验记录，经物资主管部门同意，方可退货或换货。

（4）退货或换货产品必须达到验收入库的标准，否则不能入库。

（5）物资出库后，保管员发现账实（结存数）不符，如果是多发或错发，要派专人及时查找追回以减少损失，不可久拖不决。

能力培养与训练

议一议

如何防止发货的差错？

1．实训步骤

（1）核对有关的出库凭证。

（2）按照出库凭证所列项目进行备货和理货。

（3）对出库物资进行复核。

（4）包装、刷唛和登账。

（5）交接清点和清理。

（6）出库过程和出库后异常问题的处理。

2．实训注意事项

（1）熟悉每个角色的工作职责，严格按训练步骤进行。

（2）一丝不苟，认真做好每个环节的工作。

（3）认真总结出库过程和出库后异常问题的处理方法。

3．实训评价

物资出库能力评价评分表，见表 10-3。

表 10-3　物资出库能力评价评分表

学习任务	物资出库业务能力				
学习地点		日期			
评分标准	具体内容	分值/分	师评	互评	总分
	认真核对出库凭证	10			
	准确备货或理货	20			
	认真复核和正确登账	20			
	包装、刷唛正确	10			
	交接清晰	10			
	恰当处理异常情况	20			
	规定时间内完成	10			
合计		100			

注：考评满分为 100 分，60～69 分为及格；70～79 分为中；80～89 分为良好；90 分以上为优秀。

4．实训拓展

随着信息化技术的发展，不少仓库已在利用手持终端开展出库作业。

（1）仓管员登录手持终端系统，如图 10-4 所示，启动出库作业。

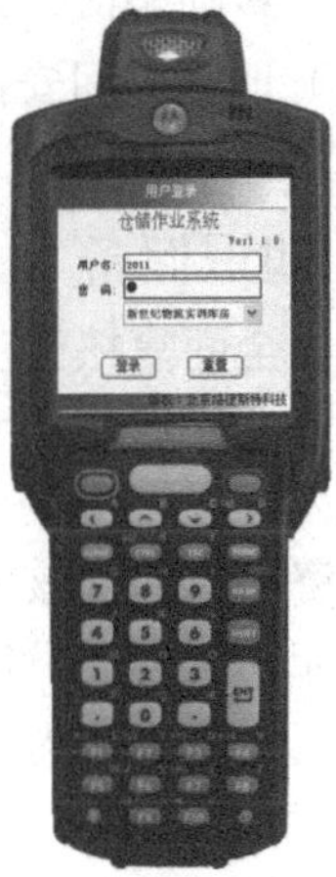

图 10-4　手持终端用户登录

（2）搬运员登录手持终端，读取下架任务信息。在手持终端下会显示待下架货物名称、下架数量、存放储位和托盘标签信息。

（3）搬运员进行下架操作。

从设备暂存区启动叉车，将叉车停至提示货架前，如图 10-5 所示。

找到相应储位，利用手持终端采集储位信息，如图 10-6 所示，确认下架数量。

利用叉车将托盘货物从手持终端提示的货位下架，如图 10-7 所示。

下架完成后，使用叉车将货物搬运至托盘货架交接区，并将其放回设备暂存区。

图 10-5　叉车停放

图 10-6　利用手持终端采集储位信息

图 10-7　下架操作

任务三　物资出库核对业务能力训练

任务情境

接任务二【任务情境】。当该批商品办理完毕出库手续后，仓库需要组织有关人员进行商品出库的复核查对、单据复核以及账、货结存的复核等工作。

任务目标

熟练掌握物资出库复核查对的内容，能够正确地进行物资出库的核查工作。

任务准备

（1）学生每 5 人为一组，每组选定一名组长。

（2）准备好有关出库凭证、保管账和各种有关单据。

（3）教师带队，现场指导。

（4）训练时间安排：2学时。

知识储备

一、全面复核查对

物资备好后，为了避免和防止备货过程中可能出现的差错，工作人员应按照出库凭证上所列的内容进行逐项复核。

物资出库的复核查对形式可以由保管员自行复核，也可以由保管员相互复核，还可以设专职出库物资复核员进行复核或由其他人员复核等。

物资出库复核内容包括以下几个方面。

1. 单据复核

主要是审核商品出库凭证的真实性（有无伪造）、合法性（是否合乎法定手续）和完整性（单证项目填写是否齐全）。其主要内容包括以下几个方面：

（1）印鉴是否真实、齐全、相符。

（2）凭证有无涂改、过期。

（3）字迹是否清晰。

（4）凭证中各栏项目填写是否正确、完整等。复核计重商品的磅码单或附属单证，重点是检查计算数字有无差错。如发现多算、少算或错算，应立即核正，并按核正数将实物扣除或补足。

2. 实物复核

根据物资出库凭证上所列项目对所发实物的品种、规格、牌号、单位、数量、包装和质量等进行核对，做到单货相符，不出差错。

3. 账、货结存的复核

保管员根据物资出库凭证配货，从货垛、货架上取货以后，应立即核对该垛（架）商品的结存数；同时，检查物资的数量、规格等与账务员（商品会计）在出库凭证上批注的账面结存数是否相符，并要核对物资的货位、货卡有无问题，以便做到账、货、卡相符。

如经反复核对确实不符，应立即调换，并将原错备物品上刷的标记除掉，退回原库房。复核结余物品数量或重量是否与保管账目、物资保管卡片结余数相符，发现不符应立即查明原因，及时更正。

小知识

物资出库核查的内容

（1）怕震、怕潮等物资，衬垫是否稳妥，密封是否严密。

（2）每件包装是否有装箱单，装箱单上所列各项目是否和实物、凭证等相符。

（3）收货人、到站、箱号、危险品或防震防潮等标识是否正确、明显。

（4）是否便于装卸搬运作业。

（5）能否承受装载物的重量，能否保证在物资运输装卸中不致破损，保障物资的完整。

二、出库单证和账务处理

1. 提货单

（1）出库单证：主要是指提货单，是向仓库提取物资的正式凭证。不同的单位会采用自提和送货这两种不同的出库方式；不同的单位在不同的出库方式条件下，单证流转与账务处理的程序也会有所不同，见表 10-4。

表 10-4　提货单

提货单位：　　　年　　月　　日

名称	规格	单位	数量	单价	金额	备注
金额（大写）　佰　拾　万　仟　佰　拾　元　角　分　￥：						

负责人：　　　　会计：　　　　记账：　　　　出纳：　　　　制票：

（2）自提方式下的提货单流转程序，如图 10-8 所示。

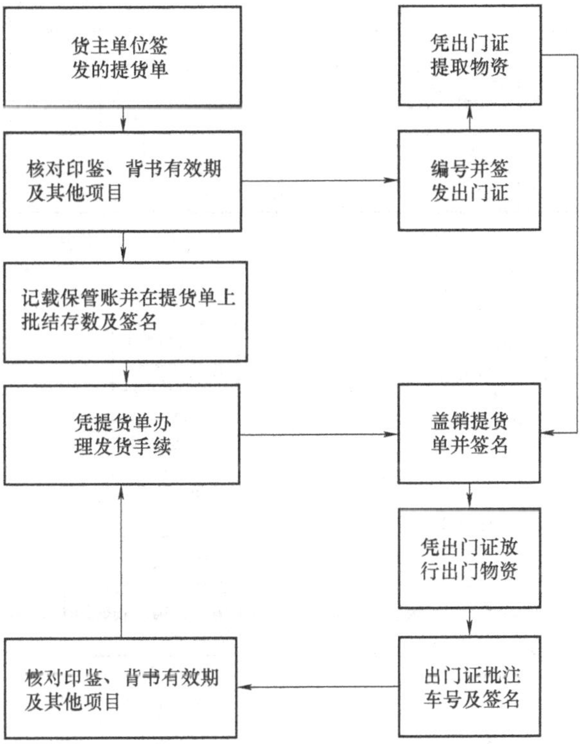

图 10-8　自提提货单流转和出库账务处理程序

1）自提是仓库在收到提货单，经审核无误后向提货人开具物资出门证，出门证上应列明每张提货单的编号。

2）出门证的一联交给提货人，管理人员根据另一联和提货单在“物资明细账”出库记录栏内登账并在提货单上签名，批注出仓吨数和结存吨数，将提货单交给保管员发货。

3）提货人凭出门证向发货员领取所提商品，待货付讫，保管员应盖付讫章和签名，并将提货单返回给账务人员。

4）提货人凭出门证提货出门，并将出门证交给门卫。门卫在每天下班前应将出门证交回账务人员，账务人员凭此证与已经回笼的提货单号码和所编代号逐一核对。如果发现提货单或出门证短少，应该立即追查，不得拖延。

2. 出库单

（1）出库单：一般作为销售或第三方物流仓库物资出库的凭证。出库单的样式，见表 10-5。

出库单主要包含以下项目：发货单位、发货时间、出库品种、出库数量、金额、出库方式选择、运费结算方式、提货人签字、仓库主管签字等。

出库单通常一式4份，第一联存根，第二联仓库留存，第三联财务核算，第四联提货人留存。

表 10-5 出库单

客户名称： 储存凭证号码：

发货仓库： 仓库地址：

发货日期：

货号、品名、规格及牌号	国别及产地	包装及件数	单位	数量	单价	总价	金额
危险品标识章及备注	运费			包装押金			
	金额（大写） 佰 拾 万 仟 佰 拾 元 角 分 ￥：						

审核： 制单：

（2）出库单的流转程序，如图 10-9 所示。

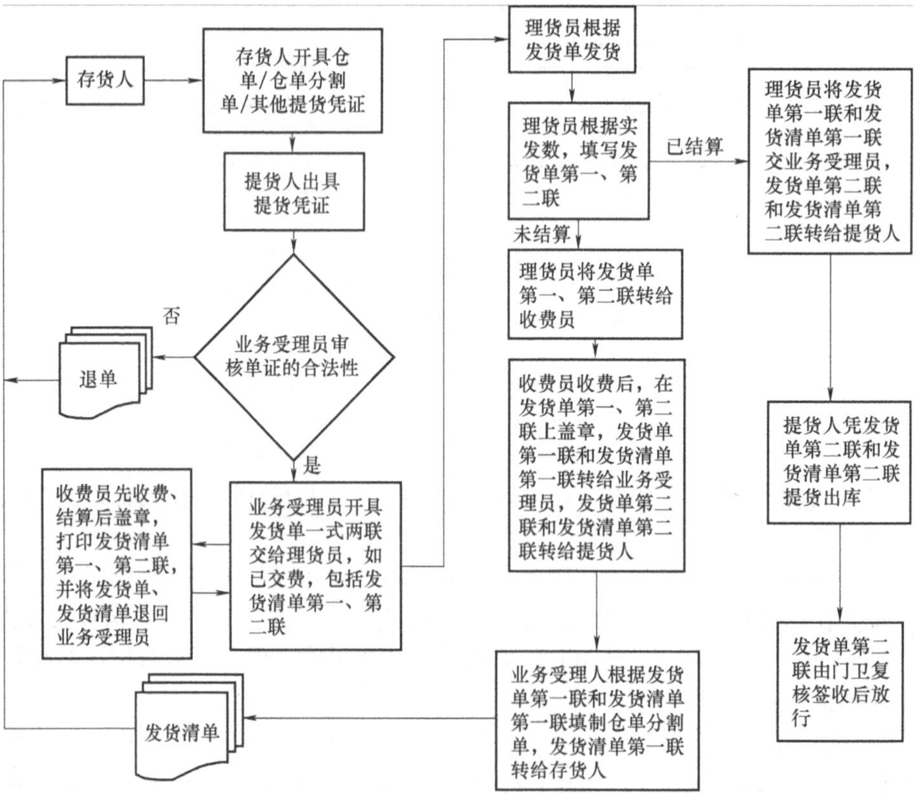

图 10-9 出库单的流转程序

1）业务受理员根据发货单和作业通知单，将发货单和物资档案（即货物资料）转给保管员，到现场备货。

2）保管员根据发货单和物资档案核对物资，并与作业班组或计量员等联系，现场备货，核对无误、手续完备后装车发货，并与提货人清点交接。按照实发数量及有关内容填写发货单，转复核员进行实物复核。

3）复核员根据发货单证，现场核对凭证号、实发数量、规格型号、储存货位、存货数量等，确认无误后签字，将所有单证退交保管员。

小知识

领（送）料单

领（送）料单一般作为企业内部原材料、工具或备品备件领料的凭证。各企业的领（送）料单证种类、格式不尽相同。通常是一式4联（个别一式3联），其中，第一联：计划物控部门进行计算机处理；第二联：仓库；第三联：生产部门；第四联：会计部门核算。

4）保管员在复核后的发货单诸联上加盖“发货专用章”，并将发货情况录入计算机中。

已办理结算和交费（即发货单上有费用收讫章）的，保管员将发货单第二联（出门证）、发货清单第二联（随货同行）交提货人作为出库凭证；发货单第一联、发货清单第一联及货物档案转交业务受理员存档。

未办理结算和交费的，保管员将发货单第一、第二联及货物资料返给收费员。收费员结算、收费、盖章，打印发货清单第一、第二联后，将发货单第二联（出门证）、发货清单第二联及随货资料等交提货人出库，将发货单第一联、发货清单第一联及货物档案返回业务受理员。

5）业务受理员对保管员和收费员返回的发货单第一联和发货清单第一联审核无误后，发货单第一联归档留存；根据实发数量填写仓单分割单，发货清单第一联经签字、盖章后返给存货人。

小提示

物资出库的基本要求

（1）必须准确。准确是工作质量的一个重要标志，没有准确就没有质量。没有准确，出库工作就变得毫无意义。所谓准确就是按照出库凭证所列的物资编号、品名、规格、质量、等级、单位数量等，准确无误地进行点交，做到单货相符，避免差错。

（2）必须及时。发货及时是保证生产建设和人民需要的重要条件。因此，在手续健全的前提下，发货应力求简便，加快速度及时组织好物资出库作业。

（3）必须安全。出库安全就是在出库搬运点交时注意安全操作，防止物资震坏、摔伤、破损、变形，以保证物资出库时的质量完好。

能力培养与训练

1. 实训步骤

（1）提货单和出库单等单据的正确填写。
（2）单据复核。
（3）实物复核。
（4）账、货结存的复核。
（5）模拟出库凭证的流转过程。

2. 实训注意事项

（1）熟悉每个角色的工作职责，严格按训练步骤进行。
（2）一丝不苟，认真做好每个环节的工作。
（3）必须把各种单据的填写看作是真实现场的操作。
（4）模拟过程必须认真完成。

3. 实训评价

物资出库核对能力评价评分表，见表10-6。

表10-6 物资出库核对能力评价评分表

学习任务	物资出库核对能力				
学习地点		日期			
评分标准	具体内容	分值/分	师评	互评	总分
	正确填写提货单和出库单	20			
	认真复核各种单据	20			
	准确进行实物复核	20			
	账、货结存复核准确	20			
	熟悉出库凭证的流转过程	20			
合计		100			

注：考评满分为100分，60～69分为及格；70～79分为中；80～89分为良好；90分以上为优秀。

4. 实训练习

（1）各种单据的填写练习。
（2）出库凭证审核的练习。
（3）打包、刷唛操作的练习。

5. 实训活动建议

（1）建议学生到企业的仓库进行参观和实习。
（2）建议学生在实训前先进行商品打包和刷唛的练习。
（3）建议学生在进行实训前先熟悉各种出库单证的填写要求，开展辨认真实有效的单证练习。

第十一单元　自动化仓储作业

伴随信息技术的快速发展，自动化仓储以其能够充分利用存储空间，迅速、准确地进行出入库处理，合理进行库存管理，快速进行数据处理，节省劳力，节约占地，大大缩短作业时间等优点逐步得到广泛应用。

任务一

自动化仓库认知调研训练

任务情境

某日上午，教师带领同学们前往一家大型物流企业自动化仓储中心参观学习，了解该自动化仓库系统设施，对各种设备进行观察和记录。

任务目标

学生能够直观地认知自动化仓库主要软硬件设备及其性能。

任务准备

（1）全班分为5组，每10人为一组，每组选定一名组长。

（2）每位同学带上笔、笔记本、相机等记录工具。

（3）教师带队，现场指导。

（4）训练时间安排：4学时。

知识储备

一、自动化仓库库区布局示例

根据作业内容的不同，库区通常可以划分为收货区、发货区、理货区、储存区、设备暂存区、加工区和作业通道，如图11-1所示。

（1）收货区：到库物资入库前核对检查及进库准备的区域。

（2）发货区：将配好的物资按到达点或到达路线进行送货准备的区域。运输车辆可租借社会运输车辆，也可自配专业运输车队。

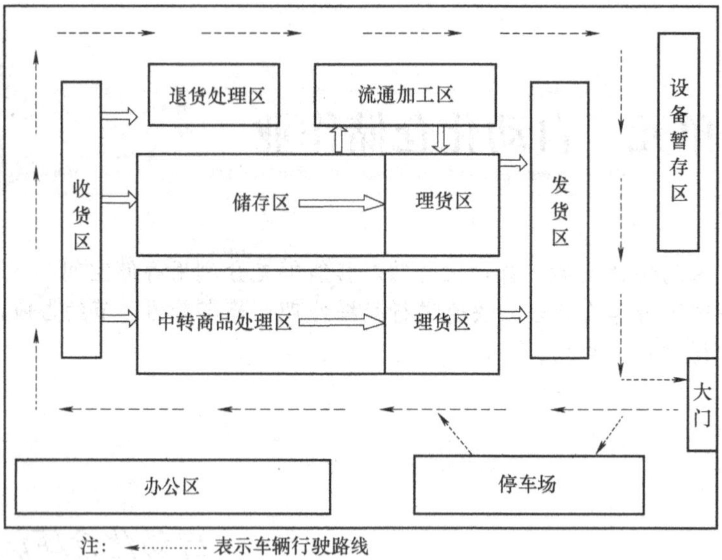

图 11-1 仓库功能分区示例

（3）理货区：在物品储存、装卸过程中，对其进行分类、整理、捆扎、集装、计数和清理残损等作业的区域。根据作业方向不同，可划分为入库理货区和出库理货区。

1）入库理货区设置在入库口，是物资入库交接、清点、检查的主要作业区域。

2）出库理货区是物资出库前进行清点、交接、检查的主要作业区域。

（4）储存区：储存区根据货架的不同形式以及存储货品的特点，可以划分为立体仓库区（简称立库区）、托盘货架区、平堆区、电子拣选区、轻型货架区（小件拣选区）、自动化分拣区等。

（5）设备暂存区：仓库中存放有多种装卸搬运设备，这些设备在使用前需要统一存放于一个固定的场所，以便进行统一的管理和维护。

（6）加工区：主要为仓储商品进行贴签、组合、包装等流通加工操作的作业场所。

（7）作业通道：供搬运设备和作业人员行走的场所。作业通道宽度的设置需要充分考虑作业区域内各种装卸搬运设备参数，确保搬运设备在作业通道内能够畅通行驶、作业。

二、自动化仓储系统构成

1. 储存结构

储存结构也称料架系统，包括单元货架、活动货架、拣选式仓库等组成部分，是自动化仓库的基础。

最常见的单元货架是将物资存放在集装箱或托盘上，然后再装入单元货架的货格中存储，如图 11-2 所示。

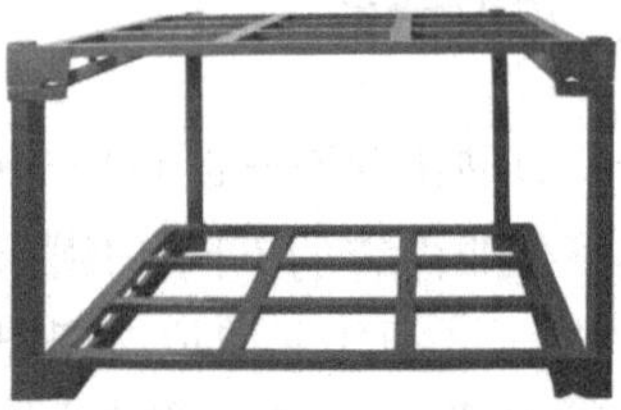

图 11-2 单元货架

活动货架由电动货架组成，可在轨道上行走，由控制装置来控制货架的合拢与分离。作业时货架分开，不作业时货架可合拢，如图 11-3 所示。这样可节约仓库面积，提高仓库平面利用率和空间利用率。

拣选式仓库由分拣机提取少于单元载荷量的物品，分为巷道内和巷道外两种分拣方式，各分拣方式均包含人工分拣和自动分拣两种方法，如图 11-4 所示。

图 11-3　活动货架

图 11-4　拣选式仓库

2. 物资存取机

物资存取机也称堆垛起重机，是该系统的基本组成部分。它设有手动、半自动、全自动作业方式，能在仅比它所装载物资稍宽的窄巷道中作业。

3. 输送设备

输送设备是用来运送物资进出库的设备，常见的有堆高机（见图 11-5）、自动传送机（见图 11-6）、高架运送机、地面有轨流动车及辊筒链条输送机等。一般根据自动化仓库作业量大小、装卸物资类型、装运和收发以及其他作业之间的配合情况来选择使用它们。

图 11-5　堆高机

图 11-6　自动传送机

4. 控制装置

控制装置用来控制设备及信息，能把所有仓库设备有机地组合在一起，形成一个系统，如图 11-7 所示。

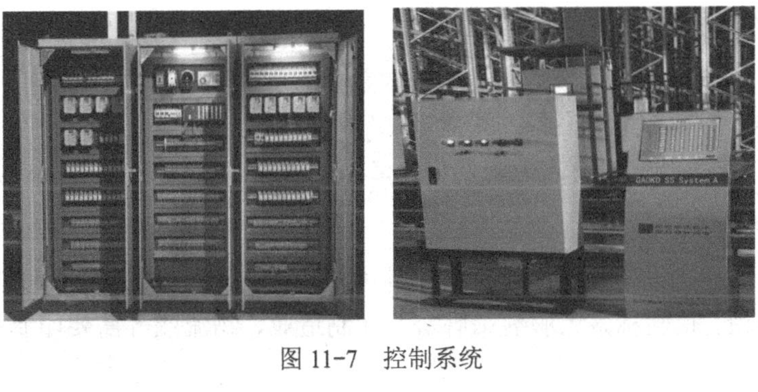

图 11-7　控制系统

5. 自动化仓储管理软件

自动化仓储管理软件是全自动化立体库系统的核心，是一套基于网络数据库、集信息管理和工业监控于一体的专业性软件。其具有如下特点：

（1）允许多个工作站同时进行出入库作业任务的录入。

（2）只要某项出入库作业尚未完成，就可更改该项作业的各个数据，如更改数量、目标存放位置等。

（3）通过局域网及通用的TCP/IP协议可与公司的MRP、ERP集成，接收出入库作业任务，反馈当前库存、库存动态和作业情况等诸多信息，为指定部门提供各类报表。

（4）可视化、图表化地反映货位信息、物资移动、工作中设备的各种状态等信息。

（5）充分考虑到物资的先进先出、出入库作业优先级、货架上轻下重、堆垛机最短距离位移等原则。

（6）同种物资合理分布于两个以上的巷道，这样当一台堆垛机出现故障，另一台还能取出该物料。

（7）合理调配各台堆垛机的忙闲程度。

自动化仓储管理软件示例，如库存信息管理系统（WMS），如图11-8所示。

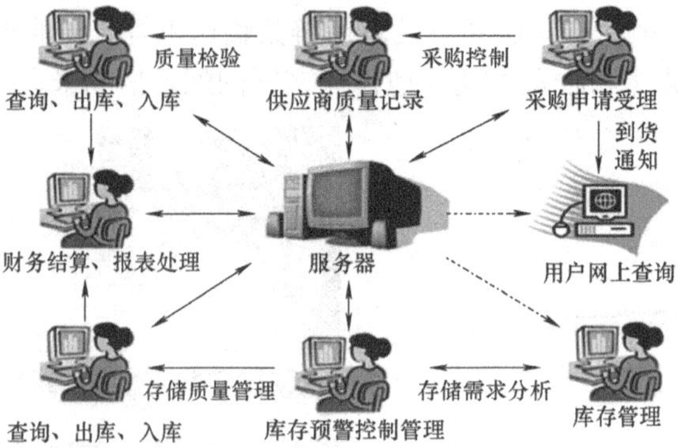

图11-8　库存信息管理系统示例

三、自动化仓库常见设备

自动化仓库常见设备包括自动控制系统、高层货架、有轨巷道式堆垛机、出入库水平输送系统、托盘、条码打印机、穿梭车、液压堆高车、AGV等。

1. 自动化仓库常用托盘——托盘

托盘是用于集装、堆放、搬运和运输的放置作为单元负荷货物和制物的水平平台装置。作为与集装箱类似的一种集装设备，托盘现已广泛应用于生产、运输、仓储和流通等领域，被认为是20世纪物流产业中两大关键性创新之一，如图11-9所示。

2. 条码打印机

条码打印机是一种专用的打印机，打印的内容一般为企业的品牌标识、序列号标识、包装标识、条码标识、信封标签、服装吊牌等，在制造业、物流业等需要印制标签的行业中广泛使用。

条码打印机基本包括三种类别：工业条码打印机、台式条码打印机、便携式条码打印机。条码打印机与普通打印机的最大区别在于条码打印机的打印是以热为基础、以碳带为打印介质完成打印，这种打印方式的最大优点是可以在无人看管的情况下实现连续高速打印，如图 11-10 所示。

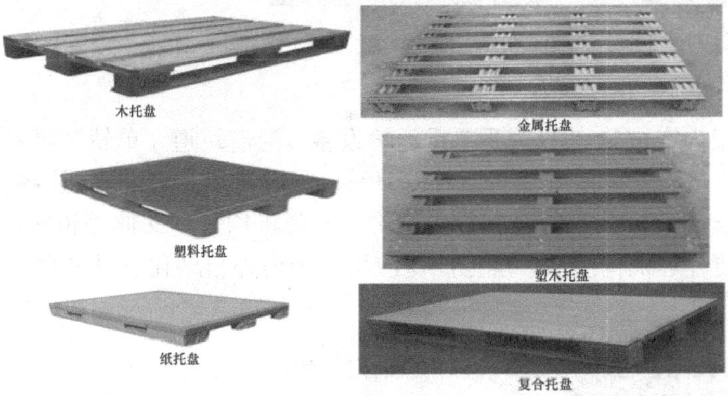

图 11-9　平托盘

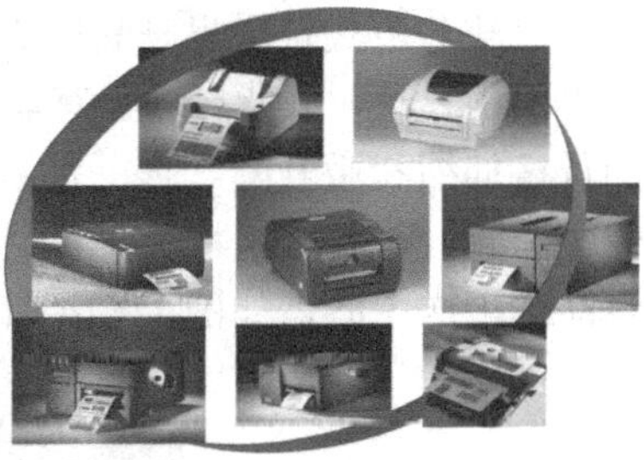

图 11-10　条码打印机

3. 液压堆高车

堆高车是指对成件托盘物资进行装卸、堆高、堆垛和短距离运输作业的各种轮式搬运车辆。

手动液压堆高车是一种无污染、无动力的装卸搬运设备，具有结构紧凑、运输灵活、操作简单、回转半径小等特点。它对于有防火、防爆要求的场地尤为适用，如图 11-11 所示。

4. 高层货架

高层货架是用于存储物资的钢结构，目前主要有焊接式货架和组合式货架两种基本形式，如图 11-12 所示。

图 11-11　液压堆高车

图 11-12　高层货架

5. 出入库水平输送系统

出入库水平输送系统是立体仓库的主要外围设备，负责将物资运送到堆垛机或从堆垛机将物资移走。输送机种类非常多，常见的有辊道输送机、链条输送机、升降台、分配车、提升机、皮带机等，如图 11-13 所示。

图 11-13　出入库水平输送系统

6. 有轨巷道式堆垛机

有轨巷道式堆垛机是高层货架内存取物资的主要起重运输设备，沿着轨道（单轨）可在水平面内移动，载货台（上有取货货叉）可沿堆垛机立柱垂直移动，取货货叉可向巷道两侧的货格伸缩和微升降。它主要由金属结构、载货台、行走机构、升降机构、货叉伸缩机构、转弯装置、电气控制系统及安全装置等机构组成，现已广泛应用于国内外自动化立体仓库和自动化配送中心，如图 11-14 所示。

图 11-14　有轨巷道式堆垛机

7. 穿梭车

穿梭车在仓储物流设备中主要有两种形式，即穿梭车式出入库系统和穿梭车式仓储系统。穿梭车是以往复或回环方式在固定轨道上运行的台车，将物资运送到指定地点或接驳设备，配备有智能感应系统和自动减速系统，如图 11-15 所示。

图 11-15　穿梭车

8. AGV

AGV 是 Automated Guided Vehicle 的缩写，意即“自动导引运输车”，是指装备有电磁或光学等自动导引装置，能够沿规定的导引路径行驶，具有安全保护以及各种移载功能且不需要驾驶员的运输车，以可充电的蓄电池为其动力来源，属于轮式移动机器人范畴，如图 11-16 所示。

AGV 以轮式移动为特征，具有行动快捷、工作效率高、结构简单、可控性强、安全性好等优势。与物资输送中常用的其他设备相比，AGV 的活动区域无须铺设轨道、支座架等固定装置，不受场地、道路和空间的限制。因此，在自动化物流系统中，最能充分地体现其自动性和柔性，实现高效、经济、灵活的无人化生产。

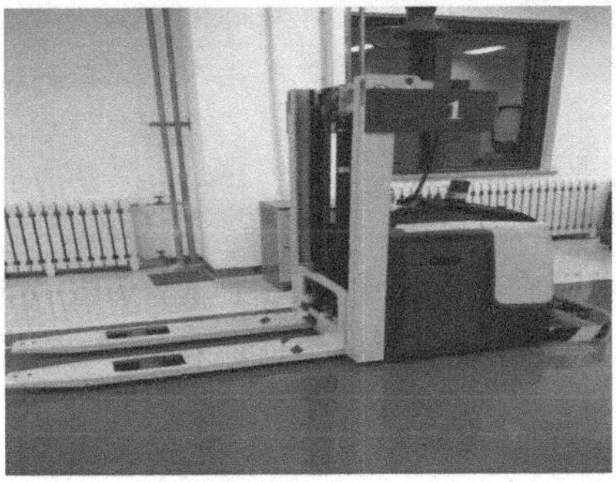

图 11-16　AGV

能力培养与训练

1．实训步骤

（1）教师组织学生到自动化仓储中心调研。

（2）每组学生为一个单位，记录了解和观察到的自动化仓储中心分区布局、自动化仓库设备名称及性能等情况。

（3）以小组为单位整理调研记录，总结出各种区域和设备的特点及使用注意事项等，进行书面调查总结。在调查总结中，可适当附加一些单据或图片等能够支持总结论点的资料。

2．实训注意事项

学生外出进行企业调研，必须听从指挥，遵守纪律，注意交通安全，并需表现出良好的礼貌礼节，维护学校形象。

3．实训评价

自动化仓库认知调研能力评价评分表，见表 11-1。

表 11-1　自动化仓库认知调研能力评价评分表

学习任务	自动化仓库认知调研能力				
学习地点		日期			
评分标准	具体内容	分值/分	师评	互评	总分
	调研记录整理及时、内容全面	30			
	总结仓库分区及设备的特点准确性高	30			
	书面调查总结内容完整，单据或图片等资源丰富	30			
	调查过程纪律表现良好，着装、仪态、礼节合乎要求	10			
合计		100			

注：考评满分为 100 分，60～69 分为及格；70～79 分为中；80～89 分为良好；90 分以上为优秀。

任务二 自动化仓储入库作业能力训练

任务情境

2016年8月5日上午，远通仓储配送中心仓管员李宁收到客户物美超市发来的传真，称8月5日下午将有一批物资由送货员张衡送至远通仓储1号库。入库通知单具体信息见表11-2。

表11-2 入库通知单

入库通知单							
远通仓储配送中心				2016年8月5日			
批次		16008					
采购订单号		20160805001					
客户指令号		20160805001		订单来源	传真		
客户名称		物美超市		质量	正品		
入库方式		送货		入库类型	正常		
序序号	条码	名称	单位	规格/mm	申请数量	实收数量	备注
1	6902083881405	娃哈哈矿泉水	箱	380×255×234	20		
合计							

送货单具体信息见表11-3。

表11-3 送货单

送货单							
物美超市				2016年8月5日			
批次		16008		编号	WM0101516		
收货人		黑龙江远通仓储公司		仓库	1号仓库		
收货人电话		0451-5955772		仓库地址	哈尔滨市道外区海员街12号		
序序号	条码	名称	单位	规格/mm	申请数量	实收数量	备注
1	6902083881405	娃哈哈矿泉水	箱	380×255×234	20		
合计							
仓管员（签字）：				送货员（签字）：			

托盘堆码基础信息具体见表11-4。

表11-4 托盘堆码基础信息

序号	物资信息				托盘信息
	物资名称	数量/箱	包装箱规格/mm	层高标识/层	
1	娃哈哈矿泉水	20	380×255×234	4	标准托盘规格：1200mm×1000mm；托盘厚度：150mm

远通仓储配送中心仓管员李宁接到通知，立即着手完成这批物资的入库操作。

任务目标

让学生掌握物资入库的流程以及入库的基本操作。

（1）能够为到库物资选择合适的入库区域。

（2）掌握入平堆区作业步骤，并能正确入库。

（3）掌握入托盘货架区作业步骤，并能正确入库。

（4）掌握入立库区作业步骤，并能正确入库。

任务准备

（1）教师教学前准备：维护必要货品信息、储位存放规格等基础信息；打印并粘贴货品条码、托盘标签；检查储位标签是否完好，对于破损储位标签需要重新打印；打印入库单、送货单、储位分配单。

（2）计算机房一间，一人一机，每台计算机都已安装仓库管理系统软件，教师做好数据初始化准备，示范操作仓库管理系统软件入库流程，学生上机练习。

（3）准备好入库作业需要的设施设备，见表 11-5。

表 11-5　准备的设施设备一

序　号	设备类别	详细信息
1	软件	仓储管理系统
2	硬件	手持终端（RF）
3	搬运设备	液压搬运车
4	装卸设备	巷道式堆垛机
5	存储设备	托盘、高层货架
6	条码	物资条码、托盘标签、储位标签

（4）学生 5 人一组，进行入库作业。

知识储备

分区域入库流程

1. 入平堆区

物资入平堆区的具体作业流程、涉及作业区域及操作人员，如图 11-17 所示。

（1）入库理货区。该区域为入库订单处理、入库检验、单据交接、货品入库理货提供作业场所。

（2）设备暂存区。物资理货清点完毕后，搬运人员需从设备暂存区取出搬运设备，将理货完成的物资从理货区搬运至平堆区。

（3）平堆区。待物资都搬运至平堆区后，需要堆码摆放至平堆区指定储位。

2. 入托盘货架区

物资入托盘货架区的具体作业流程、涉及作业区域及操作人员，如图 11-18 所示。

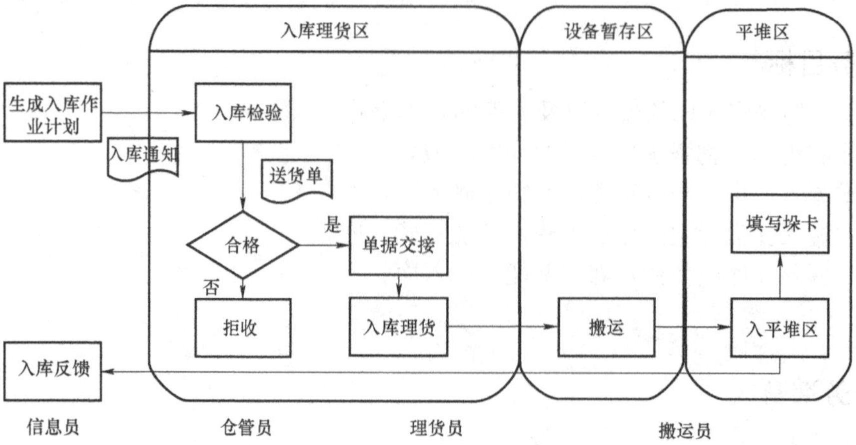

图 11-17　物资入平堆区业务流程

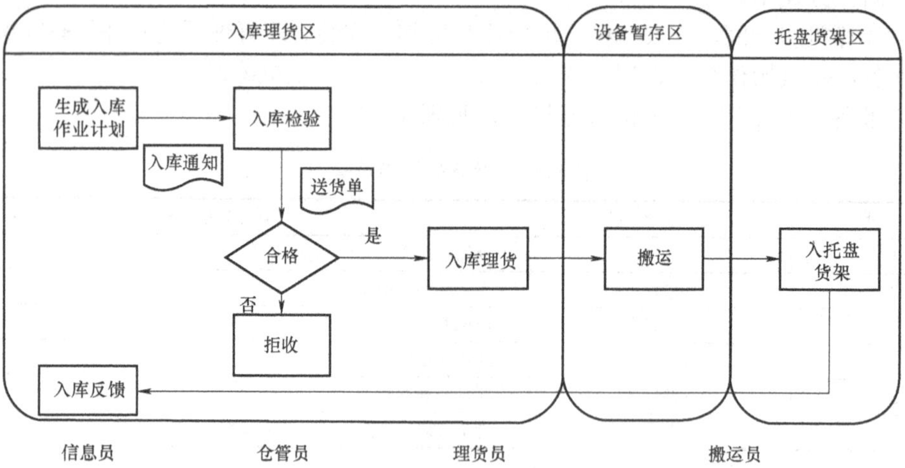

图 11-18　物资入托盘货架区业务流程

（1）入库理货区。该区域为入库订单处理、入库检验、单据交接、货品入库理货提供作业场所。

（2）设备暂存区。物资理货清点完毕后，搬运人员需从设备暂存区取出搬运设备，将理货完成的物资从理货区搬运至托盘货架区。

（3）托盘货架区。待物资都搬运至托盘货架区后，需要上架至托盘货架区指定储位。

3. 入立库区

物资入立库区的具体作业流程、涉及作业区域及操作人员，如图 11-19 所示。

（1）入库理货区。该区域为入库订单处理、入库检验、单据交接、货品入库理货提供作业场所。

（2）设备暂存区。物资理货清点完毕后，搬运人员需从设备暂存区取出搬运设备，将理货完成的物资从理货区搬运至立体仓库区。

（3）立体仓库区。待物资都搬运至立体仓库区的入货口，立体仓库的巷道堆垛机会启动并将物资上架到指定储位。

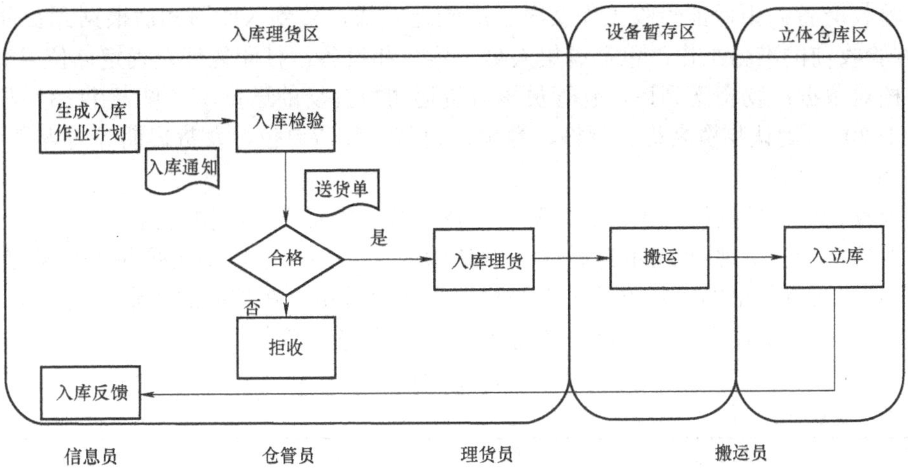

图 11-19 物资入立库区业务流程

能力培养与训练

小练习

根据前面的学习，描述入库的流程（可以大致画出入库的流程简图）。

1. 实训步骤

（1）信息员进行入库订单处理。录入入库单据，生成作业任务，打印入库单（见图 11-20），选择合适的入库区域。

入 库 单

作业计划单号
00000000023323

黑龙江远通仓储 配货中心 1 号库房仓库 实收总数：20.0 实收总数：

客户名称：物美超市 客户编号：WM0101516 客户指令号： 日期：

产品名称	条码	规格	单位	应收数量	实收数量	货位号	批号	备注
娃哈哈纯净水	6902083881405	1×1	箱	20				

仓管员（签字）：______ 送货人（签字）：______

图 11-20 入库单

（2）送货员将物资送达仓库，仓管员入库验收，核对单据。

1）验收准备：为保证验收工作及时、准确地完成，接到入库通知后根据到货商品的特性，做好验收前的准备工作，包括调集人员、器具和设备，打印凭证及确定储位等。

2）核对单据：物资送到后，仓管员核对货运司机提交的送货单（见表 11-3）与入库单（见图 11-20），确认物资名称、规格、数量、包装、收货单位、发货日期等内容是否一致，做到票、账、货相符。

3）验收物资：单据核对无误后，验收物资数量、物资质量和物资包装。

4）签收单据：按照上述步骤完成并确认验收无误后，验收员需要填写验收单（见图 11-21），并在送货单上的“实收数量”一栏填写实收数量，在相应的“仓管员（签字）”栏目处签字确认；送货员需在“送货员（签字）”栏目处签字确认。

验 收 单

记录号：WM0101516

货品名称	娃哈哈矿泉水	到货数量	20	抽检数量	5
到货日期	2016 年 08 月 05 日		检验日期	2016 年 08 月 05 日	
供应商	物美超市		运单号	20160805001	
检验情况				备注	
1．外包装检查		完整、完好			
2．外包装规格检查		完整、完好			
3．拆箱货品检查		完好			
4．货品质量检查		完好			
				实际数量：20	

检验结论：☑合格

品检员：王宇　　批准人：李宁

图 11-21　验收单

（3）仓管员入库理货，核对数目。

1）准备空托盘：根据包装箱尺寸，粗略估计需使用托盘的数量。

2）确定堆码方式：根据物资包装箱尺寸规划，确定托盘堆码方式。

3）统计堆码信息：统计此批物资的托盘使用数量、堆码方式、每层堆码数量及每托盘堆码数量等信息。

4）进行堆码操作：按照规划好的托盘堆码方式分别对这批物资进行堆码，堆码过程中注意采用规范合理的堆码方式。

5）操作手持终端：登录手持终端管理系统，选择指定的库房，采集待处理单据条码信息、托盘标签，进行理货。

（4）根据不同区域的入库要求进行入库作业。

1）搬货至入库水平输送系统：利用手动液压车将物资搬至入库水平输送机上。

2）读取搬运信息：利用入库水平输送系统，明确物资的运输轨迹。

3）读取上架信息：登录库存信息管理系统（WMS），确定物资的储位信息。储位分配单如图 11-22 所示。

4）上架操作：利用穿梭车和巷道式堆垛机将物资放在指定的区位。

储位分配单

操作编码：000000000046582

作业单号	0000000000023323			库房	1号库房			
货品明细								
位置	货品编码	货品名称	规格	批次	应放	实放	单位	备注
C01503-B00001	6902083881405	娃哈哈纯净水	1×1	1400B	20		箱	

图 11-22 储位分配单

2. 实训注意事项

（1）该仓库自动化、机械化作业程度较高，需听从指挥，注意安全。

（2）应在自动化仓库业务流程学习及系统软件操作实习的基础上开展实训。

（3）该项实训工位较多，需小组内部配合得当。

3. 实训评价

自动化仓储入库作业能力评价评分表，见表 11-6。

表 11-6 自动化仓储入库作业评价评分表

学习任务	自动化仓储入库作业				
学习地点		日期			
评分标准	具体内容	分值/分	师评	互评	总分
	将物资入库平堆区正确	30			
	将物资入库托盘货架区正确	30			
	将物资入库立库区正确	30			
	在规定时间内准确无误地完成操作	10			
合计		100			

注：考评满分为 100 分，60～69 分为及格；70～79 分为中；80～89 分为良好；90 分以上为优秀。

任务三

自动化仓储出库作业能力训练

任务情境

2016 年 8 月 9 日至 8 月 10 日，物美超市为了迎接超市 7 周年店庆，正在搞店庆大促销活动。8 月 10 日上午，远通仓储配送中心仓管员李宁收到客户物美超市发来的邮件，需要远通仓储配送中心于当天下午 2:00 将 28 箱电炒锅进行出库。出库通知单具体信息见表 11-7。

表 11-7 出库通知单

出库通知单							
远通仓储配送中心					2016 年 08 月 10 日		
批次		140810					
采购订单号		20160810007					
客户指令号		20160810007		订单来源	E-mail		
客户名称		物美超市		质量	正品		
客户地址		哈尔滨市道里区石头道街 5 号		客户电话	0451-82570316		
出库库方式		送货		入库类型	正常		
序号	条码	名称	单位	规格/mm	申请数量	实收数量	备注
1	694133400019	电炒锅	箱	480×320×200	28		
合计							

远通仓储配送中心仓管员李宁接到通知，立即着手完成这批物资的出库业务。

任务目标

（1）熟练使用自动仓储系统内设备。

（2）熟练操作计算机自动化仓储管理软件。

（3）能够进行自动化立体仓库出库作业。

任务准备

（1）自动仓库、仓库管理系统、自动化仓储实训设备等，见表 11-8。

表 11-8 准备的设施设备二

序 号	设 备 类 别	详 细 信 息
1	软件	仓储管理系统
2	硬件	手持终端（RF）
3	装卸、搬运设备	码垛机器人、AGV
4	条码	物资条码、周转箱标签、储位标签
5	存储设备	周转箱
6	其他设备	模拟货品、包装箱、胶带、笔

（2）计算机房一间，一人一机，每台计算机都已安装仓库管理软件，教师做好数据初始化准备，示范操作仓库管理系统软件出库流程，学生上机练习。

（3）训练时间安排：8 学时。

知识储备

自动化仓储出库流程

信息员接到出库通知后，生成出库作业计划，将其传递给仓储作业部门，仓储部门作业人员根据作业任务的紧急程度安排作业任务。

根据客户出库订单信息要求，仓管员核对出库货品信息，发现其所在区域为立体仓库区，即启动全自动化出库作业模式，备货出库。

出库作业涉及作业区域包括：

（1）立体仓库区：整托物资下架作业区域。

（2）自动分拣区：完成物资从出货台运送至打包区的作业任务。

（3）打包区：对出库货品进行复核打包的作业区域。

（4）出库理货区：物资出库单据交接的作业区域。

自动化仓储出库的具体作业流程、涉及作业区域及操作人员，如图 11-23 所示。

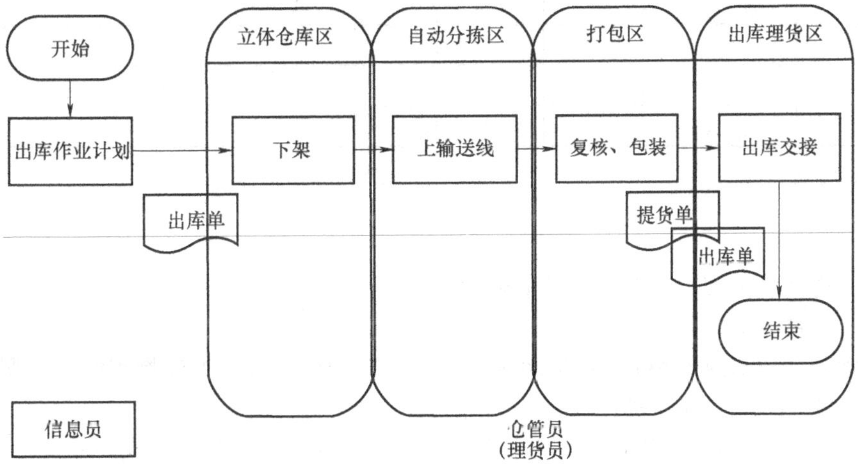

图 11-23　自动化仓储出库流程

小知识

在进行自动化出库作业任务前，教师需检查相关硬件设施设备是否运作正常，同时将所有硬件设施设备设置为启动状态。需要通过系统启动的，应该在服务器上启动其启动程序；需要通过手动调节启动的，需要事先打开各项设备。

能力培养与训练

1. **实训步骤**

（1）出库订单处理操作。进入订单管理系统，生成出库作业计划，打印出库单，如图11-24所示。

出　库　单

作业计划单号
0000000023141

远通　配货中心　海星1号仓库　　　　应发总数：28.0　实发总数：

客户名称：物美超市　客户编号：WM0101518　客户指令号：20160810007　日期：2016-08-10

产品名称	条码	规格	单位	应发数量	实发数量	货位号	批号	备注
电炒锅	6941334400019	1×1	箱		28		140810	

仓管员（签字）：______　　　　收货人（签字）：______

图11-24　出库单确认

（2）等待物资下架。当接到物资下架的操作指令时，自动化立体仓库的堆垛机将会自动将需要下架的物资下架，如图11-25所示。

当物资到达出口时，AGV会自动响应，去出口相应位置将下架物资取走，搬运至出库理货区，如图11-26、图11-27所示。

（3）正确出库理货。理货员接到出库理货通知后，利用手持终端完成出库理货作业任务。

图11-25　物资下架

图 11-26　AGV 自动插取下架物资

图 11-27　AGV 将出库物资放置出库理货区

（4）出库交接工作。提货员和仓管员依据出库单和提货单对出库物资进行核查，物资核查完毕后，仓管员根据实际出库情况填写出库单实发数量并签上自己的名字，然后主动与提货员交接，并要求提货员在出库单相应位置签字确认，如图 11-28 所示。

提货单位：物美超市					
提货地址：黑龙江远通仓储配送中心					
日期：2016 年 08 月 10 日					编号：WM0101518
物资名称	条码	规格	单位	数量	备注
电炒锅	6941334400019	1×1	箱	28	
提货人（签字）：乔枫					发货人（签字）：李宁

图 11-28　提货单确认

至此，自动化仓储出库作业操作完成。

以上训练步骤分角色进行训练，并记录训练心得。

2. 实训注意事项

（1）听从指挥，注意安全。

（2）训练前应熟悉仓库业务流程，熟知仓库管理软件菜单命令。

（3）小组之间要团结互助，遵守实训仓库的规章制度。

3. 实训评价

自动化仓储出库作业能力评价评分表，见表 11-9。

表 11-9　自动化仓储出库作业评价评分表

学习任务	自动化仓储出库作业				
学习地点		日期			
评分标准	具体内容	分值/分	师评	互评	总分
	出库订单处理正确	20			
	下架操作正确	20			
	出库理货正确	20			
	出库交接正确	30			
	在规定时间内完成操作	10			
合计		100			

注：考评满分为 100 分，60～69 分为及格；70～79 分为中；80～89 分为良好；90 分以上为优秀。

附录A　仓储保管合同

订立合同双方：

保管方：__________

存货方：__________

保管方和存货方根据委托储存计划和仓储容量的情况，双方协商一致，签订本合同，共同信守。

第一条　储存物资的名称、规格、数量、质量

1．物资名称：__________________________

2．品种规格：__________________________

3．数　　量：__________________________

4．质　　量：__________________________

5．物资包装：__________________________

或者采用如下表格：

编　号	包　装	物资名称	品种规格	数　量	质　量

第二条　物资包装

1．存货方负责物资的包装，包装标准按国家或专业标准规定执行，没有以上标准的，在保证运输和储存安全的前提下，由合同当事人议定。

2．包装不符合国家或合同规定，造成物资损坏、变质的，由存货方负责。

第三条　保管方法：根据有关规定进行保管，或者根据双方协商方法进行保管。

第四条　保管期限：从_______年_____月_____日起至________年_____月_____日止。

第五条　验收项目和验收方法

1．存货方应当向保管方提供必要的物资验收资料，如未提供必要的物资验收资料或提供的资料不齐全、不及时，所造成的验收差错及贻误索赔期或者发生物资品种、数量、质量不符合合同规定时，保管方不承担赔偿责任。

2．保管方应按照合同规定的包装外观、物资品种、数量和质量，对入库物资进行验收，如果发现入库物资与合同规定不符，应及时通知存货方。保管方未按规定的项目、方法和期限验收，或验收不准确而造成的实际经济损失，由保管方负责。

3．验收期限：国内物资不超过10天，国外到货不超过30天。超过验收期限所造成的

损失由保管方负责。物资验收期限，是指物资和验收资料全部送达保管方之日起，至验收报告送出之日止。日期均以运输或邮电部门的戳记或直接送达的签收日期为准。

第六条　入库和出库的手续：按照有关入库、出库的规定办理，如无规定，按双方协议办理。入库和出库时，双方代表或经办人都应在场，检验后的记录要由双方代表或经办人签字。该记录应视为合同的有效组成部分，当事人双方各保存一份。

第七条　损耗标准和损耗处理：按照有关损耗标准和损耗处理的规定办理，如无规定，按双方协议办理。

第八条　费用负担、计算办法：____

____

____

第九条　违约责任

一、保管方的责任

1. 由于保管方的责任，造成退仓或不能入库时，应按合同规定赔偿存货方运费和支付违约金。

2. 对危险物品和易腐物资，不按规程操作或妥善保管，造成毁损的，负责赔偿损失。

3. 物资在储存期间，由于保管不善而发生物资灭失、短少、变质、污染、损坏的，负责赔偿损失。如属包装不符合合同规定或超过有效储存期而造成物资损坏、变质的，不负赔偿责任。

4. 由保管方负责发运的物资，不能按期发货，赔偿存货方逾期交货的损失；错发到货地点，除按合同规定无偿运到规定的到货地点外，并赔偿存货方因此而造成的实际损失。

二、存货方的责任

1. 易燃、易爆、有毒等危险物品和易腐物品，必须在合同中注明，并提供必要的资料，否则造成物资毁损或人身伤亡，由存货方承担赔偿责任直至由司法机关追究刑事责任。

2. 存货方不能按期存货，应偿付保管方的损失。

3. 超议定储存量储存或逾期不提时，除缴纳保管费外，还应偿付违约金。

三、违约金和赔偿方法

1. 违反物资入库的执行和物资出库的规定，当事人必须向对方缴付违约金。违约金的数额为违约所涉及的那一部分物资的3个月的保管费（或租金）或3倍的劳务费。

2. 因违约使对方遭受经济损失时，如违约金不足以抵偿实际损失，还应以赔偿金的形式补偿其差额部分。

3. 前述违约行为，给对方造成损失的，一律赔偿实际损失。

4. 赔偿物资的损失，一律按照进货价或国家批准调整后的价格计算；有残值的，应扣除其残值部分或残件归赔偿方，不负责赔偿实物。

第十条　由于不能预见并且对其发生和后果不能防止或避免的不可抗力事故，致使直接影响合同的履行或者不能按约定的条件履行时，遇有不可抗力事故的一方，应立即将事故情况电报通知对方，并应在数天内，提供事故详情及合同不能履行，或者部分不能履行，或者需要延期履行的理由的有效证明文件，此项证明文件应由事故发生地区的公证机构出具。按照事故对履行合同影响的程度，由双方协商决定是否解除合同，或者部分免除履行合同的责任，或者延期履行合同。

第十一条　其他：____

____

____

____

____

保管方：__________（公章）　　存货方：__________（公章）

代表人：__________（盖章）　　代表人：__________（盖章）

地　　址：____________________　　地　　址：____________________

开户银行：____________________　　开户银行：____________________

账　　号：____________________　　账　　号：____________________

邮　　编：____________________　　邮　　编：____________________

附录B　温湿度对查表

大气压力：1.013×10^{6}Pa（760mmHg）　　　　风速：0.8m/s

温	度	湿	度		温	度	湿	度	
干球/℃	湿球/℃	相对（%）	绝对		干球/℃	湿球/℃	相对（%）	绝对	
			mbar	g/m³				mbar	g/m³
1.0	1.0	100	6.6	5.18		3.5	63	5.9	4.55
	0.5	91	5.9	4.71		3.0	56	5.2	3.94
	0.0	81	5.3	4.19		2.5	48	4.5	3.47
2.0	2.0	100	7.0	5.54		2.0	41	3.9	2.96
	1.5	91	6.4	5.04		1.5	35	3.2	2.53
	1.0	82	5.8	4.54		1.0	28	2.6	2.02
	0.5	73	5.1	4.04	7.0	7.0	100	10.0	7.71
	0.0	64	4.5	3.54		6.5	93	9.3	7.17
3.0	3.0	100	7.6	5.92		6.0	85	8.6	6.55
	2.5	91	6.9	5.39		5.5	78	7.8	6.01
	2.0	83	6.3	4.92		5.0	71	7.1	5.47
	1.5	74	5.6	4.38		4.5	64	6.4	4.93
	1.0	66	5.0	3.91		4.0	57	5.8	4.39
	0.5	57	4.4	3.37		3.5	50	5.1	3.85
	0.0	49	3.7	2.90		3.0	44	4.4	3.39
4.0	4.0	100	8.1	6.33		2.5	37	3.7	2.85
	3.5	92	7.5	5.82		2.0	31	3.1	2.39
	3.0	84	6.8	5.32	8.0	8.0	100	10.7	8.22
	2.5	75	6.1	4.75		7.5	93	10.0	7.64
	2.0	67	5.5	4.24		7.0	86	9.2	7.07
	1.5	59	4.8	3.73		6.5	79	8.5	6.49
	1.0	51	4.2	3.23		6.0	72	7.8	5.92
	0.5	44	3.6	2.79		5.5	66	7.0	5.42
	0.0	36	2.9	2.28		5.0	59	6.3	4.85
5.0	5.0	100	8.7	6.76		4.5	53	5.6	4.35
	4.5	92	8.0	6.22		4.0	46	4.9	3.78
	4.0	84	7.3	5.68		3.5	40	4.3	3.29
	3.5	76	6.7	5.14		3.0	34	3.6	2.79
	3.0	68	6.0	4.60	9.0	9.0	100	11.5	8.86
	2.5	61	5.3	4.12		8.5	93	10.7	8.24
	2.0	54	4.7	3.65		8.0	87	9.9	7.71
	1.5	46	4.0	3.11		7.5	80	9.2	7.09
	1.0	39	3.4	2.64		7.0	73	8.4	6.47
	0.5	32	2.8	2.26		6.5	67	7.7	5.94
	0.0	25	2.1	1.69		6.0	61	7.0	5.40
6.0	6.0	100	9.4	7.22		5.5	54	6.2	4.78
	5.5	92	8.6	6.64		5.0	48	5.5	4.25
	5.0	85	7.9	6.14		4.5	42	4.8	3.72
	4.5	77	7.2	6.56		4.0	36	4.2	3.19
	4.0	70	6.5	5.06		3.5	30	3.5	2.66

（续）

温度		湿度			温度		湿度		
干球/℃	湿球/℃	相对（%）	绝对		干球/℃	湿球/℃	相对（%）	绝对	
			mbar	g/m³				mbar	g/m³
10.0	10.0	100	12.3	9.33		12.5	94	14.1	10.57
	9.5	93	11.5	8.68		12.0	88	13.2	9.90
	9.0	87	10.7	8.12		11.5	83	12.4	9.43
	8.5	81	9.9	7.55		11.0	77	11.5	8.66
	8.0	74	9.1	6.90		10.5	71	10.7	7.99
	7.5	68	8.4	6.34		10.0	66	9.9	7.42
	7.0	62	7.6	5.78		9.5	61	9.1	6.86
	6.5	56	6.9	5.22		9.0	55	8.3	6.19
	6.0	50	6.2	4.66		8.5	50	7.5	5.62
	5.5	44	5.5	4.10		8.0	45	6.8	5.06
	5.0	39	4.8	3.64		7.5	40	6.0	4.50
	4.5	33	4.0	3.08		7.0	35	5.2	3.94
11.0	11.0	100	13.1	9.93		6.5	30	4.5	3.38
	10.5	94	12.3	9.32	14.0	14.0	100	16.0	11.96
	10.0	88	11.5	8.74		13.5	94	15.1	11.24
	9.5	81	10.7	8.04		13.0	89	14.2	10.65
	9.0	75	9.9	7.45		12.5	83	13.3	9.93
	8.5	69	9.1	6.86		12.0	78	12.4	8.61
	8.0	64	8.3	6.36		11.5	72	11.6	8.01
	7.5	58	7.6	5.76		11.0	67	10.8	7.42
	7.0	52	6.8	5.16		10.5	62	9.9	6.82
	6.5	46	6.1	4.57		10.0	57	9.1	6.22
	6.0	41	5.4	4.07		9.5	52	8.3	5.62
	5.5	35	4.6	3.48		9.0	47	7.5	5.02
	5.0	30	4.0	2.98		8.5	42	6.7	4.43
12.0	12.0	100	14.0	10.57		8.0	37	6.0	3.83
	11.5	94	13.2	9.94		7.5	32	5.2	3.35
	11.0	88	12.3	9.30	15.0	15.0	100	17.1	12.72
	10.5	82	11.5	8.87		14.5	94	16.1	11.96
	10.0	76	10.7	8.03		14.0	89	15.2	11.32
	9.5	70	9.9	7.40		13.5	84	14.3	10.68
	9.0	65	9.1	6.87		13.0	78	13.4	9.92
	8.5	59	8.3	6.24		12.5	73	12.5	9.29
	8.0	54	7.5	5.71		12.0	68	11.6	8.65
	7.5	48	6.8	5.07		11.5	63	10.8	8.01
	7.0	43	6.0	4.55		11.0	58	10.0	7.38
	7.0	62	7.6	5.78		10.5	53	9.1	6.74
	6.5	56	6.9	5.22		10.0	49	8.3	6.23
	6.0	50	62	4.66		9.5	44	7.5	5.60
	5.5	44	5.5	4.10		9.0	39	6.7	4.96
	5.0	39	4.8	3.64		8.5	35	5.9	4.45
	4.5	33	4.0	3.08		8.0	30	5.2	3.82
13.0	13.0	100	15.0	11.25	16.0	16.0	100	18.2	13.5

（续）

温度		湿度			温度		湿度		
干球/℃	湿球/℃	相对（%）	绝对 mbar	绝对 g/m³	干球/℃	湿球/℃	相对（%）	绝对 mbar	绝对 g/m³
	15.5	95	17.2	12.83		12.0	45	9.3	6.85
	15.0	89	16.3	12.02		11.5	41	8.4	6.24
	14.5	84	15.3	11.34		11.0	37	7.6	5.63
	14.0	79	14.4	10.67		10.5	33	6.7	5.02
	13.5	74	13.5	9.99	19.0	19.0	100	22.0	16.13
	13.0	69	12.6	9.32		18.5	95	20.9	15.32
	12.5	64	11.7	8.64		18.0	90	19.9	14.52
	12.0	60	10.8	8.10		17.5	86	18.8	13.87
	11.5	55	10.0	7.43		17.0	81	17.8	13.07
	11.0	50	9.2	6.75		16.5	76	16.8	12.26
	10.5	46	8.3	6.21		16.0	72	15.8	11.61
	10.0	41	7.5	5.54		15.5	67	14.8	10.81
	9.5	37	6.7	5.00		15.0	63	13.9	10.16
	9.0	33	5.9	4.46		14.5	59	12.9	9.52
17.0	17.0	100	19.4	14.34		14.0	55	12.0	8.87
	16.5	95	18.4	13.62		13.5	51	11.1	8.23
	16.0	90	17.4	12.91		13.0	46	10.2	7.42
	15.5	85	16.4	12.19		12.5	42	9.3	6.77
	15.0	80	15.5	11.47		12.0	39	8.5	6.29
	14.5	75	14.5	10.76		11.5	35	7.6	5.65
	14.0	70	13.6	10.04		11.0	31	6.8	5.00
	13.5	66	12.7	9.46	20.0	20.0	100	23.4	17.12
	13.0	61	11.8	8.75		19.5	95	22.3	16.26
	12.5	56	10.9	8.03		19.0	91	21.2	15.58
	12.0	52	10.1	7.46		18.5	86	20.1	14.72
	11.5	47	9.2	6.74		18.0	81	19.1	13.87
	11.0	43	8.4	6.17		17.5	77	18.0	13.18
	10.5	39	7.5	5.95		17.0	73	17.0	12.50
	10.0	35	6.7	5.02		16.5	68	16.0	11.64
	9.5	30	5.9	4.30		16.0	64	15.0	10.96
18.0	18.0	100	20.6	15.22		15.5	60	14.0	10.27
	17.5	95	19.6	14.98		15.0	56	13.1	9.59
	17.0	90	18.6	13.70		14.5	52	12.1	8.90
	16.5	85	17.6	12.91		14.0	48	11.2	8.22
	16.0	80	16.6	12.18		13.5	44	10.3	7.53
	15.5	76	15.6	11.42		13.0	40	9.4	6.85
	15.0	71	14.7	10.81		12.5	37	8.5	6.33
	14.5	66	13.7	10.05		12.0	33	7.7	5.65
	14.0	62	12.8	9.44	21.0	21.0	100	24.9	18.15
	13.5	58	11.9	8.83		20.5	95	23.7	17.24
	13.0	53	11.0	8.07		20.0	91	22.6	16.52
	12.5	49	10.1	7.46		19.5	86	21.5	15.61

（续）

温度		湿度			温度		湿度		
干球/℃	湿球/℃	相对（%）	绝对		干球/℃	湿球/℃	相对（%）	绝对	
			mbar	g/m^3				mbar	g/m^3
	19.0	82	20.4	14.88		18.5	63	17.7	12.82
	18.5	78	19.3	14.16		18.0	59	16.7	12.01
	18.0	73	18.3	13.25		17.5	56	15.6	11.40
	17.5	69	17.2	12.52		17.0	52	14.6	10.58
	17.0	65	16.2	11.80		16.5	48	13.6	9.77
	16.5	61	15.2	11.07		16.0	45	12.6	9.16
	16.0	57	14.2	10.35		15.5	41	11.6	8.33
	15.5	53	13.2	9.62		15.0	38	10.7	7.73
	15.0	50	12.3	9.08		14.5	35	9.8	7.12
	14.5	46	11.4	8.35		14.0	31	8.8	6.31
	14.0	42	10.4	7.62	24.0	24.0	100	29.9	21.54
	13.5	38	9.5	6.90		23.5	96	28.6	20.68
	13.0	35	8.6	6.35		23.0	91	27.3	19.60
	12.5	31	7.7	5.63		22.5	87	26.1	18.74
22.0	22.0	100	26.5	19.22		22.0	83	24.9	17.88
	21.5	95	25.3	18.26		21.5	79	23.7	17.02
	21.0	91	24.1	17.49		21.0	75	22.5	16.16
	20.5	87	22.9	16.72		20.5	71	21.3	15.29
	20.0	82	21.8	15.76		20.0	68	20.2	14.65
	19.5	78	20.7	14.99		19.5	64	19.1	13.79
	19.0	74	19.6	14.22		19.0	60	18.0	12.92
	18.5	70	18.5	13.45		18.5	57	16.9	12.28
	18.0	66	17.5	12.69		18.0	53	15.9	11.42
	17.5	62	16.4	11.92		17.5	50	14.9	10.77
	17.0	58	15.4	11.15		17.0	46	13.8	9.91
	16.5	54	14.4	10.38		16.5	43	12.8	9.26
	16.0	51	13.4	9.80		16.0	40	11.8	8.62
	15.5	47	12.4	9.03		15.5	36	10.9	7.75
	15.0	43	11.5	8.26		15.0	33	9.9	7.11
	14.5	40	10.5	7.69		14.5	30	9.0	6.46
	14.0	36	9.6	6.92	25.0	25.0	100	31.7	22.80
	13.5	33	8.7	6.34		24.5	96	30.4	21.89
	13.0	30	7.8	5.77		24.0	92	29.1	20.98
23.0	23.0	100	28.1	20.35		23.5	88	27.8	20.06
	22.5	96	26.9	19.54		23.0	84	26.5	19.15
	22.0	91	25.7	18.52		22.5	80	25.3	18.24
	21.5	87	24.5	17.70		22.0	76	24.1	17.33
	21.0	83	23.3	16.89		21.5	72	22.9	16.42
	20.5	79	22.2	16.08		21.0	68	21.7	15.5
	20.0	75	21.0	15.26		20.5	65	20.6	14.85
	19.5	71	19.9	14.45		20.0	61	19.4	13.91
	19.0	67	18.8	13.63		19.5	58	18.3	13.22

（续）

温度		湿度			温度		湿度		
干球/℃	湿球/℃	相对（%）	绝对		干球/℃	湿球/℃	相对（%）	绝对	
			mbar	g/m³				mbar	g/m³
	19.0	54	17.2	12.31		20.5	53	19.0	13.51
	18.5	51	16.1	11.63		20.0	50	17.8	12.75
	18.0	48	15.1	10.94		19.5	47	16.7	11.98
	17.5	44	14.0	10.03		19.0	44	15.6	11.22
	17.0	41	13.0	9.35		18.5	41	14.5	10.45
	16.5	38	12.0	8.66		18.0	38	13.5	9.69
	16.0	35	11.0	7.98		17.5	35	12.4	8.92
	15.5	32	10.1	7.28		17.0	32	11.4	8.16
26.0	26.0	100	33.6	24.11	28.0	28.0	100	37.8	26.93
	25.5	95	32.3	23.15		27.5	96	36.4	25.85
	25.0	92	30.9	22.18		27.0	92	34.9	24.78
	24.5	88	29.6	21.22		26.5	88	33.5	23.70
	24.0	84	28.3	20.25		26.0	84	32.1	22.62
	23.5	80	27.0	19.29		25.5	81	30.7	21.81
	23.0	76	25.7	18.32		25.0	77	29.3	20.74
	22.5	73	24.5	17.60		24.5	74	28.0	19.93
	22.0	69	23.3	16.64		24.0	71	26.7	19.12
	21.5	66	22.1	15.91		23.5	67	25.4	18.04
	21.0	62	20.9	14.95		23.0	64	24.1	17.24
	20.5	59	19.8	14.22		22.5	60	22.9	16.16
	20.0	55	18.6	13.26		22.0	57	21.7	15.35
	19.5	52	17.5	12.54		21.5	54	20.5	14.54
	19.0	49	16.4	11.81		21.0	51	19.8	13.73
	18.5	46	15.3	11.09		20.5	48	18.2	12.93
	18.0	42	14.3	10.13		20.0	45	17.0	12.12
	17.5	39	13.2	9.44		19.5	42	15.9	11.31
	17.0	36	12.2	8.68		19.0	39	14.8	10.50
	16.5	33	11.2	7.96		18.5	36	13.8	9.86
	16.0	30	10.2	7.23		18.0	34	12.7	9.16
27.0	27.0	100	35.7	25.49		17.5	31	11.7	8.35
	26.5	95	34.3	24.47	29.0	29.0	100	40.1	28.45
	26.0	92	32.8	23.45		28.5	96	38.6	27.31
	25.5	88	31.5	22.43		28.0	92	37.1	26.17
	25.0	84	30.1	21.42		27.5	89	35.6	25.32
	24.5	81	28.8	20.66		27.0	85	34.1	24.17
	24.0	77	27.5	19.63		26.5	81	32.1	23.04
	23.5	73	26.2	18.61		26.0	77	31.3	21.91
	23.0	70	24.9	17.84		25.5	74	29.9	21.05
	22.5	66	23.7	16.82		25.0	71	28.5	20.20
	22.0	63	22.5	16.06		24.5	68	27.2	19.35
	21.5	60	21.3	15.29		24.0	65	25.9	18.40
	21.0	56	20.1	14.27		23.5	61	24.6	17.36

（续）

温度		湿度			温度		湿度		
干球/℃	湿球/℃	相对（%）	绝对		干球/℃	湿球/℃	相对（%）	绝对	
			mbar	g/m³				mbar	g/m³
	23.0	58	23.3	16.50		27.0	72	32.5	22.82
	22.5	55	22.1	15.65		26.5	69	31.1	21.87
	22.0	52	20.9	14.79		26.0	66	29.7	20.92
	21.5	49	19.7	13.94		25.5	63	28.3	19.97
	21.0	46	18.5	13.09		25.0	60	26.9	19.02
	20.5	43	17.4	12.23		24.5	57	25.6	18.07
	20.0	40	16.2	11.38		24.0	54	24.3	17.13
	19.5	38	15.1	10.81		23.5	51	23.0	16.17
	19.0	35	14.0	9.96		23.0	48	21.8	15.22
	18.5	32	13.0	9.10		22.5	46	20.5	14.58
	18.0	30	11.9	8.54		22.0	43	19.3	13.63
30.0	30.0	100	42.5	30.03		21.5	40	18.1	12.68
	29.5	96	40.8	28.83		21.0	38	16.9	12.05
	29.0	93	39.3	27.93		20.5	35	15.8	11.09
	28.5	89	37.8	26.73		20.0	33	14.6	10.46
	28.0	85	36.3	25.53		19.5	30	13.6	9.51
	27.5	82	34.8	24.62	32.0	32.0	100	47.6	33.45
	27.0	78	33.3	23.42		31.5	97	46.2	32.45
	26.5	75	31.9	22.52		31.0	93	44.3	31.11
	26.0	72	30.5	21.62		30.5	90	42.8	30.11
	25.5	68	29.1	20.42		30.0	86	40.9	28.77
	25.0	65	27.7	19.52		29.5	83	39.3	27.75
	24.5	62	26.4	18.62		29.0	79	37.7	26.43
	24.0	59	25.1	17.72		28.5	76	36.2	25.42
	23.5	56	23.8	16.82		28.0	73	34.7	24.42
	23.0	53	22.6	15.92		27.5	70	33.2	23.42
	22.5	50	21.3	15.02		27.0	67	31.7	22.41
	22.0	47	20.1	14.11		26.5	64	30.3	21.41
	21.5	44	18.9	13.32		26.0	61	28.9	20.40
	21.0	42	17.7	12.62		25.5	58	27.5	19.40
	20.5	39	16.6	11.72		25.0	55	26.1	18.40
	20.0	36	15.4	10.81		24.5	52	24.8	17.39
	19.5	34	14.3	10.21		24.0	49	23.5	16.39
	19.0	31	13.2	9.31		23.5	47	22.2	15.72
31.0	31.0	100	45.0	31.70		23.0	44	21.0	14.72
	30.5	96	43.2	30.33		22.5	41	19.7	13.71
	30.0	93	41.8	29.48		22.0	39	18.5	13.04
	29.5	90	40.5	28.53		21.5	36	17.3	12.64
	29.0	86	38.5	27.76		21.0	34	16.1	11.37
	28.5	82	37.0	25.99		20.5	31	15.0	10.37
	28.0	79	35.3	25.04	33.0	33.0	100	50.4	35.27
	27.5	76	34.0	24.09		32.5	97	48.9	34.21

（续）

温度		湿度			温度		湿度		
干球/℃	湿球/℃	相对（%）	绝对		干球/℃	湿球/℃	相对（%）	绝对	
			mbar	g/m^3				mbar	g/m^3
	32.0	93	46.8	32.80		24.0	41	21.9	14.87
	31.5	90	45.3	31.74		23.5	39	20.6	13.76
	31.0	87	43.8	30.68		23.0	36	19.4	13.10
	30.5	84	42.3	29.63		22.5	34	18.1	11.89
	30.0	80	40.8	28.22	35.0	35.0	100	56.3	39.18
	29.5	76	38.5	26.81		34.5	97	54.6	37.61
	29.0	73	36.9	25.75		34.0	93	59.4	36.44
	28.5	70	35.4	24.69		33.5	90	50.7	35.26
	28.0	67	33.9	23.63		33.0	87	49.0	34.09
	27.5	64	32.4	22.57		32.5	84	47.3	32.91
	27.0	61	30.9	21.51		32.0	81	45.6	31.34
	26.5	59	29.5	20.81		31.5	78	43.9	30.17
	26.0	56	28.1	19.75		31.0	75	42.2	28.99
	25.5	53	26.7	18.69		30.5	72	40.5	27.82
	25.0	50	25.3	17.64		30.0	68	38.5	26.64
	24.5	48	24.0	16.93		29.5	66	36.9	25.86
	24.0	45	22.7	15.87		29.0	63	35.3	24.68
	23.5	43	21.4	15.17		28.5	60	33.8	23.51
	23.0	40	20.2	14.11		28.0	57	32.3	22.33
	22.5	38	18.9	13.40		27.5	55	30.8	21.55
	22.0	35	17.7	12.34		27.0	52	29.3	20.37
	21.5	33	16.5	11.63		26.5	50	27.9	19.59
34.0	34.0	100	53.3	37.18		26.0	47	26.5	18.41
	33.5	96	51.8	35.69		25.5	43	25.1	17.63
	33.0	93	49.6	34.58		25.0	48	23.8	16.46
	32.5	90	48.0	33.16		24.5	40	22.1	15.67
	32.0	86	46.3	31.97		24.0	38	21.1	14.86
	31.5	83	44.7	30.86		23.5	35	19.8	13.71
	31.0	80	43.1	29.74	36.0	36.0	100	59.5	41.27
	30.5	77	41.6	28.63		35.5	97	55.7	39.02
	30.0	74	39.9	27.51		35.0	93	54.3	38.38
	29.5	71	37.7	26.40		34.5	90	53.5	36.73
	29.0	68	36.1	25.28		34.0	80	51.8	35.49
	28.5	65	34.6	24.17		33.5	84	50.0	34.25
	28.0	62	33.1	23.05		33.0	80	48.2	32.60
	27.5	59	31.6	22.31		32.5	78	46.4	31.38
	27.0	57	30.1	21.19		32.0	75	44.6	29.77
	26.5	54	28.7	20.08		31.5	73	42.4	28.97
	26.0	51	27.3	18.96		31.0	70	41.6	27.76
	25.5	49	25.9	17.85		30.5	67	39.8	26.55
	25.0	46	24.6	16.73		30.0	63	37.7	25.34
	24.5	44	23.2	15.99		29.5	61	36.1	24.46

（续）

温度		湿度			温度		湿度		
干球/℃	湿球/℃	相对（%）	绝对		干球/℃	湿球/℃	相对（%）	绝对	
			mbar	g/m³				mbar	g/m³
	29.0	58	34.5	23.33		34.5	84	52.8	36.51
	28.5	55	33.0	22.13		34.0	81	50.9	35.20
	28.0	53	31.5	21.32		33.5	79	49.6	33.90
	27.5	50	30.0	20.12		33.0	76	47	32.16
	27.0	48	28.5	19.31		32.5	73	45.9	31.29
	26.5	46	27.1	18.51		32.0	70	43.8	29.99
	25.5	37	23.5	16.08		31.5	68	42.7	29.12
	25.0	35	22.2	15.21		31.0	65	40.8	27.81
	24.5	33	20.8	14.34		30.5	63	39.6	26.51
	24.0	31	19.5	13.47		30.0	59	36.9	25.64
	26.0	43	25.7	17.30		29.5	56	35.3	24.34
	25.5	41	42.3	16.19		29.0	54	33.7	23.47
	25.0	39	23.0	15.39		28.5	51	32.2	22.16
	24.5	36	21.6	14.48		28.0	49	30.7	21.30
37.0	37.0	100	62.8	43.46		27.5	46	29.2	19.99
	36.5	97	60.3	42.16		27.0	44	27.7	19.12
	36.0	93	58.4	40.42		26.5	42	26.3	18.25
	35.5	90	55.5	39.11		26.0	40	24.9	17.38
	35.0	87	54.7	37.81					

附录C　包装储运图示标志

序　号	标志名称	标志图形	含　义	备注/示例
1	易碎物品		表明运输包装件内装易碎品，搬运时应小心轻放	使用示例：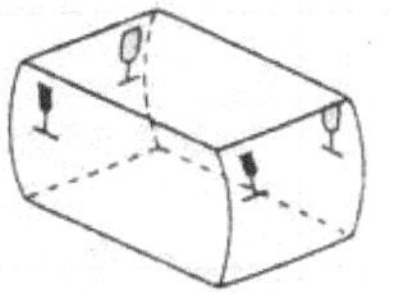
2	禁用手钩		表明搬运运输包装件时禁用手钩	
3	向上		表明运输包装件在运输时应竖直向上	使用示例：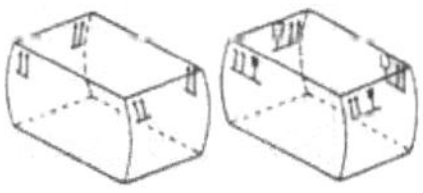 a)　b)  c)
4	怕晒		表明运输包装件不能直接照晒	
5	怕辐射		表明物品一旦受辐射会变质或损坏	
6	怕雨		表明运输包装件怕雨淋	
7	重心		表明运输包装件的重心位置，便于起吊	使用示例：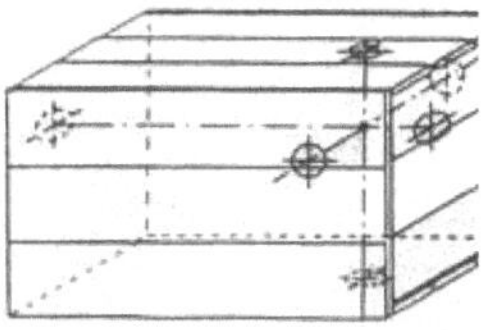 本标志应标在实际的重心位置上

（续）

序　　号	标 志 名 称	标 志 图 形	含　　义	备注/示例
8	禁止翻滚		表明搬运时不能翻滚运输包装件	
9	此面禁用手推车		表明搬运货物时此面禁止放在手推车上	
10	禁用叉车		表明不能用升降叉车搬运的包装件	
11	由此夹起		表明搬运货物时可夹持的面	
12	此处不能卡夹		表明搬运货物时不能用夹持的面	
13	堆码重量极限		表明该运输包装件所能承受的最大质量极限	
14	堆码层数极限	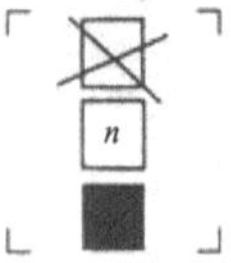	表明可堆码相同运输包装件的最大层数	包含该包装件，n 表示从底层到顶层的总层数
15	禁止堆码		表明该包装件只能单层放置	
16	由此吊起		表明起吊货物时挂绳索的位置	使用示例：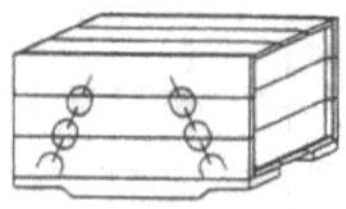本标志应标在实际的起吊位置上
17	温度极限		表明运输包装件应该保持的温度范围	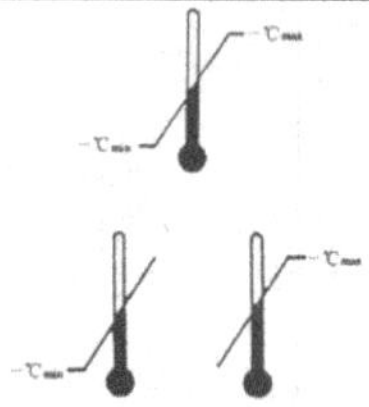

参 考 文 献

[1] 李育蔚．仓储物流精细化管理全案[M]．北京：人民邮电出版社，2015．

[2] 涂高发，刘礼武．仓储物料管控[M]．广州：广东省出版集团图书发行有限公司，2010．

[3] 滕宝红．图说工厂仓储管理[M]．北京：人民邮电出版社，2011．

[4] 娜达 R.桑德斯．大数据供应链：构建工业 4.0 时代智能物流新模式[M]．丁晓松，译．北京：中国人民大学出版社，2015．

[5] 赵志群，海尔伯特・罗什．职业教育行动导向的教学[M]．北京：清华大学出版社，2016．